MUNDO
em crise

CLAUDIA KODJA

MUNDO
em crise

A libertação e o abandono
de uma sociedade

ALMEDINA

ALMEDINA BRASIL IMPORTAÇÃO, EDIÇÃO E COMÉRCIO DE LIVROS LTDA.
ALAMEDA CAMPINAS, 1077, 6º ANDAR, JD. PAULISTA
CEP: 01404-001 – SÃO PAULO, SP – BRASIL
TEL./FAX: +55 11 3885-6624
SITE: WWW.ALMEDINA.COM.BR

ALMEDINA BRASIL
TODOS OS DIREITOS PARA A PUBLICAÇÃO DESTA OBRA NO BRASIL RESERVADOS
PARA ALMEDINA BRASIL IMPORTAÇÃO, EDIÇÃO E COMÉRCIO DE LIVROS LTDA.

PRODUÇÃO EDITORIAL E CAPA: CASA DE IDEIAS EDITORAÇÃO E DESIGN
PREPARAÇÃO DE TEXTO: MÁRCIA DUARTE
REVISÃO: ERIKA SATIE KURIHARA

ISBN: 978-85-62937-11-8

Dados Internacionais de Catalogação na Publicação (CIP)
(Câmara Brasileira do Livro, SP, Brasil)

Kodja, Claudia
   Mundo em crise : a libertação e o abandono de uma sociedade / Claudia Kodja. -- São Paulo : Almedina, 2011.

   Bibliografia.
   ISBN 978-85-62937-11-8

   1. Crises financeiras 2. Crises financeiras - História I. Título.

11-05811	CDD–338.54209

Índice para catálogo sistemático :
1. Crises financeiras : Economia : História
338.54209

Para Ilda Chueri Kodja e
Jorge Miguel Kodja,
com todo meu amor
e gratidão.

PREFÁCIO E AGRADECIMENTOS

A intenção deste estudo é demonstrar a forma como as inovações ocorridas no mercado financeiro entre os anos de 1970 e 2000 determinaram a ampliação das estratégias de capital, contribuindo de forma relevante para a definição do crescimento econômico e para uma nova relação entre a sociedade e o mercado.

Em meio à sociedade, o acesso à moeda, como expressão de valor, foi ampliado além dos limites determinados pela renda obtida por meio do trabalho. No que tange às corporações, foram disponibilizados instrumentos de captação e alocação dos recursos além dos limites determinados pelas escalas de produção.

Se antes a expressão "tempo é dinheiro" impunha aspectos ligados a disciplina e escala do trabalho, ao final do século XX, lhe caberia valorizar outras dimensões. O tempo e o dinheiro puderam desenvolver uma relação independente além do ambiente produtivo.

Diante desse cenário, o mercado financeiro se tornou algo mais expressivo economicamente do que um elemento de intermediação entre depósitos e investimentos, passando a exercer papel importante na determinação dos níveis de crescimento e na composição da renda.

A riqueza agregada de um país e o seu desenvolvimento não estariam apenas circunscritos ao ambiente produtivo onde se encontra alocado o trabalho, mas passariam a contar com outros elementos relacionados ao mercado financeiro.

Assim sendo, o trabalho pode ter se adequado, em certa medida, às formas tradicionalmente apresentadas pelos sistemas financeiros, perdendo a característica de mercadoria e assumindo a forma de um título negociado no mercado aberto: fragmentado, flexível e volátil.

Embora a relação entre o dinamismo da economia e as estruturas financeiras seja um problema analítico negligenciado após a Segunda Guerra Mundial, recentes avanços e transformações assumidos pela sociedade ao final do século XX contribuíram para o ressurgimento do tema.

Os temas relacionados à ampliação das variáveis financeiras e sua participação nos níveis de crescimento econômico têm levantado, de forma acentuada, o interesse de autores contemporâneos.

O período analisado, entre 1970 e 2000, encerrou-se a menos de uma década. No entanto, a conjugação de fatos históricos relevantes levou a uma vasta literatura sobre mudanças estruturais inauguradas nessa ocasião.

Tal periodização se justifica na medida em que a história dos trinta anos após 1970 marcou o fim da "Era de Ouro",[1] regida pelas políticas econômicas keynesianas,[2] e o ressurgimento de movimentos próximos ao liberalismo clássico. O referido período corresponde à

---

1. As denominações "Era de Ouro" ou "Trinta Anos Gloriosos" foram cunhadas, respectivamente, por Stephen A. Marglin, na obra *The golden age of capitalism* (1990), e pelo economista francês Jean Fourastié, em *Le trente glorieuses* (1979). Essas designações referem-se ao período de 1945 a 1973, marcado pelo significativo aumento populacional, seguido da expressiva elevação da produção agrícola e industrial.

2. As políticas keynesianas são atribuídas ao economista inglês John Maynard Keynes (1883-1946), considerado o criador da Macroeconomia. À "revolução keynesiana" é conferido o advento de uma nova teoria de demanda agregada, a qual passou a ser vinculada por Keynes ao nível de emprego e de renda dos consumidores – principalmente dos assalariados – e ao efeito multiplicador dos novos investimentos. Entre as principais publicações de Keynes estão: *Economic consequences of peace* (1919), *A revision of the treaty* (1922) e *General theory* (1936).

transição de um tempo de crise, de um sistema baseado em vastas estruturas industriais, com a intervenção do Estado na economia, para um sistema desregulamentado, apoiado em estruturas de produção compactas e inovadoras.

A despeito de algumas faltas, a construção das análises baseadas em séries temporais e em demonstrações gráficas das ocorrências ao longo do tempo se fez necessária, na medida em que se pretende alcançar a dimensão do fenômeno e derivar a tendência inerente às flutuações econômicas ocorridas ao final do século XX.

Através de séries históricas consolidadas, será possível compreender a importância da amostra temporal selecionada, assim como dos fatos históricos e das variações econômicas que envolveram o período.

Dessa maneira, como apoio para a elaboração deste trabalho, são utilizados diversos gráficos e tabelas como forma de texto, procurando tanto quanto possível destacar ao leitor as revelações explicadas neles.

De início, são apresentados os principais indicadores e as suas variações de forma consolidada e no contexto da economia global, procurando oferecer a dimensão ampla das principais ocorrências que marcariam a história econômica a partir do final do século XX.

Na sequência, são analisados o comportamento e o nível de endividamento assumido das economias mais desenvolvidas à época, por meio da separação em dois conjuntos, um com escolha de medidas econômicas liberalizantes, e outro baseado na manutenção das práticas empregadas pelos *"welfare regimes"*. Essas duas categorias são comparadas em seus respectivos desempenhos econômicos e nos reflexos sobre a produção e o trabalho.

A presente pesquisa analisa, ainda, minuciosamente, a evolução econômica ocorrida nos Estados Unidos ao final do século XX, as estratégias e os instrumentos utilizados para a recuperação nos processos de crise, a manutenção dos níveis de crescimento econômico e a consolidação de um *status* de liderança.

Por fim, é examinada a possibilidade de que a importância assumida pelos métodos de intermediação financeira no processo de composição dos níveis de renda e de riqueza agregada na economia contemporânea seja definitiva, e não uma escolha política, cabendo à sociedade buscar mecanismos de acomodação e de proteção dentro deste novo contexto.

Este livro está dividido em cinco partes, para permitir ao leitor uma visão progressiva das transformações econômicas ocorridas desde a década de 1970 e das estratégias utilizadas pelas nações desenvolvidas, a fim de recuperar os volumes disponibilizados pelo mercado de trabalho e os níveis de crescimento econômico.

Na primeira parte, são apresentados os antecedentes históricos relevantes ocorridos entre os anos de 1970 e 2000, bem como as variações dos níveis de crescimento econômico, emprego e desemprego suportados no período, vistas de forma consolidada, a partir de dados mundiais, e de forma específica, quando atribuídas a agregados regionais.

São destacados alguns elementos históricos essenciais para o desenvolvimento de uma nova organização social que iria se configurar ao longo do período. Dentre eles: as crises do petróleo, a queda do bloco soviético, o advento da política neoliberal, uma nova arquitetura de produção e o processo de transformação das relações de trabalho.

A exposição dos dados globais referentes ao crescimento econômico e às mudanças no mercado de trabalho determina variações consideráveis quando comparadas às médias históricas, ressaltando a importância da periodização utilizada e a relevância do tema para a compreensão do cenário que se formaria para a estreia do novo século.

Ainda no primeiro capítulo, as informações são relacionadas aos seguintes agregados regionais: Leste Asiático e Oceania, Europa e Ásia Central, América Latina e Caribe, Oriente Médio e África do Norte, Sul Asiático, África Subsaariana e América do Norte.

A fragmentação dos dados referentes ao crescimento econômico e ao mercado de trabalho entre esses agregados regionais busca oferecer um primeiro nível de disparidade entre os valores, motivando a investigação dos cenários e dos procedimentos que conduziram os elementos da amostra a desempenhos diversos.

O segundo capítulo desta pesquisa enfoca o panorama de crescimento econômico e as variações ocorridas nos níveis de emprego entre os sete países mais desenvolvidos economicamente à época, integrantes do Grupo dos Sete (G7): Estados Unidos, Grã-Bretanha, Canadá, Japão, Alemanha, Itália e França.

Nessa abordagem, é adotada a mesma lógica utilizada no capítulo anterior. Inicialmente, as informações são apresentadas de maneira consolidada, buscando demonstrar a prevalência e o desempenho do grupo, além da aparente resistência a qualquer oscilação mais drástica em seus indicadores, independentemente de todas as ocorrências descritas para o período. Posteriormente, as informações são designadas para cada elemento do G7. Assim, é possível evidenciar a formação de dois conjuntos distintos, conforme a linha de tendência assumida pelos respectivos indicadores.

O primeiro conjunto recebe a denominação de "Aliança Europeanista" e é representado por Alemanha, França e Itália. Embora cada um desses países mereça análises distintas, todos apresentaram queda no ritmo de crescimento econômico e constante elevação das taxas de desemprego ao longo do período analisado.

O segundo conjunto recebe a denominação de "Aliança Atlanticista" e é representado por Estados Unidos, Inglaterra, Canadá e Japão. Neste caso, embora a cada elemento devam ser atribuídas características específicas, todos demonstraram níveis de depressão dos indicadores de crescimento econômico e emprego, seguidos de um processo de exuberância, especialmente a partir de meados da década de 1980.

A separação da análise entre os dois grupos citados não pretende julgar a eficiência das políticas adotadas, ainda que apresente as diferenças entre os respectivos resultados, mas ressaltar que ambos, independentemente da capacidade de recuperação dos seus agregados econômicos, utilizaram níveis de endividamento elevados, tornando aspectos relativos à forma uma opção política ou, no máximo, circunscritos a questões culturais.

A liderança obtida pelo segundo grupo conduziu a pesquisa ao aprofundamento do estudo nesse segmento e à descrição dos processos utilizados. Nesse sentido, o grupo passa a se diferenciar pela adoção de uma estrutura desenvolvimentista neoliberal.

O terceiro capítulo destaca um único elemento da aliança atlanticista. O foco está no estudo do comportamento dos indicadores de crescimento econômico e de emprego relacionados, exclusivamente, ao mercado norte-americano.

Inicialmente, são analisadas as principais ocorrências históricas e as suas implicações sobre a economia norte-americana ao final do século XX; dentre elas: o fim do acordo de Bretton Woods, três crises no mercado de petróleo e três processos de recessão econômica, seguidos de vários desequilíbrios junto ao mercado de capitais.

Essa abordagem visa compreender o ambiente sobre o qual ciclos contínuos de depressão e de recuperação se expressaram nos indicadores econômicos e foram se alternando, intercalando cenários de colapso, seguidos de períodos de forte exuberância dos volumes agregados de riqueza.

O quarto capítulo, por sua vez, procura revelar as estratégias utilizadas pelo mercado norte-americano para a aceleração e a alavancagem dos níveis de renda e de investimento ao final do século XX.

É estudado o aprofundamento da relação entre os fluxos financeiros e os níveis de desenvolvimento econômico, assim como, e principalmente, é analisada a ampliação dos instrumentos ligados à captação e à alocação de recursos pelo sistema bancário.

Nesse ponto, o livro busca aprofundar a importância assumida pelo mercado financeiro ao final do século XX e a sua participação nos fluxos de recuperação do crescimento econômico e dos volumes de emprego.

A relevância dada às inovações e aos mecanismos financeiros teria delineado as novas formas de relacionamento entre trabalho e capital ao final do século XX.

Nessa etapa do livro, são revistos os conceitos apresentados pelas teorias keynesiana e schumpeteriana sobre as formas de contribuição do sistema financeiro ao desenvolvimento e à dinâmica característica das economias capitalistas.

São também notadas as contribuições de autores contemporâneos, como Nobuhiro Kyotaki, John Moore, Naceur Ben Zina, Borhen Trigui, Michael Bordo e Lars Jonung. Desses autores são extraídos os aportes sobre o estudo da relação entre o desenvolvimento financeiro e o crescimento econômico, todos eles enraizados no conceito denominado *financial deepening*.[3]

Por fim, a quinta e última parte do livro apresenta as estratégias utilizadas pelo mercado norte-americano para a alavancagem dos valores atribuídos aos ativos junto ao mercado de capitais, ao final do século XX.

São avaliados os níveis de distanciamento assumidos entre os valores obtidos na economia real e aqueles negociados nas Bolsas de Valores, e verificada a implicação desse perfil de remuneração financeira no modo de vida da sociedade.

Nesse ponto, são tratadas informações relacionadas às flutuações das contas públicas e à permissividade do sistema político sobre as imperfeições nos sistemas de informação e de regulamentação do mercado de capitais.

Vale observar que o desafio principal assumido neste livro reside no exame dos novos instrumentos utilizados para a alavancagem do crescimento econômico e suas implicações para o modo de vida de uma sociedade, especialmente no que diz respeito a relação de trabalho.

Ao longo da história, inúmeros são os estudos voltados à compreensão do trabalho e suas variações, o que torna a questão do ineditismo mais desafiadora. Esse vasto interesse pode ser justificado pela complexidade do tema, que inquieta e confunde o pesquisador.

As abordagens se dividem entre a necessidade de uma análise econômica específica sobre os volumes de empregos disponibilizados pelo mercado e a impossibilidade de se ignorar a luta do homem

---

3. Desenvolvimento do Sistema Financeiro associado ao nível de crescimento econômico.

para garantir a sua existência em meio às diversas formas de produção desenvolvidas no decorrer da história.

Quais sejam os motivos que levaram ao desenvolvimento de tantas pesquisas brilhantes sobre o tema, este livro especificamente se originou de uma inquietação pessoal, e jamais teria ganhado uma forma adequada se não fossem meus orientadores e minha família, para os quais deixo aqui o meu agradecimento:

À professora doutora Fernanda Antônia Pacca de Almeida Wright

Por ter confiado a mim a oportunidade de ser sua orientanda. Se não bastasse o seu rigor e brilhantismo acadêmico, toda a minha admiração pela coragem e pioneirismo com que conduz sua trajetória.

Ao professor doutor Wilson Nascimento Barbosa

Pelas orientações fundamentais dadas ao meu trabalho.

Os que têm o privilégio de frequentar seus cursos acabam percebendo que alguns são como obras de grande valor; não é preciso identificar a riqueza do material que acumulam ou como foram moldados, é necessário apenas assisti-los, para descobrir a magnitude de seu conteúdo.

E para um time campeão

Nesta equipe de craques encontro apoio e inspiração para me superar todos os dias.

Titulares: Gisela Kodja, Renata Kodja, Giulia Kodja Zanetta, Jorge Miguel Kodja Filho, Sérgio Fernando Rodrigues Zanetta, Brunno Zanetta.

SUMÁRIO

AO FINAL DO SÉCULO XX – 1970 A 2000

UMA VISÃO PANORÂMICA

Neste primeiro capítulo, é apresentada uma visão geral das principais transformações históricas ocorridas no período, dando ênfase às variações nos volumes de riqueza gerados pelas economias e às mudanças ocorridas no mercado de trabalho ao final do século XX.

O objetivo é expor ao leitor o ambiente no qual as transformações ocorridas ao final do século XX puderam ocorrer.

O estudo das causas relacionadas às transformações ocorridas ao final do século XX encontraria em suas origens inúmeras justificativas históricas, tamanha a quantidade e a importância das ocorrências observadas nesse período.

A seguir, são elencados alguns acontecimentos relevantes para a análise que irá se desenvolver ao longo deste livro e a proporção das mudanças provocadas por eles.

1.1 NO CONTEXTO GEOPOLÍTICO: A QUEDA DO COMUNISMO E AS CRISES DO PETRÓLEO

O mundo ganhou novos contornos a partir de 1991, com a retirada do socialismo real. A perda de centralidade do bloco soviético fez com que quinze novas fronteiras ressurgissem no cenário mundial e sete Estados retomassem suas autonomias políticas.

O regime que possibilitou a transformação da Rússia de 1920 – essencialmente rural, atrasada tecnologicamente e fundamentalmente pobre – na União das Repúblicas Socialistas Soviéticas (URSS) de 1980 – urbanizada e industrializada, com centros de estudo científico-militar avançados e uma liderança no cenário político internacional – sucumbiu ao final do século XX.

A quebra da autoridade central do bloco soviético iniciou sua configuração já na década de 1970. A partir desse período, falhas nos mecanismos internos de gestão encontraram reflexo na queda do crescimento econômico e na regressão dos indicadores sociais básicos, fazendo com que a categoria de potência militar já não pudesse mais ser sustentada.

No sentido de transformar uma economia centralmente planejada em uma versão dinamizada de mercado, a União Soviética, em 1986, liderada por Mikhail Gorbatchev, instaurou a Perestroika, ou a Reestruturação. O objetivo fundamental era destituir as formas econômicas planejadas e introduzir mecanismos de mercado, retomando conceitos típicos do capitalismo, como o da propriedade privada.

No entanto, não seria Gorbatchev o grande articulador da mudança. A sua falta de habilidade em lidar com as velhas e novas lideranças levaram-no a ser mais popular no Ocidente do que em seu próprio território. Em 1991, Mikhail Gorbatchev renunciaria ao cargo, propiciando a ascensão do experiente Boris Ieltsin.[1]

---

1. Boris Nikolaievitch Ieltsin (01/2/1931 - 23/4/2007) – Em 1961, aos 30 anos de idade, tornou-se membro do Partido Comunista Soviético. Em 1977, Ieltsin tornou-se primeiro-secretário do Partido Comunista de Sverdlovsk – por ordem de Moscou, determinou a demolição da Ypatiev, local onde o imperador Nicolau II e seus familiares foram executados em julho de 1918, e determinou a construção da sede do Partido Comunista. Entre 1985 e 1987, exerceu o cargo de primeiro-ministro do Partido Comunista de Moscou. Em 1986, tornou-se membro do Politburo, comitê central do Partido Comunista Soviético. Em 1987, Ieltsin solicitou sua retirada do Politburo, devido a posições contrárias; por conseguinte, foi retirado do cargo de primeiro-ministro do Partido Comunista de Moscou. Em 1989, Ieltsin se retirou do Partido Comunista Soviético e passou a presidir o Congresso do Povo da Federação Russa, denominado

No mesmo ano, Ieltsin transformaria a URSS em diversas repúblicas, beneficiando a desintegração do poder central. Dessa forma, foi declarada a independência das repúblicas da Armênia, do Azerbaijão, da Bielorrússia, do Cazaquistão, da Estônia, da Geórgia, do Quirguistão, da Lituânia, da Letônia, da Moldávia, do Tadjiquistão, do Turcomenistão, da Ucrânia e do Uzbequistão.

Em dezembro de 1991, Rússia, Ucrânia, Bielorrússia, Cazaquistão, Uzbequistão, Turcomenistão, Quirguistão e Tadjiquistão formaram a Comunidade de Estados Independentes (CEI), dando por revogada a União das Repúblicas Socialistas Soviéticas (URSS).

Por seu turno, países como Polônia, Tchecoslováquia, Romênia, Hungria e Bulgária adquiriram independência política e autonomia econômica.

A dissolução do bloco soviético, ou Cortina de Ferro,[2] não só representou uma ampla mudança na geografia mundial, como também abriu espaço para a ideia de vitória do que antes se colocava como oposto. Como expressão da exuberância dessa perspectiva, cumpre citar:

> Em encontros internacionais, tais como G-7, que reúnem os líderes dos países mais avançados, vangloriávamo-nos de nosso sucesso e recomendávamos aos líderes econômicos de outros países, às vezes invejosos, que bastaria nos imitar para que desfrutassem também da prosperidade. Os asiáticos

---

Parlamento da República Soviética. Em 1990, tornou-se o primeiro presidente eleito, cargo para o qual foi reeleito em 1996. Em 31 de dezembro de 1999, Ieltsin renunciou ao cargo, dando lugar a Vladimir Vladimirovich Putin.

2. A expressão foi criada em 1946, pelo primeiro-ministro britânico Winston Churchill, para designar a política de isolamento adotada pela União das Repúblicas Socialistas Soviéticas (URSS) e seus estados-satélites após a Segunda Guerra Mundial. Trecho do discurso *The Sinews of Peace*, de Churchill, em Fulton (Missouri, Estados Unidos), em 5 de março de 1946: "Da cidade de Estetino no Báltico a Trieste no Adriático, uma cortina de ferro originou-se por todo o Continente. Atrás dessa linha, jazem todas as capitais dos antigos Estados da Europa Central e Oriental. Varsóvia, Berlim, Praga, Viena, Budapeste, Belgrado, Bucareste e Sofia; todas essas famosas cidades e populações, em torno delas encontra-se aquilo que devo chamar de esfera soviética, e todas estão sujeitas, de uma forma ou outra, não apenas à influência soviética, mas a uma medida muito alta e, em alguns casos, crescente de controle de Moscou" (*apud* KISHLANSKY, 1995, p. 302).

> foram convidados a abandonar o modelo que lhes servira tão bem durante duas décadas, que incluía estabilidade no emprego – [...]. A Suécia e outros adeptos do Estado do bem-estar também pareciam abandonar seus modelos, cortando os benefícios proporcionados pelo Estado e reduzindo os impostos. Governo pequeno era a ordem do dia. Proclamamos o triunfo da globalização. Com a globalização, veio a difusão do capitalismo estilo americano para todos os rincões do mundo (STIGLITZ, 2003a, p. 33-34).

Diante disso, as formas capitalistas, especialmente a do capitalismo norte-americano, passariam a representar o consenso como instrumento adequado entre as políticas econômicas capazes de conduzir uma nação à prosperidade e ao desenvolvimento.

O petróleo, por sua vez, tornou-se, a partir da década de 1970, a *commodity*[3] mais observada do planeta.

O preço das mercadorias relacionadas a reservas minerais não sofre com os períodos de safra e entressafra, se relacionando, normalmente, com o crescimento da demanda e os níveis de estoque do produto.

Contudo, o histórico dos preços negociados pelo barril do petróleo ao final do século XX envolveu questões políticas e abalou a economia mundial, apesar de o mercado ter buscado mecanismos mais elaborados para o controle da volatilidade do preço do petróleo,

---

3. *Commodity* é um termo de língua inglesa que significa mercadoria, sendo utilizado nas transações comerciais de produtos de origem primária nas Bolsas de Mercadorias. *Commodities* são produtos básicos, homogêneos e de amplo consumo, e se referem às mercadorias em estado bruto ou com pequeno grau de industrialização, de qualidade quase uniforme, produzidas em grandes quantidades e por diferentes produtores. Esses produtos *in natura*, cultivados ou de extração mineral, podem ser estocados por determinado período, sem perda significativa de qualidade. Embora sejam mercadorias primárias, possuem cotação e negociabilidade globais; portanto, as oscilações nas cotações dessas *commodities* têm impacto significativo nos fluxos financeiros mundiais, podendo causar perdas a agentes econômicos e países. As *commodities* são negociadas em duas formas: no Mercado à Vista e Futuro e nas Bolsas de Mercadorias. Tipos de *commodities*: agropecuárias, como boi gordo, soja, café; minerais, como ouro, prata, petróleo e platina; industriais, como tecido 100% algodão, poliéster, ferro gusa e açúcar; financeiras, como as moedas mais requisitadas (dólar e euro); e ambientais, como água e créditos de carbono.

desenvolvendo instrumentos ligados à manutenção de estoques reguladores e à estruturação de operações de *hedge*[4] no mercado financeiro, a partir da abertura das negociações do barril de petróleo na Bolsa de Mercadorias de Nova York, em 1983 (*New York Mercantile Exchange – NYMEX*).

O jogo político em torno da disponibilidade dos recursos ligados ao petróleo foi utilizado vastamente durante o final do século XX, gerando inúmeros conflitos e modificando consideravelmente a estrutura de negociação e os custos de boa parte da cadeia produtiva ligada aos seus derivativos, como se observa no cronograma a seguir:

Quadro 1.1:
Mercado de Petróleo de 1970 a 2000

PERÍODO	OCORRÊNCIA
1970	Petróleo saudita é fixado a US$ 1,80 o barril.
1974	Guerra do Yom Kipur; embargo da Organização dos Países Exportadores de Petróleo (OPEP), com o preço do petróleo atingindo US$ 10 o barril.
1979	Revolução Iraniana; petróleo importado supera US$ 20 o barril.
1980	Guerra entre Irã e Iraque; petróleo sobe para US$ 30 o barril, chegando a US$ 39 no final de 1981.
1983	A cotação do petróleo começa a ser negociada na Bolsa de Nova York (NYMEX).
1990	Guerra do Golfo; em setembro, a cotação retorna a US$ 40 o barril.

Fonte: Elaborado pela autora.

---

4. Operação de *hedge* (cobrir, defender, garantir, proteger, travar) no mercado de capitais é a estratégia pela qual investidores com intenções definidas procuram se cobrir do risco de variações de preços desvantajosas para os seus propósitos. Exemplos de operações de *hedge* no mercado de capitais: 1) Um produtor de mercadorias agrícolas que, na época de colheita, planeja vender sua produção pode garantir o preço de venda no futuro, fazendo *hedge* de venda em Bolsa. Normalmente, a posição contrária é assumida em Bolsa por outro *hedger* (o comprador futuro dessa mesma mercadoria) ou por um especulador, que aceita o risco em troca da perspectiva de lucro a curto prazo. 2) O administrador de um fundo de investimentos, com perspectivas de captação positiva no futuro próximo, pode antecipar a formação de preços de sua carteira, comprando o

Independentemente da possibilidade de se estabelecerem relações mais ou menos perfeitas entre as crises do petróleo e as inúmeras recessões ocorridas no último quarto do século XX, é importante considerar a participação do chamado "ouro negro" na determinação dos ciclos econômicos mundiais e dos custos de produção, a partir de 1970, conforme descrito por Barsky e Kian (2004, p. 5):

> [...] Além da ligação entre os grandes aumentos no preço dos combustíveis e as recessões, o mercado do petróleo exerceu parcela significativa de responsabilidade pela queda da produtividade nos anos 1970. A relação geral é altamente influenciada por um período de baixo crescimento e baixa produtividade entre os anos de 1974-1985, que coincide com um aumento desproporcional do preço real do petróleo.

> Choques no preço do petróleo também são considerados causa de inflação. Certamente, fatos como a invasão do Kuait em 1990, o colapso da OPEC [*Organization of the Petroleum Exporting Countries* — OPEP (Organização dos Países Exportadores de Petróleo)] em 1986, ou a convenção da OPEP de 1999 foram seguidos por acentuados picos de inflação. Por outro lado, a relação entre os choques do preço do petróleo e a inflação CPI não é tão evidente como se poderia esperar. Alguns eventos relevantes, tais como a eclosão da guerra Irã-Iraque em 1980, parecem ter tido pouco impacto no índice de preços, e outros, tais como a eclosão da guerra no Afeganistão em 2001 e a guerra do Iraque em 2003, foram seguidos surpreendentemente pela diminuição dos níveis de pressão inflacionária. [...] As hipóteses mais consistentes sobre o relacionamento entre as variações dos preços e as alterações dos preços surgem da observação da tendência da inflação a médio prazo.

> Em particular, períodos relacionados à manutenção de altos índices de inflação nos anos 1970 podem ser associados a dois grandes eventos no setor do petróleo, que por conseguinte deram crédito à noção de que tanto a es-

---

Índice de Bolsa no Mercado Futuro. Observação: a operação de *hedge* não significa que o risco da operação seja eliminado totalmente. Ao vender soja a futuro, por exemplo, o produtor elimina o risco de preço, mas passa a correr o risco de base (diferença entre o preço futuro e o preço à vista).

tagnação econômica quanto a elevação dos indicadores de preço no período estariam relacionados aos choques no preço do petróleo.[5]

Todas as ocorrências relacionadas ao mercado do petróleo e seus derivativos, assim como a sua influência nos níveis de flutuação dos indicadores econômicos serão aprofundadas ao longo do quarto capítulo.

1.2 NO CONTEXTO ECONÔMICO: O CULTO AO NEOLIBERALISMO E AS NOVAS FORMAS DE PRODUÇÃO

A crise e a instabilidade após 1973, caracterizadas especialmente pela quebra do sistema de gerenciamento econômico proposto pelo Acordo de Bretton Woods,[6] em 1944 e por uma significativa alta nos níveis de inflação, marcariam o fim da era de ouro, regida pelas políticas econômicas keynesianas, e o ressurgimento de movimentos

---

5. *"[...] In addition to the perceived link between major oil price increases and recessions, oil has been held responsible for the productivity slowdown in the 1970s. The overall relationship is heavily influenced by a period of unusually low growth in total factor productivity in 1974-1985 that coincides with an unusually high real price of oil. Oil price shocks have also been said to cause inflation. Indeed events such as the invasion of Kuwait in 1990, the collapse of OPEC in 1986 or the 1999 OPEC meeting were followed by sharp, if short-lived, spikes in CPI inflation. On the other hand, the relationship between oil price shocks and CPI inflation is not as apparent as one might have expected. Some oil dates, such as the outbreak of the Iran-Iraq war in 1980, seem to have had little impact on CPI inflation, and others such as the outbreak of the war in Afghanistan in 2001 and of the Iraq war of 2003 were followed by a fall in consumer prices. [...] The strongest case for a relationship emerges from focusing on medium-term trends in inflation. In particular, the period of sustained high inflation in the 1970s included two major oil events, which has given credence to the notion that both the economic stagnation and the high inflation rates of the 1970s were related to oil price shocks."* (Tradução livre da autora.)

6. Bretton Woods foi o nome dado a um acordo firmado em 22 de julho de 1944 por 45 países aliados. Segundo o Acordo de Bretton Woods, as moedas dos países-membros passariam a estar ligadas ao dólar, variando em uma estreita banda de mais ou menos 1%, e a moeda norte-americana estaria ligada ao ouro a 35 dólares. Assim, com o Acordo de Bretton Woods, o dólar passou a ser a moeda de referência do sistema financeiro mundial, e os países-membros utilizavam-na para financiar os seus desequilíbrios comerciais, minimizando os custos de detenção de diversas moedas estrangeiras.

próximos ao liberalismo clássico, renomeado, em sua nova forma, como Neoliberalismo.

Ao longo da década de 1970, keynesianos insistiram no argumento de que a saída da recessão se faria pelo incentivo à demanda, através da manutenção da política de pleno emprego e da elevação dos salários.

Para os keynesianos, sob o ponto de vista econômico, interesses particulares e sociais nem sempre coincidem; pelo contrário, mais constantemente as pessoas atuam separadamente, dentro de uma perspectiva individualista, na promoção de seus próprios objetivos (KEYNES, 1926).

Desse modo, a liberdade de atuação não seria um direito prescritivo entre os princípios econômicos e, sob nenhuma circunstância, deveria ser deixada a cargo de qualquer dinâmica que não relacionasse a presença do Estado como agente regulador.

> [...] A principal motivação da postura crítica adotada por Keynes não era simplesmente teórica, mas, acima de tudo, política. O que ele tinha em vista era uma maior intervenção do Estado na geração e na canalização dos investimentos. Da mesma forma que a guerra é algo demasiadamente sério para ser confiada apenas a generais, a realização dos investimentos não pode ser deixada exclusivamente aos critérios dos investidores. A intervenção do Estado, segundo Keynes, deveria fazer-se basicamente através do controle governamental dos meios de pagamento e da taxa de juros (FLORESTAN; SZMRECSÁNYI, 1984, p. 17).

Neoliberais contra-atacavam, acusando as políticas keynesianas de fomentarem o processo inflacionário através da manutenção de impostos elevados e da excessiva regulamentação econômica. Assim sendo, seriam responsáveis por impedir o corte dos gastos públicos como forma de redução dos custos nas empresas privadas, dificultando as decisões que poderiam auxiliar no retorno das taxas de lucro.

Os dois exemplos clássicos de superação das políticas neoliberais em contraponto à manutenção do estilo keynesiano em países desenvolvidos tornaram-se evidentes nos governos da primeira-ministra britânica Margareth Thatcher (entre maio de 1979 e novembro de 1990), e na presidência de Ronald Reagan nos Estados Unidos (entre janeiro de 1981 e janeiro de 1989).

O discurso neoliberal auxiliou ambos os dirigentes na obtenção de mandatos consecutivos, perfazendo, aproximadamente, uma década de governo, e contribuiu para a conquista da maioria parlamentar durante boa parte da gestão.

Para países capitalistas menos avançados, regidos por ditaduras militares ou sob regimes socialistas, o neoliberalismo foi apresentado como a única opção capaz de reconduzi-los à prosperidade.

De um lado, as políticas neoliberais se ofereceram como instrumento de aproximação com os mercados desenvolvidos, possibilitando o acesso a novas tecnologias através da abertura comercial. De outro lado, contribuíram para o processo de abertura política, excitando os movimentos de transição para o regime democrático.

São inúmeros os discursos que reforçaram, à época, o aspecto revolucionário e inovador do sistema neoliberal, além de caracterizá-lo, politicamente, como uma estrutura libertadora, na medida em que contribuiria para o processo de transição às formas democráticas.

> [...] a essência da revolução neoliberal que se estendeu pelo mundo ao longo dos anos 1980, consumando sua vitória mediante o colapso dos regimes comunistas na Europa Oriental e na União Soviética, pode ser entendida apenas se os seguintes elementos forem reconhecidos:
>
> A ascensão do neoliberalismo deve ser entendida como uma reestruturação do capitalismo mundial nos anos 1980. Por esse motivo, ela deve ser vista como um fenômeno global, em vez de uma série de movimentos nacionais isolados.
>
> Nestes termos, o neoliberalismo pode ser compreendido como um fenômeno global, relacionado e especialmente direcionado ao controle do fluxo de transações do capital monetário e do capital produtivo.
>
> Ainda que neoliberalismo se manifeste no âmbito nacional e não como um produto de determinantes externos, deve ser dimensionado em sua análise

como um conjunto de mediações complexas entre a "lógica" do capital global e a evolução histórica das relações políticas e sociais (OVERBEEK, 1993, p. x – Prefácio).[7]

Entre os fatos que reforçam a prevalência das políticas neoliberais, destaca-se a concessão dos Prêmios Nobel de 1974 e 1976, atribuídos a notórios defensores das políticas de livre mercado: o austríaco Friedrich von Hayek [8] e o norte-americano Milton Friedman. [9]

A fórmula de sucesso das políticas neoliberais foi resumida em 1989, por meio de um encontro promovido pelo economista John Williamson, do International Institute for Economy of Washington, onde membros do Fundo Monetário Internacional (FMI), do Banco Mundial e do Departamento do Tesouro dos Estados Unidos organizaram o Consenso de Washington.

As recomendações elaboradas envolviam o controle monetário e fiscal, a diminuição da participação do Estado na economia, a desregulamentação das transações de mercado e a abertura comercial, dentre outras indicações descritas no quadro a seguir:

---

7. *"[...] the nature of the neo-liberal revolution which has swept over the world in the 1980's, consummating its victory with the collapse of the Communist regimes in Eastern Europe and the Soviet Union, can only be understood if these elements are recognized:*

The rise of neo-liberalism is to be explained as being determined by the restructuring of the world capitalism in the 1980's.

It is therefore to be understood as a transnational phenomenon rather than a series of basically unrelated national developments.

Neo-liberalism is the concept of control of transnational money capital and globally operating productive capital.

Transnational neo-liberalism manifests itself as a national level not as a simple distillate of external determinants, but rather as a set of intricate mediations between the "logic" of global capital and the historical reality of national political and social relations." (Tradução livre da autora.)

8. Friedrich August von Hayek – Economista conhecido pelas suas contribuições ao pensamento liberal a partir da década de 1940. Teve como obra mais conhecida *Road to serfdom – O caminho da servidão* (1944).

9. Milton Friedman – Maior representante do neoliberalismo e das políticas monetaristas. Colaborou para a implantação do programa New Deal, no governo do presidente norte-americano Franklin Delano Roosevelt. Atuou como conselheiro dos presidentes

---
Quadro 1.2:
Consenso de Washington e seus Dez Mandamentos

1	Disciplina fiscal.
2	Redução dos gastos públicos.
3	Reforma tributária.
4	Juros de mercado.
5	Câmbio livre.
6	Abertura comercial.
7	Eliminação de restrições ao investimento estrangeiro direto.
8	Privatização das estatais.
9	Desregulamentação das leis econômicas e trabalhistas.
10	Direito à propriedade legalmente garantido.

Fonte: Elaborado pela autora.

Se, em termos econômicos, o neoberalismo se esforçava para demonstrar sua eficiência no controle da crise, nas fábricas, as linhas de produção ganhavam uma nova dinâmica. Organizadas anteriormente sob a rotina dos processos fordistas,[10] as fábricas começaram a ser

---

norte-americanos Richard Nixon, Gerald Ford e Ronald Reagan. No início da década de 1970, trabalhou para o governo chileno do general Pinochet, introduzindo políticas liberais. Entre suas principais obras está *Capitalism and freedom – Capitalismo e liberdade* (1962).

10. Fordismo – "[...] forma pela qual a indústria e o processo de trabalho consolidaram-se ao longo deste século [XX], cujos elementos constitutivos básicos eram dados pela produção em massa, através da linha de montagem e de produtos mais homogêneos; através do controle dos tempos e movimentos pelo cronômetro taylorista e da produção em série fordista; pela existência do trabalho parcelar e pela fragmentação das funções; pela elaboração e execução no processo de trabalho; pela existência de unidades fabris concentradas e verticalizadas e pela constituição/consolidação do operário-massa, do trabalhador coletivo fabril, entre outras dimensões. Menos do que um modelo de organização social, que abrangeria igualmente esferas ampliadas da sociedade, compreendemos o fordismo como o processo de trabalho que, junto com o taylorismo, predominou na grande indústria capitalista ao longo deste século" (ANTUNES, 2006a, p. 25).

adaptadas para estruturas mais flexíveis, que permitissem ao capital investido menor grau de imobilização. Essa nova arquitetura operacional foi chamada de toyotista.[11]

A história da organização fordista de produção acompanha o crescimento da industrialização. Sua estrutura é caracterizada por plantas fabris verticalizadas, onde se concentram a totalidade do processo produtivo, e por fluxos operacionais fragmentados, que permitem maior nível de especialização e ganhos de escala, a partir da execução em massa de séries razoavelmente homogêneas.

A forma toyotista de produção, originária das plantas fabris japonesas, caracteriza-se pelo conceito de flexibilização dos processos de trabalho. Nesse sentido, opõe-se à estrutura centralizada da produção fordista.

Também conhecido por "acumulação flexível", o toyotismo inovou com a introdução do conceito *just-in-time*,[12] uma forma precisa de controle dos fluxos de abastecimento e distribuição, especialmente vantajosa em períodos de descontrole inflacionário. As linhas de produção foram segmentadas, agregando em cada módulo o maior número de especialidades possível.

Enquanto isso, atividades acessórias ao processo foram terceirizadas, alimentando, em certa medida, o surgimento de novos conjuntos industriais de menor porte na cadeia produtiva.

---

11. Toyotismo – "Ao contrário do fordismo, a produção sob o toyotismo é voltada e conduzida diretamente pela demanda. A produção é variada, diversificada e pronta para suprir o consumo. É este quem determina o que será produzido, e não o contrário, como se procede na produção em série e de massa do fordismo. Desse modo, a produção sustenta-se na existência do estoque mínimo. O melhor aproveitamento possível do tempo de produção (incluindo o transporte, o controle de qualidade e o estoque) é garantido pelo '*just-in-time*'" (ANTUNES, 2006a, p. 29).

12. A produção *just-in-time* é determinada pela aplicação de algumas técnicas de produção japonesas, caracterizadas essencialmente pelo enfoque sobre a redução de estoques, a diminuição dos tempos de fabricação e a melhora da produtividade. O JIT (*Just-In-Time*) tem como objetivo dispor da peça necessária, na quantidade necessária e no momento necessário. A vantagem competitiva apresentada pelo sistema *just-in-time* se baseia na possibilidade de atendimento da demanda com menor custo de capital, ou seja, com redução do capital aplicado nos ativos e maior disponibilidade financeira.

A rapidez com que os métodos fordistas e toyotistas foram alternados ou, pelo menos, misturados no fluxo de produção, se explica a partir da queda das taxas de lucro e se viabiliza pela dinâmica do desenvolvimento tecnológico.

Em outras palavras, o custo compreendido pela composição orgânica do capital[13] ao final da década de 1960 e início da década de 1970 já não podia mais ser absorvido por aumentos na escala de produção e por otimizações da forma de trabalho. Consequentemente, as margens de lucro passaram a decrescer, pressionando o sistema a desonerar a estrutura produtiva.

A transição das estruturas fordistas de produção, baseadas nas políticas econômicas neoliberais, combinada com políticas econômicas keynesianas para produção flexível, se deu na velocidade necessária à recomposição dos níveis de lucratividade exigidos pelo capital.

1.3 NO CONTEXTO SOCIAL: A MUDANÇA DO AMBIENTE DE TRABALHO E AS NOVAS ORIGENS DO VALOR

Na medida histórica dos fatos, um dos movimentos importantes ao final do século XX foi marcado pela desproletarização do trabalho, representada pela diminuição da quantidade de trabalhadores concentrados em unidades fabris, seja em consequência do desenvolvimento tecnológico ou da terceirização de atividades acessórias.

---

13. Composição orgânica do capital – "A composição do capital tem de ser apreciada sob dois aspectos. Do ponto de vista do valor, é determinado pela proporção em que o capital se divide, entre constante, o valor dos meios de produção, e variável, o valor da força de trabalho, a soma global dos salários. Do ponto de vista da matéria que funciona no processo de produção, todo o capital se decompõe em meios de produção e força de trabalho viva; esta composição é denominada pela relação entre a massa dos meios de produção empregados e a quantidade de trabalho necessária para eles serem empregados. Chamo a primeira composição de composição segundo o valor, e a segunda de composição técnica. Há estreita correlação entre ambas. Para expressá-la, chamo a composição do capital segundo o valor, na medida em que é determinada pela composição técnica e reflete as modificações desta, de composição orgânica de capital. Ao falar simplesmente de composição do capital, estaremos sempre nos referindo à sua composição orgânica" (MARX, 1984b, p. 712-713).

A partir do século XVIII, a Revolução Industrial demarcaria o período de transição de uma economia essencialmente agrícola para outra manufatureira, consolidada ao longo do tempo em estruturas produtivas amplas.

Já ao final do século XX, os agregados de riqueza alteraram sua forma, dividindo-se entre a produção de bens voltada exclusivamente ao ambiente fabril e o aumento da demanda pela prestação de serviço.

É importante ressaltar que, embora as atividades compostas pelo setor terciário se movimentem a partir da demanda atribuída pelas indústrias ou diretamente pelos consumidores finais, o desenvolvimento de alguns segmentos específicos entre as atividades de serviço chama a atenção para um possível descolamento entre os valores gerados pelos setores secundários e terciários, ainda que um anteceda necessariamente a formação do outro. Por exemplo, o caso das atividades ligadas à intermediação financeira.

Na Tabela 1.1, a seguir, apresentam-se os dados relacionados à geração de valor agregado nas atividades agrícolas, industriais e de prestação de serviços, entre os anos de 1970 e 2000, assim como os percentuais de variação entre os períodos.

——Tabela 1.1: ——

Valor Agregado por Setor Econômico (% do PIB) – 1970 a 2000

	Valor Agregado Agricultura		Valor Agregado Indústria		Valor Agregado Serviços	
	% do PIB	US$ 2000 constante - em milhões	% do PIB	US$ 2000 constante - em milhões	% do PIB	US$ 2000 constante - em milhões
Total Mundial						
1971	8,31	605.474	38,09	4.180.366	53,60	7.398.471
1980	6,43	706.045	37,40	5.419.259	56,18	10.647.903
1990	5,31	940.236	33,24	7.026.776	61,45	14.639.233
2000	3,62	1.137.238	29,24	8.803.689	67,14	19.839.568
Variação %	(4,69)	531.764	(8,85)	4.623.324	13,54	12.441.097

Fonte: Banco Mundial (2007).

Nota 1: Valor Agregado da Agricultura – A agricultura corresponde às divisões 1-5 da ISIC e inclui silvicultura, caça e pesca, assim como o cultivo de safras e a produção de semoventes. O valor agregado é a saída líquida de um setor após o acréscimo de todas as saídas, menos as entradas intermediárias. É calculado sem as deduções de depreciação de bens manufaturados ou de deterioração e degradação de recursos naturais. A origem do valor agregado é determinada pela Classificação Internacional de Normas Industriais (ISIC), revisão 3.

Nota 2: Valor Agregado da Indústria – A indústria corresponde às divisões 10-45 da ISIC e inclui a manufatura (divisões ISIC 15-37). Abrange o valor agregado em mineração, manufatura (também declarado como um subgrupo separado), construção, energia, água e gás. O valor agregado é a saída líquida de um setor após o acréscimo de todas as saídas, menos as entradas intermediárias. É calculado sem as deduções de depreciação de bens manufaturados ou de deterioração e degradação de recursos naturais. A origem do valor agregado é determinada pela Classificação Internacional de Normas Industriais (ISIC), revisão 3.

Nota 3: Valor Agregado de Serviços – Os serviços correspondem às divisões 50-99 da ISIC e incluem o valor agregado no comércio atacadista e varejista (incluindo hotéis e restaurantes), o setor de transportes e os serviços governamentais, financeiros, profissionais e pessoais, tais como educação, saúde e serviços imobiliários. Também estão inclusos os encargos de serviços bancários imputados, encargos de importação e quaisquer discrepâncias estatísticas observadas por compiladores nocionais, assim como discrepâncias decorrentes de escalonamento. O valor agregado é a saída líquida de um setor após o acréscimo de todas as saídas, menos as entradas intermediárias. É calculado sem as deduções de depreciação de bens manufaturados ou de deterioração e degradação de recursos naturais. A origem do valor agregado é determinada pela Classificação Internacional de Normas Industriais (ISIC), revisão 3.

Conforme demonstrado na tabela da página anterior, o valor agregado absoluto dos setores agrícola, industrial e de serviços cresceu entre os anos de 1971 e 2000, respectivamente, 87,8%, 110,6% e 168,2%.

No entanto, a relação entre o valor agregado e o Produto Interno Bruto subiu, exclusivamente, para o setor de serviços, 13,54%.

A base da economia capitalista, fundada em sua origem na ideia da troca de bens materiais no âmbito dos mercados, em que a riqueza se determina basicamente pela acumulação da propriedade física, pode ter adquirido uma nova configuração. Nessa nova forma, a propriedade passaria a ser demasiadamente lenta para uma estrutura que necessita de escalas de negociação compatíveis com margens de lucro reduzidas.

A abundância se determinaria menos pelo regime de aquisição e mais pela capacidade de inversão monetária do capital ou pelo acesso a fluxos de investimento mais líquidos.

Nesse sentido, a transição de uma sociedade basicamente industrial para uma sociedade majoritariamente de serviços, ao final do século XX, teria modificado de certa forma a definição de trabalho. Trabalho como força que se expressa pelas faculdades físicas e mentais, e que aparece na produção de "um objeto externo, de uma coisa que, por suas propriedades, satisfaz necessidades humanas, seja qual for a natureza, a origem delas, provenham do estômago ou da fantasia" (MARX, 1984a, p. 41).

Esse contexto de mudanças estruturais profundas abriu espaço à retomada das análises filosóficas a respeito da natureza do trabalho, visto como estado ontológico fundamental da humanidade, inerente à sua natureza, ou definido como fato histórico, atribuído, exclusivamente, à modernidade, em sua ética protestante, e, dessa forma, passível de esgotamento como fenômeno social.

A abrangência e a velocidade das transformações no mundo do trabalho, ao final do século XX, levaram alguns estudos a considerar a possibilidade de limitações intransponíveis ligadas à sociedade do trabalho da forma historicamente concebida, que, em crise, estaria agonizando, à espera de sua dissolução definitiva.

O processo relacionado ao mercado de trabalho entre as décadas de 1970 e 1990 não se assemelha às ocorrências históricas anteriores, quando a crise no mercado de trabalho era compreendida em seu contexto e absorvida pela reorganização econômica dos agentes de mercado.

Apesar de as ocorrências observadas no período terem se originado a partir do esgotamento de um modo de produção desenvolvido, o qual aparentemente não consegue se reinventar, o trabalho permanece como elemento essencial na formação do mercado e na composição de uma sociedade.

As transformações observadas ao final do século XX, embora tenham se apresentado como crise de âmbito global, possuem uma manifestação dispersa, que precisa ser analisada em cada ambiente econômico.

1.4 O GIGANTISMO DEMOGRÁFICO DE UMA SOCIEDADE E O TAMANHO DA POPULAÇÃO ECONOMICAMENTE ATIVA

A primeira abordagem expõe o universo demográfico sobre o qual o mundo estava inserido ao final do século XX, procurando demonstrar preliminarmente a amostra global observada e a sua magnitude no período.

Entre os anos de 1980 e 2000, a população mundial variou de 4,44 bilhões para 6,08 bilhões de habitantes, um crescimento equivalente a 37% e um aumento de 1,64 bilhões de novos indivíduos no prazo de 20 anos.

A Tabela 1.2 procura chamar atenção para o ritmo de crescimento da população mundial, marcando os períodos conforme acréscimos consecutivos de aproximadamente 1 bilhão de habitantes.

Desde os primórdios até cerca de 1800, a população do mundo cresceu vagarosamente, atingindo nessa época 1 bilhão de pessoas. O segundo bilhão foi alcançado por volta de 125 anos mais tarde, já o terceiro bilhão se faria em apenas 35 anos, por volta de 1960. Para se chegar ao quarto bilhão, foram necessários somente 15 anos (1975); e o quinto e o sexto bilhões se fizeram no intervalo de 12 anos (1987 e 1999).

Nesse sentido, o século XX foi marcado por um crescimento populacional sem precedentes na história da humanidade.

Nesse ritmo de crescimento demográfico, as informações referentes ao mercado de trabalho se movimentaram aceitando a mesma dinâmica.

A população Economicamente Ativa (PEA) mundial entre os anos de 1980 e 2000 cresceu de 1,91 bilhões para 2,8 bilhões – um acrescimo de 0,89 milhões de trabalhadores, equivalente a um crescimento de 46,6%.

—— Tabela 1.2: ——
População Mundial de 1800 a 2000

Final do período	População mundial
Até 1800	1 bilhão
Em 1925 - intervalo de 125 anos	2 bilhões
Em 1960 - intervalo de 35 anos	3 bilhões
Em 1975 - intervalo de 15 anos	4 bilhões
Em 1987 - intervalo de 12 anos	5 bilhões
Em 1999 - intervalo de 12 anos	6 bilhões

Fonte: Banco Mundial (2007).

Nota: A população total se baseia na definição de fato da população, que conta todos os residentes, independentemente da situação jurídica ou cidadania, exceto refugiados não estabelecidos permanentemente no país de asilo, que são, no geral, considerados parte da população de seu país de origem. Os valores apresentados são estimativas do meio do ano. A equipe do Banco Mundial faz suas estimativas a partir de diversas fontes, incluindo relatórios de censo, o Prospecto da População Mundial da Divisão de População das Nações Unidas, gabinetes nacionais de estatística, pesquisas com famílias conduzidas por agências nacionais e a Macro International.

Os dados analisados na Tabela 1.3 a seguir fornecem a primeira abertura das informações relacionadas ao mercado de trabalho, levando em consideração a necessidade de se obter um quadro de amplitude global.

As informações relativas à População Economicamente Ativa (PEA) e suas subcategorias, assim como os dados econômicos sobre produção, são apresentados por agregados regionais, dentre eles: Leste Asiático e Oceania, Europa e Ásia Central, América Latina e Caribe, Oriente Médio e África do Norte, Sul Asiático, África Subsaariana e América do Norte.

Dados referentes à População Economicamente Ativa pretendem analisar a dimensão do mercado de trabalho entre os anos de 1980 e 2000. Cada agregado regional é diferenciado pela sua representatividade com relação ao total mundial e pelo nível de expansão da mão de obra ativa.

População Economicamente Ativa – Regiões Agregadas – 1980 a 2000

	Leste Asiático e Oceania	Europa e Ásia Central	América Latina e Caribe	Oriente Médio e África do Norte	Sul Asiático	África Subsaariana	América do Norte	Total Mundial
PEA, total - # milhares								
1980	743.383	325.046	125.643	50.582	343.399	156.186	124.507	1.913.364
% PEA Mundial	39%	17%	7%	3%	18%	8%	7%	100%
1990	956.733	393.789	173.156	74.000	426.304	208.896	144.025	2.381.223
% PEA Mundial	40%	17%	7%	3%	18%	9%	6%	100%
2000	1.104.758	393.661	229.659	96.728	517.785	276.245	164.100	2.796.901
% PEA Mundial	39%	14%	8%	3%	19%	10%	6%	100%
variação % 1980 a 2000	49%	21%	83%	91%	51%	77%	32%	46%
PEA, Homens - # milhares								
1980	429.033	178.532	88.821	40.608	244.320	88.918	73.246	1.174.805
% PEA Mundial	58%	55%	71%	80%	71%	57%	59%	61%
1990	538.206	222.655	114.377	57.498	299.678	119.052	80.213	1.435.878
% PEA Mundial	56%	57%	66%	78%	70%	57%	56%	60%

	Leste Asiático e Oceania	Europa e Ásia Central	América Latina e Caribe	Oriente Médio e África do Norte	Sul Asiático	África Subsaariana	América do Norte	Total Mundial
2000	625.791	221.561	141.270	72.261	368.269	158.948	89.764	1.689.328
% PEA Mundial	57%	56%	62%	75%	71%	58%	55%	60%
variação % *1980 a 2000*	*46%*	*24%*	*59%*	*78%*	*51%*	*79%*	*23%*	*44%*
PEA, Mulheres - # milhares								
1980	314.350	146.514	36.821	9.974	99.079	67.268	51.260	738.558
% PEA Mundial	*42%*	*45%*	*29%*	*20%*	*29%*	*43%*	*41%*	*39%*
1990	418.528	171.134	58.778	16.502	126.626	89.845	63.812	945.346
% PEA Mundial	*44%*	*43%*	*34%*	*22%*	*30%*	*43%*	*44%*	*40%*
2000	478.968	172.100	88.389	24.467	149.515	117.297	74.336	1.107.573
% PEA Mundial	*43%*	*44%*	*38%*	*25%*	*29%*	*42%*	*45%*	*40%*
variação % *1980 a 2000*	*52%*	*17%*	*140%*	*145%*	*51%*	*74%*	*45%*	*50%*

Fonte: Banco Mundial (2007).

Nota 1: Leste Asiático e Oceania: Samoa Americana, Austrália, Brunei, Camboja, China, Fiji, Polinésia Francesa, Guam, Hong Kong – China, Indonésia, Japão, Kiribati, Coreia, República Democrática da Coreia, Lao PDR, Macau – China, Malásia, Ilhas Marshall, Estados Federativos da Micronésia, Mongólia, Myanmar, Nova Caledônia, Nova Zelândia, Ilhas Marianas Setentrionais, Palau, Papua Nova Guiné, Filipinas, Samoa, Cingapura, Ilhas Salomão, Tailândia, Timor-Leste, Tonga, Vanuatu, Vietnã.

Nota 2: Europa e Ásia Central: Albânia, Andorra, Armênia, Áustria, Azerbaijão, Bielorrússia, Bélgica, Bósnia e Herzegovina, Bulgária, Ilhas Channel, Croácia, Cyprus, Dinamarca, República Tcheca, Estônia, Ilhas Faeroe, Finlândia, França, Geórgia, Alemanha, Grécia, Groenlândia, Hungria, Islândia, Irlanda, Ilha de Man, Itália, Kazaquistão, República do Kyrgyz, Letônia, Liechtenstein, Luxemburgo, Lituânia, Macedônia, Moldávia, Mônaco, Montenegro, Países Baixos, Noruega, Polônia, Portugal, Romênia, Federação Russa, San Marino, Sérvia, Eslováquia, Eslovênia, Espanha, Suécia, Suíça, Tajiquistão, Turquia, Turcomenistão, Ucrânia, Uzbequistão, Inglaterra.

Nota 3: América Latina e Caribe: Antígua e Bermuda, Argentina, Aruba, Bahamas, Barbados, Belize, Bolívia, Brasil, Ilhas Cayman, Chile, Colômbia, Costa Rica, Cuba, Dominica, República Dominicana, Equador, El Salvador, Granada, Guatemala, Guiana, Haiti, Honduras, Jamaica, México, Antilhas Holandesas, Nicarágua, Panamá, Paraguai, Peru, Porto Rico, São Cristóvão e Nevis, Santa Lúcia, São Vicente e Granadinas, Suriname, Trinidad e Tobago, Uruguai, Venezuela, Ilhas Virgens.

Nota 4: Oriente Médio e África do Norte: Argélia, Bahrain, Djibouti, Egito, Irã, Iraque, Israel, Jordânia, Kuait, Líbano, Líbia, Malta, Marrocos, Omã, Catar, Arábia Saudita, Síria, Tunísia, Emirados Árabes, Cisjordânia e Gaza, Iêmen.

Nota 5: Sul Asiático: Afeganistão, Bangladesh, Butão, Índia, Maldivas, Nepal, Paquistão, Sri Lanka.

Nota 6: África Subsaariana: Angola, Benin, Botsuana, Burkina Faso, Burundi, Camarões, Cabo Verde, República Centro Africana, Chade, Comores, República Democrática do Congo, Congo, Costa do Marfim, Guiné Equatorial, Eritrea, Etiópia, Gabão, Gambia, Gana, Guiné, Guiné-Bissau, Quênia, Lesoto, Libéria, Madagascar, Malawi, Mali, Mauritânia, Ilhas Maurício, Maiote, Moçambique, Namíbia, Níger, Nigéria, Ruanda, São Tomé e Príncipe, Senegal, Seicheles, Serra Leoa, Somália, África do Sul, Sudão, Suazilândia, Tanzânia, Togo, Uganda, Zâmbia, Zimbábue.

Nota 7: América do Norte: Estados Unidos e Canadá.

Nota 8: Total mundial: 227 países.

Nota 9: A força de trabalho total abrange as pessoas que se enquadram na definição da Organização Internacional do Trabalho de População Economicamente Ativa: todas as pessoas que trabalham para a produção de bens e serviços durante certo período. Inclui empregados e desempregados. Enquanto as práticas nacionais variam no tratamento de grupos, tais como Forças Armadas e trabalhadores sazonais ou em meio-período, no geral, a força de trabalho inclui as Forças Armadas, os desempregados e aqueles em busca do primeiro emprego, mas exclui donas de casa e outras funções não remuneradas e trabalhadores do setor informal.

Nota 10: A força de trabalho masculina como porcentagem do total apresenta a extensão na qual os homens são ativos na força de trabalho. A força de trabalho abrange as pessoas que se enquadram na definição da Organização Internacional do Trabalho de População Economicamente Ativa.

Nota 11: A força de trabalho feminina como porcentagem do total apresenta a extensão na qual as mulheres são ativas na força de trabalho. A força de trabalho abrange as pessoas que se enquadram na definição da Organização Internacional do Trabalho de População Economicamente Ativa.

Adicionalmente, as amostras são diferenciadas em termos de gênero, distinguindo-se a participação de homens e mulheres em cada grupo econômico.

A verificação dos dados referentes à População Economicamente Ativa leva a algumas conclusões conhecidas e outras menos comentadas.

Em termos absolutos, a Europa e a Ásia Central apresentaram níveis de crescimento bastante reduzidos da PEA entre os anos de 1980 e 2000 (cerca de 7%), com redução de 5 pontos percentuais na representatividade da região junto ao mercado de trabalho mundial.

Entre as razões possíveis para isso devem ser considerados: o baixo crescimento vegetativo no período (de 396,3 milhões para 444,4 milhões de habitantes – variação de 12,1%), o incremento de políticas assistencialistas e previdenciárias ou a marginalização de trabalhadores para a economia informal.

A América Latina e o Norte da África/Oriente Médio foram as regiões recordistas nos níveis de crescimento absoluto da População Economicamente Ativa entre os anos de 1980 e 1990, respectivamente com 83% e 91%. No entanto, a representatividade desses grupos junto ao mercado de trabalho mundial continuou limitada.

Na América Latina, a representatividade da mão de obra não ultrapassou 8% da População Economicamente Ativa mundial, e no Norte da África/Oriente Médio a participação ficou estável, em torno de 3%.

Em contrapartida, o Leste Asiático/Oceania manteve o nível de concentração da PEA em torno de 40% da média mundial. Somada à região Sul Asiática, a representatividade da mão de obra disponível alcançou por volta de 58% do mercado de trabalho mundial entre os anos de 1980 e 2000.

Gráfico 1.1:
População Economicamente Ativa – Regiões Agregadas – 1980 a 2000

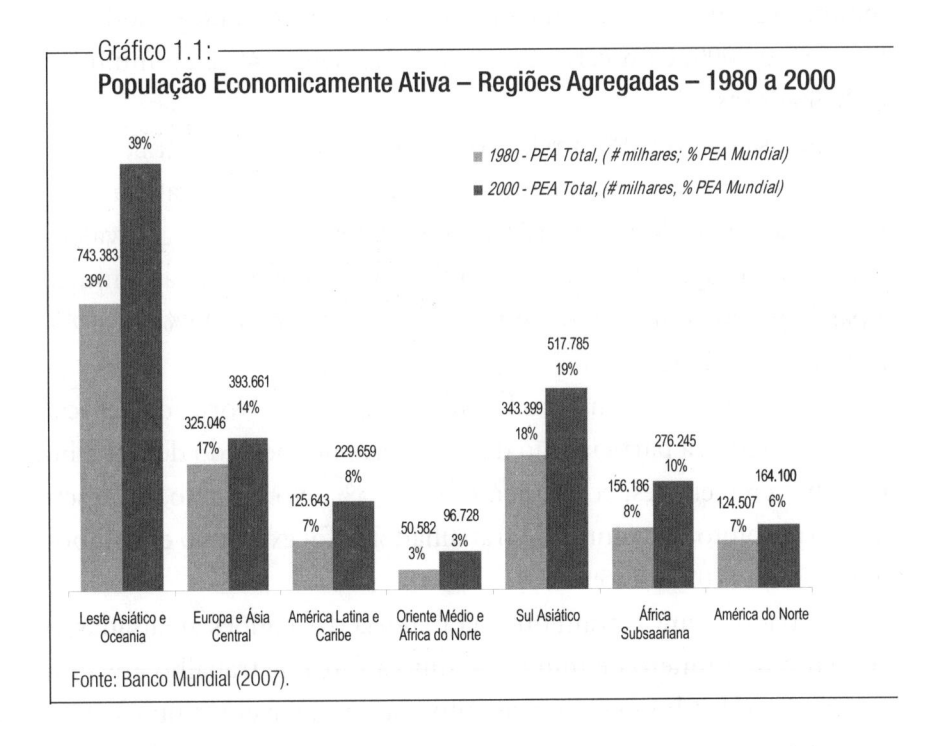

Fonte: Banco Mundial (2007).

Nota: Representatividade da PEA = PEA Regional : PEA Mundial.

Portanto, independentemente dos níveis de crescimento absoluto obtidos por cada agregado regional ao final do século XX, a região asiática detinha, em média, cerca de 1.622.543 trabalhadores ativos de um total mundial de 2.796.901.

A América do Norte, embora lidere em termos de capacidade de produção interna bruta, manteve sua participação relativa no mercado de trabalho mundial em torno de 7%, ainda que com crescimento absoluto razoável da mão de obra ativa, por volta de 32%.

Sobre a distribuição de gênero entre a População Economicamente Ativa, a maioria das análises se concentra sobre o tema da inclusão feminina no mercado de trabalho.

Em termos globais, o volume de mulheres disponíveis no mercado de trabalho teria crescido mais que o de homens, respectivamente, 50% contra 44%. Contudo, a representatividade do público feminino no mercado de trabalho se manteve estável no período entre 1980 e 2000, com cerca de 60% de homens e 40% de mulheres trabalhadoras.

Analisados os valores relativos à Europa e à Ásia Central, é possível concluir que o crescimento das mulheres foi significativamente inferior à média, de apenas 17%, e o do gênero masculino equivalente a 24%. Comparada à População Economicamente Ativa mundial, a participação do mercado feminino da região caiu de 45% em 1980, para 44% em 2000.

Nas regiões da América Latina/Caribe e do Norte da África/ Oriente Médio, a participação das mulheres no mercado de trabalho mundial cresceu, respectivamente, 9% e 5%. No entanto, o crescimento absoluto do volume de trabalhadoras foi explosivo em ambos os casos, de 140% e 145%.

Os dados demonstram que, na maioria das regiões analisadas, o aumento do número de mulheres junto à força de trabalho ativa foi superior ao dos homens. Entretanto, não é possível atribuir o fato especificamente aos movimentos de inclusão, ao desenvolvimento cultural ou à abertura dos mercados.

Conforme demonstrado graficamente, as regiões que evidenciaram significativo aumento da participação feminina junto à força de trabalho, tais como Oriente Médio/África do Norte, América Latina/Caribe e África Subsaariana, não se apresentam historicamente como exemplos de respeito à condição feminina.

> [...] em países recém-desenvolvidos, e nos enclaves do desenvolvimento manufatureiro no Terceiro Mundo, floresceram indústrias de mão de obra intensiva sedentas de trabalho feminino (tradicionalmente menos bem pago e menos rebelde que o masculino) [...]. De qualquer modo, os motivos pelos quais as mulheres em geral, e, sobretudo, as casadas, mergulharam no trabalho pago não tinham relação necessária com sua visão social e dos direitos das mulheres. Talvez se devessem à pobreza, à preferência dos patrões operários, por serem mais baratas e mais dóceis, ou simplesmente ao crescente número – sobretudo no mundo dependente – de famílias chefiadas por mulheres (HOBSBAWM, 2006, p. 305-307).

1.5 O TAMANHO DO PRODUTO INTERNO BRUTO E O VOLUME DE DESEMPREGADOS AO FINAL DO SÉCULO XX

Em termos globais, o Produto Interno Bruto (PIB) cresceu de US$ 17.771,6 bilhões em 1980 para US$ 31.949,4 bilhões em 2000. Variação acumulada de 79,8% ou em torno de US$ 14.177,8 bilhões, com incrementos anuais decrescentes, conforme demonstrado no Gráfico 1.2.

Nesse caso, o acréscimo de US$ 14.177,8 bilhões no volume bruto de produção entre os anos de 1980 e 2000 teria ocorrido em detrimento da baixa de 104 milhões de empregos no mercado de trabalho.

Embora o volume total de Produto Interno Bruto tenha se elevado consideravelmente no período, o ritmo de crescimento caiu mais de 10% entre 1980 e 2000: de 45,3% para 32,2%.

───── Gráfico 1.2: ───────────────────────────────────

Produto Interno Bruto Mundial – 1970 a 2000

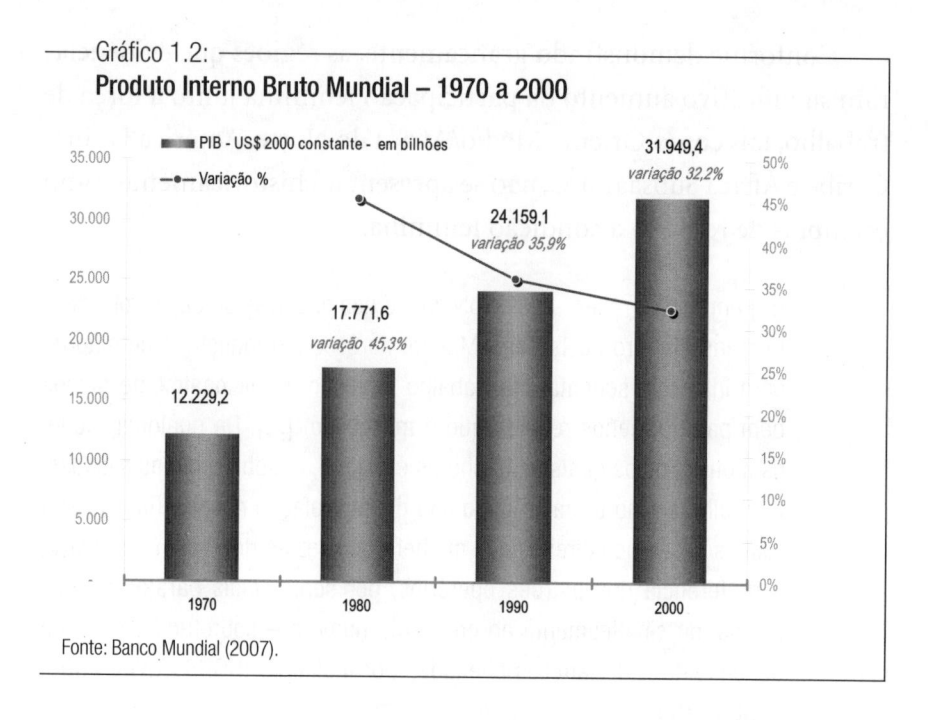

Fonte: Banco Mundial (2007).

Nota: Produto Interno Bruto – US$ 2.000 constante – O PIB aos preços do consumidor representa a soma do valor agregado bruto por todos os produtores residentes na economia, mais quaisquer impostos sobre o produto, menos quaisquer subsídios não incluídos no valor dos produtos. É calculado sem as deduções de depreciação de bens manufaturados ou de deterioração e degradação de recursos naturais. Os dados são em US$ 2.000 constante. Os cálculos em dólares do PIB são convertidos a partir das moedas nacionais, utilizando-se as taxas de câmbio oficiais de 2000. Em muitos poucos países onde a taxa de câmbio oficial não reflete a taxa efetivamente aplicada às operações de câmbio, utiliza-se um fator de conversão alternativo.

Supondo a manutenção do ritmo de crescimento obtido na década de 1980, o Produto Interno Bruto mundial, ao final do ano 2000, teria atingido por volta de US$ 37.519,6 bilhões. Portanto, a queda no nível de crescimento da produção acumulada, especialmente na década de 1990, foi de US$ 5.507,2 bilhões.

Veja a Tabela 1.4 e o Gráfico 1.3, a seguir.

—— Tabela 1.4: ——————————————————————————————————————
Produto Interno Bruto por Regiões Agregadas – 1980 a 2000

	Leste Asiático e Oceania	Europa e Asia Central	América Latina e Caribe	Oriente Médio e África do Norte	Sul Asiático	África Subsaariana	América do Norte	Total Mundial
PIB (US$ 2000 constante - em milhares)								
1980	3.611.638	5.588.630	1.332.125	476.614	214.079	205.529	5.539.945	17.771.563
% PIB Mundial	*20,3%*	*31,4%*	*7,5%*	*2,7%*	*1,2%*	*1,2%*	*31,2%*	*100%*
1990	**5.666.067**	**7.910.559**	**1.503.928**	**535.215**	**363.657**	**271.080**	**7.598.650**	**24.159.079**
% PIB Mundial	*23,5%*	*32,7%*	*6,2%*	*2,2%*	*1,5%*	*1,1%*	*31,5%*	*100%*
2000	7.612.025	9.542.654	2.078.558	880.959	604.135	340.174	10.489.721	31.949.381
% PIB Mundial	*23,8%*	*29,9%*	*6,5%*	*2,8%*	*1,9%*	*1,1%*	*32,8%*	*100%*
variação % 1980 a 2000	*111%*	*71%*	*56%*	*85%*	*182%*	*66%*	*89%*	*80%*
PIB e PEA (US$ 2000 constante)								
1980	4.858,4	15.167,1	10.602,5	9.423	623,4	1.315,9	44.495,2	9.288,1
1990	5.922,3	20.088,3	8.685,4	7.233	853,0	1.297,7	52.759,4	10.145,7
2000	6.890,2	24.240,8	9.050,6	9.108	1.166,8	1.231,4	63.922,8	11.423,1
variação % 1980 a 2000	42%	41%	-15%	-3%	87%	-6%	44%	23%

Fonte: Banco Mundial (2007)

Nota 1: O PIB aos preços do consumidor representa a soma do valor agregado bruto por todos os produtores residentes na economia, mais quaisquer impostos sobre o produto, menos quaisquer subsídios não incluídos no valor dos produtos. É calculado sem as deduções de depreciação de bens manufaturados ou de deterioração e degradação de recursos naturais. Os dados são em US$ 2.000 constante. Os cálculos em dólares do PIB são convertidos a partir das moedas nacionais, utilizando-se as taxas de câmbio oficiais de 2000. Em muitos poucos países onde a taxa de câmbio oficial não reflete a taxa efetivamente aplicada às operações de câmbio, utiliza-se um fator de conversão alternativo. Dados de contas nacionais do Banco Mundial e arquivos de dados de contas nacionais da OCDE.

Nota 2: O PIB da força de trabalho *per capita* é o Produto Interno Bruto convertido a partir das moedas nacionais, utilizando-se as taxas de câmbio oficiais de 2000, dividido pela força de trabalho total. Dados de contas nacionais do Banco Mundial e arquivos de dados de contas nacionais da OCDE.

Nota 3: Ações negociadas se referem ao valor total das ações negociadas durante o período. Esse indicador complementa o índice de capitalização de mercado, apresentando se o tamanho do mercado é correspondido pela atividade de negociação Standard & Poor's, Manual de Fatos dos Mercados de Ações Emergentes e dados complementares da S&P e estimativas de PIB do Banco Mundial e da OCDE.

As informações dispostas na Tabela 1.4 descrevem a representatividade dos indicadores de Produto Interno Bruto obtidos pelas regiões analisadas entre os anos de 1980 e 2000.

O destaque negativo da análise do PIB se concentra na região da América Latina e Caribe, locais que expressaram a menor variação dos volumes brutos de crescimento econômico. Em termos absolutos, a variação do volume de riqueza produzida na região aumentou em 56%; relacionada à produção bruta mundial, houve queda de 7,5% para 6,5% na participação global.

Muito diferente foi o crescimento explosivo do PIB alcançado pelas regiões do Leste Asiático/Oceania e Sul Asiático, respectivamente, 111% e 182%, em termos absolutos.

Destacados alguns representantes das regiões do Sul e do Leste Asiático, os percentuais de crescimento econômico se diferenciam de forma ainda mais acentuada quando comparados à média mundial, como ocorre com: China, 555%; Cingapura, 325%; Coreia do Sul, 317%; Tailândia, 229%; Índia, 192%; e Indonésia, 181%.

Se China e Índia se destacaram regionalmente pelos fortes níveis de crescimento econômico, no grupo da América Latina o crescimento do PIB brasileiro teria acumulado apenas 49%, mantendo-se inferior à média mundial; e no grupo composto por Europa e Ásia Central, a Rússia teria baixado a produção bruta nacional em 33%, entre 1990 e 2000, de US$ 385,9 para US$ 259,7 bilhões.

As variações numéricas entre os elementos desses grupos questionam o sentido da denominação atribuída pelo banco de investimentos Goldman Sachs ao grupo dos principais países considerados emergentes: Brasil, Rússia, Índia e China (BRIC).

Em função das diferenças observadas entre os volumes de produção obtidos pelos países que compõem o BRIC , não deve estar na capacidade de oferta individual o motivo da denominação específica, podendo se justificar apenas pelo potencial da demanda.

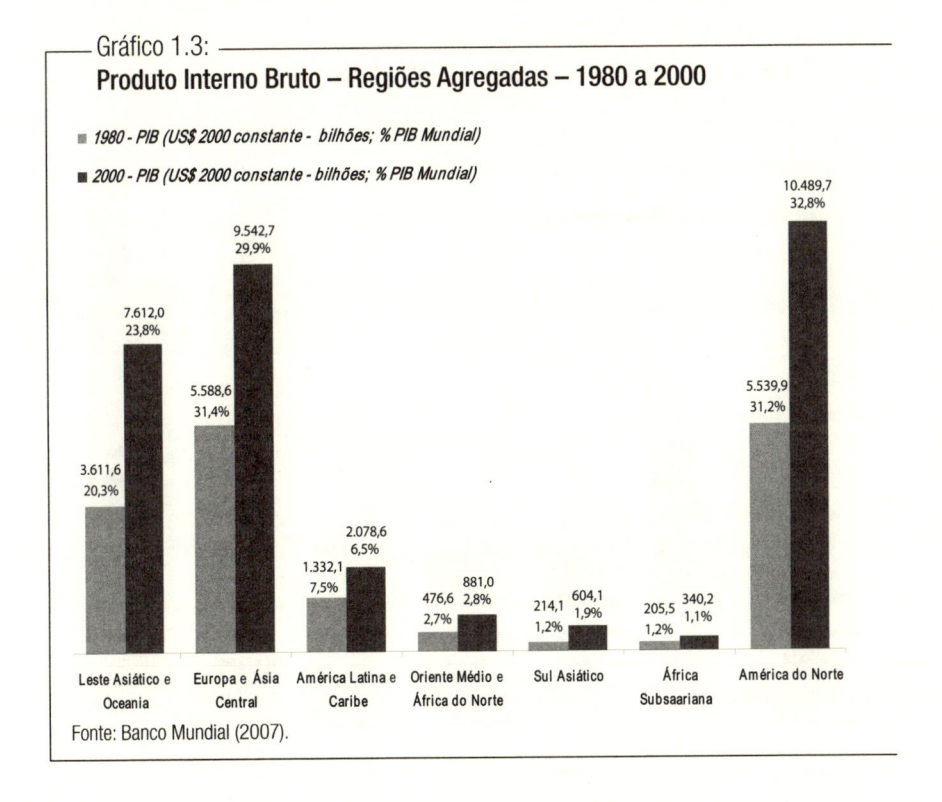

Gráfico 1.3:

Produto Interno Bruto – Regiões Agregadas – 1980 a 2000

■ *1980 - PIB (US$ 2000 constante - bilhões; % PIB Mundial)*

■ *2000 - PIB (US$ 2000 constante - bilhões; % PIB Mundial)*

Fonte: Banco Mundial (2007).

Nota: Representatividade do PIB (%) = PIB Regional : PIB Mundial.

Com relação ao grupo norte-americano, chama atenção a desproporcionalidade apresentada entre a quantidade de mão de obra disponível e o volume de produção bruto obtido no período.

A baixa representação da mão de obra norte-americana no mercado de trabalho global (apenas 6% do total mundial), demonstrada na Tabela 1.3, contrasta de maneira acentuada com a capacidade agregada de produção da região, cerca de US$ 10.489,7 bilhões ao final da década de 1990, ou 32,8% do PIB mundial.

Em 1980, a região norte-americana e o grupo formado por Europa/Ásia Central mantinham níveis de PIB equivalentes, em torno de US$ 5.500 bilhões. Já no final do século XX, a diferença de crescimento dos volumes brutos de produção entre as regiões levou o grupo da Europa/Ásia Central a reduzir o seu peso frente ao total mundial, de 31,4% para 29,9%.

—— Gráfico 1.4: ————————————————————————
PIB por PEA – Regiões Agregadas – 1980 a 2000

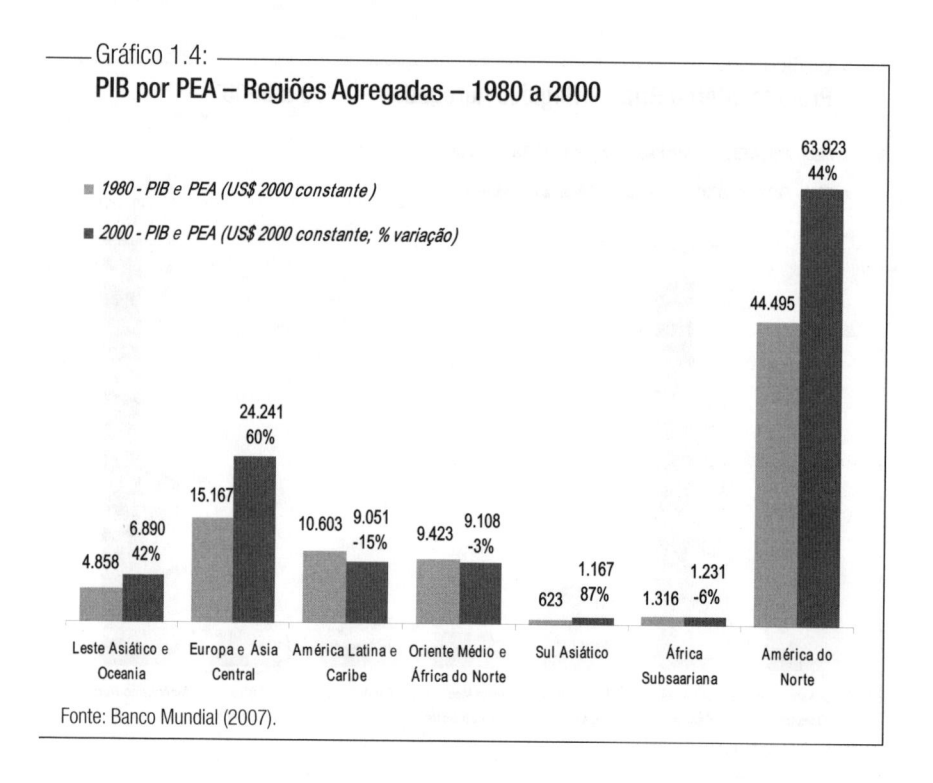

Fonte: Banco Mundial (2007).

Nota: PIB por PEA = PIB Regional : PEA Regional.

Por fim, a relação entre a quantidade de trabalhadores disponíveis no mercado de trabalho e os níveis de produção oferece uma primeira dimensão de produtividade da mão de obra, considerando cada agregado regional.

As séries numéricas sobre o volume do PIB relacionado à População Economicamente Ativa (PIB e PEA) ratificam as análises realizadas até este ponto da pesquisa.

De forma clara, a análise do PIB : PEA da região norte-americana expressa a superioridade absoluta dos valores apresentados pela relação entre produção interna bruta e quantidade de mão de obra disponível no mercado. No período entre 1980 e 2000, o PIB : PEA da região variou de US$ 44.495,2 para US$ 63.922,8, respectivamente. Uma relação várias vezes superior à média mundial no período, de US$ 9.288,1 para US$ 11.423,1.

Com relação ao grupo formado por América Latina e Caribe, o PIB : PEA volta a demonstrar a ineficiência operacional do conjunto, com queda em termos absolutos de menos 15% na relação entre produção e trabalho, de R$ 10.602,50 em 1980, para R$ 9.050,60 em 2000.

Os continentes Sul e Leste Asiático, embora tenham liderado os volumes adicionais de crescimento econômico auferidos no período, demonstram, através da relação entre produção interna bruta e quantidade de mão de obra, níveis acentuados de precarização do valor atribuído ao trabalho.

Entre 1980 e 2000, o valor da produção agregado por trabalhador ativo variou de US$ 623,4 para US$ 1.166,8 no Sul da Ásia, e de US$ 4.858 para US$ 6.990,2 no Leste da Ásia e no Pacífico.

A relação entre Produto Interno Bruto e volume da mão de obra ativa se relaciona, normalmente, ao nível de produtividade do mercado de trabalho e principalmente à capacidade de agregação de valor ao produto.

Neste sentido, atribui-se importância ao tempo de rotação do capital, à eficiência com que seu valor foi antecipado e à criação de riqueza vista dentro do ambiente do trabalho.

No entanto, o que se mostrará relevante ao longo desta leitura são as análises das estratégias desenvolvidas pelo mercado ao final do século XX, que possibilitaram mudanças no tempo de rotação do Capital, além do ambiente do trabalho e da utilização do mercado financeiro nesse contexto.

O principal objetivo não é criticar o sistema ou caracterizar as novas dimensões como perversas, mas observar o ponto em que o mercado financeiro teria passado a compor o sistema econômico de maneira definitiva, e não intermediária, não cabendo sob esse aspecto idealismos, mas o desenvolvimento de estruturas que beneficiem o advento das novas dinâmicas do capital na medida adequada para a sociedade.

EMPREGO E DESEMPREGO ENTRE OS PAÍSES DESENVOLVIDOS
PROPORÇÕES E FORMAS

O segundo capítulo aprofunda o estudo das transformações ocorridas ao final do século XX, observando especificamente a amostra dos sete países capitalistas mais desenvolvidos do mundo ao final do século XX, denominados Grupo dos Sete (G7).

A intenção é avaliar as mudanças ocorridas nos volumes de riqueza agregada e nos níveis de emprego gerados pelas economias líderes após a crise industrial iniciada em 1973.

2.1 EVOLUÇÃO DO DESEMPREGO ENTRE OS PAÍSES DESENVOLVIDOS: UMA VISÃO DE BANDO – GRUPO DOS SETE (G7)

Com a perspectiva de analisar a evolução do crescimento econômico e do mercado de trabalho, considera-se a amostra formada pelo Grupo dos Sete (G7).[1] A denominação é atribuída à oligarquia composta pelas grandes economias capitalistas do mundo (Estados Unidos, Grã-Bretanha, Canadá, Alemanha, França, Itália e Japão),

---

1.   Criado em 1975, o G7 reúne os representantes dos sete países mais industrializados e desenvolvidos economicamente do mundo, quais sejam Estados Unidos, Reino Unido, Canadá, Alemanha, França, Itália e Japão. Durante as reuniões, os dirigentes máximos de cada Estado-membro discutem questões relacionadas à política internacional.

cuja autoridade se mostrou constantemente ratificada ao longo das várias crises ocorridas nos últimos anos do século XX.

A seguir, é dimensionada a representatividade da amostra frente ao cenário mundial, tanto em termos volumétricos como quanto aos valores comerciais negociados por cada uma das economias.

Ao final do século XX, o G7 apresentava a seguinte representatividade global: 12% da população mundial, 16% do território global, 66% do Produto Nacional Bruto total (PNB), 81,2% do comércio mundial, 94,6% dos empréstimos comerciais, 80,6% das poupanças e 80,5% dos investimentos externos (BANCO MUNDIAL, 2002).

Considerando o mercado de trabalho em 1980, o G7 respondia por 27,5% do desemprego mundial, enquanto todos os outros países do mundo representavam o equivalente a 72,5%. Já ao final do ano 2000, o G7 passava a responder por apenas 11,9% do desemprego mundial, enquanto todos os outros países do mundo passaram a acusar o equivalente a 88,1%. Veja o Gráfico 2.1.

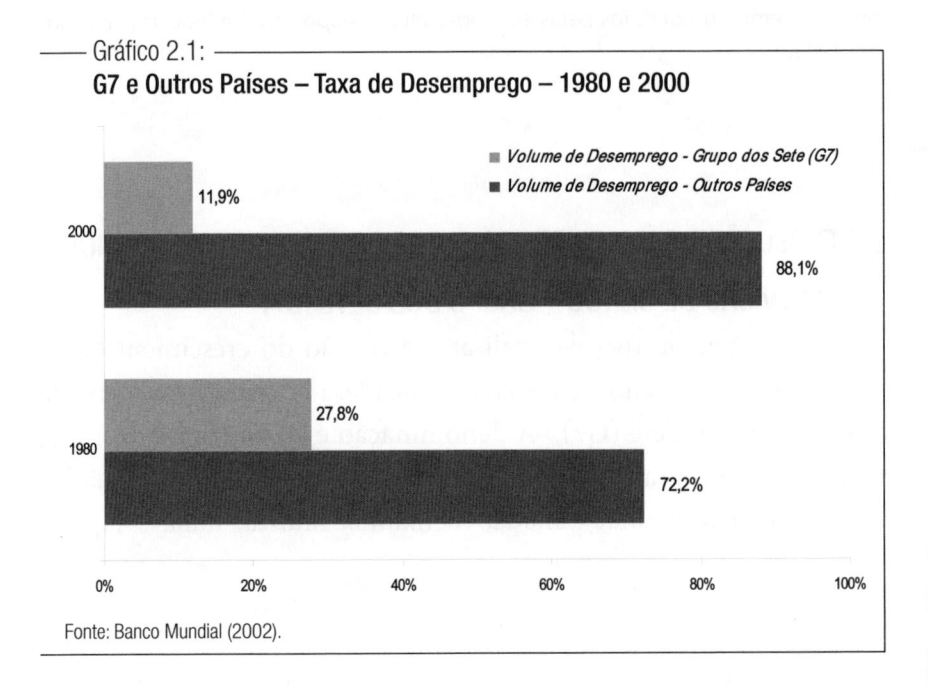

—— Gráfico 2.1: ——
G7 e Outros Países – Taxa de Desemprego – 1980 e 2000

■ *Volume de Desemprego - Grupo dos Sete (G7)*
■ *Volume de Desemprego - Outros Países*

2000 — 11,9% / 88,1%
1980 — 27,8% / 72,2%

0%   20%   40%   60%   80%   100%

Fonte: Banco Mundial (2002).

Pela da evolução dos indicadores, pode-se deduzir uma razoável transferência dos volumes de desemprego entre os países mais desenvolvidos do mundo e o resto do planeta, equivalente a 15,9% da mão de obra mundial.

Nesse sentido, é importante ressaltar que os países de capitalismo avançado, ainda que tivessem evoluído a taxas superiores de desemprego desde 1975, como será demonstrado em análises posteriores, apresentaram sua participação relativa no volume de desemprego mundial diminuída.

A respeito do aumento das distâncias econômicas entre países centrais e periféricos ocorrido nesse período, vale citar:

> O crescimento do Produto Interno Bruto (PIB) das economias avançadas até 1991 mal foi interrompido por breves períodos de estagnação nos anos de recessão de 1973-5 e 1981-3 (OCDE, 1993, p.18-9) [...]. No fim do Breve Século XX, os países do mundo capitalista desenvolvido se achavam tomados como um todo, mais ricos e mais produtivos do que no início da década de 1970, e a economia global da qual ainda formavam o elemento central estava imensamente mais dinâmica.
>
> Por outro lado, a situação em regiões particulares do globo era consideravelmente menos cor-de-rosa. Na África, na Ásia ocidental e na América Latina cessou o crescimento do PIB *per capita*. A maioria das pessoas, na verdade, se tornou mais pobre na década de 1980, e a produção caiu durante a maior parte dos anos da década nas duas primeiras regiões, e por alguns anos na última (HOBSBAWM, 2006, p. 395).

Com os dados informados na Tabela 2.1 e representados no Gráfico 2.2, a seguir, verifica-se que os sete países mais desenvolvidos do mundo, em sua totalidade, foram responsáveis por um acréscimo de 12 milhões de trabalhadores desempregados no mercado, entre os anos de 1970 e 2000. Respectivamente, o volume de desemprego teria variado de 7,24 milhões para 19,3 milhões.

— Tabela 2.1: —————————————————————
G7 – Identidade Consolidada – 1970 a 2000

G7 Total	1970	1980	Variação		1990	Variação		2000	Variação	
			(#)	(%)		(#)	(%)		(#)	(%)
PEA Total (# 1.000)	233.766	272.465	38.699	16,6%	307.938	35.473	13,0%	342.919	34.981	11,4%
Desemprego Total (# 1.000)	7.249	14.644	7.395	102,0%	16.661	2.017	13,8%	19.270	2.609	15,7%
Taxa de Desemprego (% PEA Total)	3,10%	5,37%		2,27 p.p.	5,41%		0,04 p.p.	5,62%		0,21 p.p.
PIB (US$ 2000, constante) (# 1.000.000.000)	8.597	12.018	3.421	39,8%	16.402	4.384	36,5%	20.967	4.565	27,8%
Elasticidade do Emprego (pontos percentuais)		0,35			0,36			0,40		

Fonte 1: United States Department of Labor – Bureau of Labor Statistics (2007b).
Fonte 2: Banco Mundial (2007).

Nota 1: PEA Total – Composto pela totalidade das pessoas consideradas empregadas e desempregadas, conforme as respectivas definições.

Nota 2: Desemprego Total – Inclui pessoas com 16 anos de idade ou mais que não possuem emprego na semana de referência, disponíveis para trabalhar (exceto por doença temporária), e que realizaram esforços em busca de emprego em algum momento ao longo das quatro semanas que precederam a semana de referência.

Nota 3: Emprego Total – Pessoas com 16 anos de idade ou mais, classificadas como "população civil não institucional" (conforme definição), que durante a semana de referência (a) realizaram qualquer trabalho remunerado com pelo menos uma hora de duração ou profissionais que trabalharam quinze horas ou mais, sem remuneração, em negócio operado por algum membro da família; (b) pessoas alocadas em um posto de trabalho que se encontravam temporariamente ausentes da operação, com ou sem remuneração, durante o período de licença. A amostra considera cada trabalhador apenas uma vez, ainda que o mesmo possua mais de uma atividade profissional. Estão excluídas as pessoas cuja única atividade se relaciona a trabalhos domésticos e de manutenção em suas próprias residências, e trabalhos voluntários.

Nota 4: PIB (US$ 2000 constante) – Soma de todos os produtos e serviços finais gerados pelos residentes em uma economia, somados taxas/impostos e deduzidos os subsídios. Não são subtraídos os valores correspondentes à depreciação de ativos ou à degradação de recursos naturais. Conforme indicado na tabela – "US$ 2.000 constante" –, foi utilizada a paridade cambial do dólar norte-americano em 2000 para a conversão dos valores locais.

Nota 5: Elasticidade do Emprego – Indicador de produtividade estabelecido pela relação entre o número de empregos gerados em um determinado período e a variação na produção econômica total; $= [((E_{i1} - E_{i0}) / E_{i0}) / ((Y_{i1} - Y_{i0}) / Y_{i0})]$ – onde E = número de trabalhadores empregados e Y = produção econômica bruta. É importante observar que, para o cálculo de elasticidade do emprego, foram desconsiderados grupos ligados às Forças Armadas, trabalhadores informais, trabalhadores ligados a atividades não remuneradas, cidadãos estrangeiros residentes em embaixadas e cidadãos nativos residentes fora dos países de origem.

Nota 6: As informações referentes à Alemanha sofrem descontinuidade em sua amostragem; de 1980 a 1990 (inclusive), os dados se referem apenas à Alemanha Ocidental, de 1991 a 2000, os dados se referem à Alemanha Unificada.

——Gráfico 2.2:——

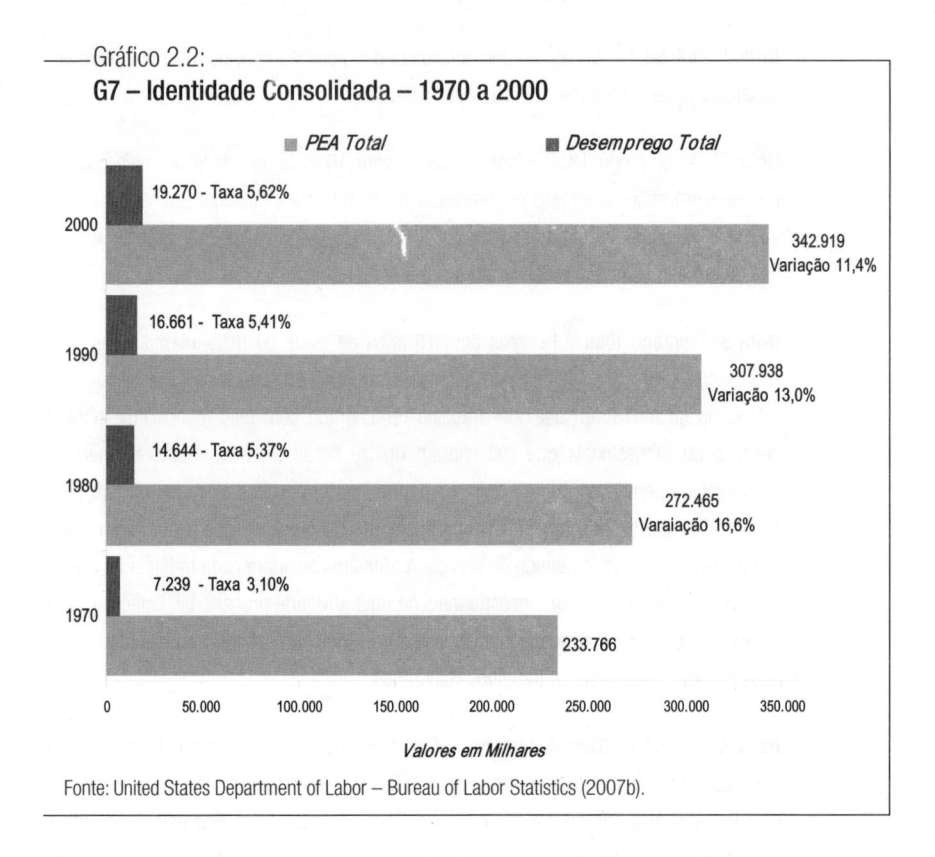

G7 – Identidade Consolidada – 1970 a 2000

■ PEA Total   ■ Desemprego Total

2000 19.270 - Taxa 5,62%
342.919
Variação 11,4%

1990 16.661 - Taxa 5,41%
307.938
Variação 13,0%

1980 14.644 - Taxa 5,37%
272.465
Varaiação 16,6%

1970 7.239 - Taxa 3,10%
233.766

0   50.000   100.000   150.000   200.000   250.000   300.000   350.000

Valores em Milhares

Fonte: United States Department of Labor – Bureau of Labor Statistics (2007b).

Comparando-se com o crescimento da População Economicamente Ativa, nota-se um aumento da taxa de desemprego em 2,52 pontos percentuais, passando de 3,10% em 1970, para 5,62% em 2000.

Nessa relação entre o estoque de trabalhadores ativos no mercado e o volume de desempregados, cabe notar a queda de 5,2 pontos percentuais no ritmo de crescimento da População Economicamente Ativa, entre 1970 e 2000.

O valor agregado total produzido pelo mercado de trabalho nos países mais industrializados do mundo, expresso através do PIB, obteve variações monetárias praticamente constantes nas duas últimas décadas do século XX, de US$ 4,38 trilhões nos anos de 1980 e US$ 4,56 trilhões nos anos de 1990, com incrementos médios de US$ 4,47 trilhões entre as décadas.

No entanto, o ritmo de crescimento foi reduzido. Enquanto na década de 1980 a riqueza agregada cresceu 36,5%, na década de 1990 o incremento foi minorado para 27,8%, especialmente devido à desaceleração do crescimento japonês, como será demonstrado mais adiante.

Com relação ao conceito de elasticidade do emprego, determinado pela relação entre o volume de emprego gerado e a quantidade de riqueza criada em um país, e representado pela fórmula $\varepsilon = [((Ei1 - Ei0) / Ei0) / ((Yi1 - Yi0) / Yi0)]$,[2] observa-se, de forma consolidada, uma pequena variação do nível de produtividade no trabalho, de 0,35 em 1980, para 0,40 pontos percentuais em 2000.

O índice de elasticidade do emprego como conceito relativo deve ser interpretado com cautela, uma vez que os resultados sobre os níveis de produtividade irão depender da proporcionalidade estabelecida entre as medidas de emprego e os volumes de produção.

Como evidenciado no Quadro 2.1, o aumento do Produto Interno Bruto, concomitantemente ao aumento da quantidade de empregos, pode expressar queda de produtividade para indicadores de elasticidade superiores a 1. Da mesma forma, queda de produção bruta e diminuição na quantidade de empregos podem determinar aumento de produtividade para indicadores de elasticidade superiores a 1.

Órgãos internacionais ligados ao estudo do mercado de trabalho, como a *International Labor Organization (ILO)* – Organização Internacional do Trabalho (OIT) –, analisam a elevação da elasticidade do emprego como medida adequada, relacionando o crescimento da economia e o aumento de produtividade com a elevação da qualidade e do nível de emprego, resultando, consequentemente, em queda dos volumes de pobreza.

> Produtividade no trabalho e redução do nível de pobreza: a análise desta relação se faz sob a forte convicção e comprovação empírica de que criar oportunidades de emprego decente é a melhor maneira de tirar as pessoas de uma situação de pobreza. Além disso, há uma forte ligação entre o incremento

---

2. O indicador "E" expressa a quantidade de emprego e o "Y" expressa o volume de produção bruta. Portanto, $((Ei1 - Ei0) / Ei0)$ determina a variação percentual da quantidade de emprego e $((Yi1 - Yi0) / Yi0)$ determina a variação percentual da produção bruta, em um determinado período.

dos níveis de produtividade e a melhora das condições de trabalho – melhora das condições de trabalho, aqui denominada de trabalho digno ou decente, considera não apenas o nível suficiente de renda, mas também garante seguridade social, boas condições de trabalho e atenção às demandas no emprego (KAPSOS, 2005, p. 23).[3]

—— Quadro 2.1: ——
Taxa de Elasticidade do Emprego

Elasticidade do Emprego	VARIAÇÃO DO PIB	
	Crescimento do PIB - Positivo	Crescimento do PIB - Negativo
$\varepsilon < 0$	(-) variação do emprego (+) variação da produtividade	(+) variação do emprego (-) variação da produtividade
$0 \leq \varepsilon \leq 1$	(+) variação do emprego (+) variação da produtividade	(-) variação do emprego (-) variação da produtividade
$\varepsilon > 1$	(+) variação do emprego (-) variação da produtividade	(-) variação do emprego (+) variação da produtividade

Fonte: Adaptado de Kapsos (2005).

Contudo, a estrutura da fórmula de elasticidade do emprego trabalha com a relação entre os incrementos. Desse modo, subordina a criação de postos de trabalho ao aumento de produtividade como única forma de manter o indicador constante ou reduzi-lo.

Além disso, a queda e o aumento do índice de elasticidade em sua análise quantitativa podem indicar ganhos e perdas de produtividade, respectivamente, mas a verificação qualitativa pode determinar movimentos de precarização do trabalho ou de substituição tecnológica.

Do mesmo modo, embora a elevação do índice de elasticidade tenha como interpretação imediata a redução no nível de produti-

---

3. *"Employment productivity and poverty reduction: this topic was chosen based on the strong conviction and empirical evidence that creating decent employment opportunities is the best way to take people out of poverty. In addition there is a strong link between productivity and decent work – work that not only provides a sufficient level of income but also ensures social security, good working conditions and a voice at work."* (Tradução livre da autora.)

vidade da mão de obra, a análise deve considerar as possibilidades conjuntas de desaceleração do crescimento econômico e intensificação das atividades geradoras de menor valor agregado. O que determinaria, indiretamente, a alternativa de precarização da mão de obra e a queda do valor monetário concedido à força de trabalho.

Complementando as reflexões vinculadas ao alcance de alguns indicadores analisados nesta pesquisa e exaustivamente difundidos como medida de eficiência e prosperidade, cumpre ponderar: as taxas de crescimento econômico, expressas através dos agregados de produção interna bruta, enquanto medidas da riqueza produzida por um país, não conseguiram indicar ou prever, até hoje, a possibilidade de redução do nível de pobreza dos trabalhadores e das sociedades em geral.

Sobre as limitações envolvendo a análise de valores e conjuntos monetários, usualmente tomados como referência de desenvolvimento e especialmente relacionados ao indicador de Produto Interno Bruto, pertinentes se mostram as observações feitas por André Gorz (apud PEREIRA; RODRIGUES, 2004, p. 47-48) sobre o real alcance dessas referências econômicas:

> Os economistas, os governos, os homens de negócios reclamam pelo crescimento em si, sem jamais definir sua finalidade. O conteúdo do crescimento não interessa aos que decidem. O que lhes interessa é o aumento do PIB, ou seja, o aumento da quantidade de dinheiro trocado, a quantidade de mercadorias vendidas e compradas no decurso do um ano, quaisquer que sejam estas mercadorias. Nada garante que o crescimento do PIB aumente a disponibilidade dos produtos de que a população necessita. [...] Ele cria muitas vezes mais pobres e mais pobreza, ele com frequência traz rendimento a uma minoria em detrimento da maioria, ele deteriora a qualidade de vida e o meio ambiente. Quais são os recursos que faltam com mais frequência à população? Uma alimentação sadia e equilibrada; água potável; ar puro, luz e espaço; um alojamento saudável e agradável. Mas o PIB não mede nada disso. [...] O PIB não reconhece e não mede as riquezas, a não ser que elas tenham a forma de mercadoria.

Nesse sentido, o índice de elasticidade do emprego, ao relacionar elevação da produção agregada ao volume de emprego gerado, deve ser analisado em seu ponto de equilíbrio, em que a diferença entre a magnitude das variações não alcança aspectos fundamentais ligados à qualidade.

Feitas as primeiras observações sobre os limites da análise de indicadores, esta pesquisa voltará a contrapor volumes numéricos, adicionando as reflexões e críticas de autores que discutem as transformações econômicas ocorridas ao final do século XX.

2.2 EVOLUÇÃO DO DESEMPREGO ENTRE OS PAÍSES DESENVOLVIDOS: UMA VISÃO INDIVIDUALIZADA

A partir da Tabela 2.2, são expostas variações específicas relacionadas aos países que compõem o Grupo dos Sete (G7), demonstrando a fragmentação dos cenários e as configurações assumidas pelo mercado, nos países mais industrializados do mundo, ao final do século XX.

Tabela 2.2:
G7 – Identidade Fragmentada – 1970 a 2000

PEA	variação		Desemprego Total		variação		PIB - US$ 2000, constante		Elasticidade do Emprego
# 1.000	# 1.000	(%)	# 1.000	taxa	# 1.000	(%)	# 1.000.000	(%)	(pontos)
Estados Unidos									
1970 82.771			4.093	4,9%			3.721.700		
1980 106.940	24.169	29,2%	7.637	7,1%	3.544	86,6%	5.128.000	37,8%	0,69
1990 125.840	18.900	17,7%	7.047	5,6%	(590)	-7,7%	7.055.000	37,6%	0,52
2000 142.583	16.743	13,3%	5.692	4,0%	(1.355)	-19,2%	9.764.800	38,4%	0,40
Grã-Bretanha									
1970 25.110			780	3,1%			718.058		
1980 26.750	1.640	6,5%	1.833	6,9%	1.053	135%	872.712	21,5%	0,11
1990 28.766	2.016	7,5%	2.053	7,1%	220	12,0%	1.132.265	29,7%	0,24
2000 28.952	186	0,6%	1.584	5,5%	(469)	-22,8%	1.438.283	27,0%	0,09

	PEA	variação		Desemprego Total		variação		PIB - US$ 2000, constante		Elasticidade do Emprego
	# 1.000	# 1.000	(%)	# 1.000	taxa	# 1.000	(%)	# 1.000.000	(%)	(pontos)
Canadá										
1970	8.395			476	5,7%			271.609		
1980	11.725	3.330	39,7%	854	7,3%	378	79,4%	408.202	50,3%	0,74
1990	14.043	2.318	19,8%	1.087	7,7%	233	27,3%	535.636	31,2%	0,61
2000	15.632	1.589	11,3%	956	6,1%	(131)	-12,1%	714.458	33,4%	0,40
Japão										
1970	50.730			590	1,2%			1.804.996		
1980	55.740	5.010	9,9%	1.140	2,0%	550	93,2%	2.806.069	55,5%	0,16
1990	63.050	7.310	13,1%	1.340	2,1%	200	17,5%	4.139.381	47,5%	0,27
2000	66.990	3.940	6,2%	3.200	4,8%	1.860	138,8%	4.746.067	14,7%	0,23
Alemanha										
1970	26.240			140	0,5%			966.646		
1980	27.260	1.020	3,9%	770	2,8%	630	450%	1.229.508	27,2%	0,05
1990	29.410	2.150	7,9%	1.460	5,0%	690	89,6%	1.543.379	25,5%	0,22
2000	39.302	9.892	33,6%	3.065	7,8%	1.605	109,9%	1.900.221	23,1%	1,28
França										
1970	20.800			530	2,5%			604.939		
1980	22.930	2.130	10,2%	1.490	6,5%	960	181,1%	839.865	38,8%	0,15
1990	24.159	1.229	5,4%	2.084	8,6%	594	39,9%	1.078.885	28,5%	0,10
2000	26.099	1.940	8,0%	2.385	9,1%	301	14,4%	1.327.964	23,1%	0,32
Itália										
1970	19.720			640	3,2%			508.831		
1980	21.120	1.400	7,1%	920	4,4%	280	43,8%	733.507	44,2%	0,13
1990	22.670	1.550	7,3%	1.590	7,0%	670	72,8%	917.509	25,1%	0,17
2000	23.361	691	3,0%	2.388	10,2%	798	50,2%	1.074.763	17,1%	-0,03
Total										
1970	233.766			7.249	3,1%			8.596.778		
1980	272.465	38.699	16,6%	14.644	5,4%	7.395	102,0%	12.017.863	39,8%	0,35
1990	307.938	35.473	13,0%	16.661	5,4%	2.017	13,8%	16.402.055	36,5%	0,36
2000	342.919	34.981	11,4%	19.270	5,6%	2.609	15,7%	20.966.556	27,8%	0,40

Fonte 1: United States Department of Labor – Bureau of Labor Statistics (2007b).
Fonte 2: Banco Mundial (2007).

Nota: Em função da indisponibilidade do dado referente ao PIB para o ano de 1990 na Alemanha, foi utilizada a informação posterior mais próxima, referente a 1991.

Analisadas, em primeiro lugar, as informações referentes ao mercado de trabalho, os dados apresentados na Tabela 2.2 demonstram que todos os países estiveram envolvidos com processos de elevação das taxas de desemprego ao longo da década de 1970.

A observação gráfica oferece especial destaque às acentuadas variações ocorridas no período entre os seguintes países: na França, de 2,5% para 6,5% (elevação de 4 pontos percentuais), e na Grã-Bretanha, de 3,1% para 6,9% (elevação de 3,8 pontos percentuais).

Ao longo das décadas de 1980 e 1990, as configurações se dispersaram. Entre as nações mais industrializadas do mundo, cada espaço nacional lidou com diferentes questões relacionadas ao mercado de trabalho, conforme os respectivos contextos histórico e cultural ao qual estavam inseridas, adotando, por conseguinte, diferentes orientações econômicas.

—— Gráfico 2.3: ———

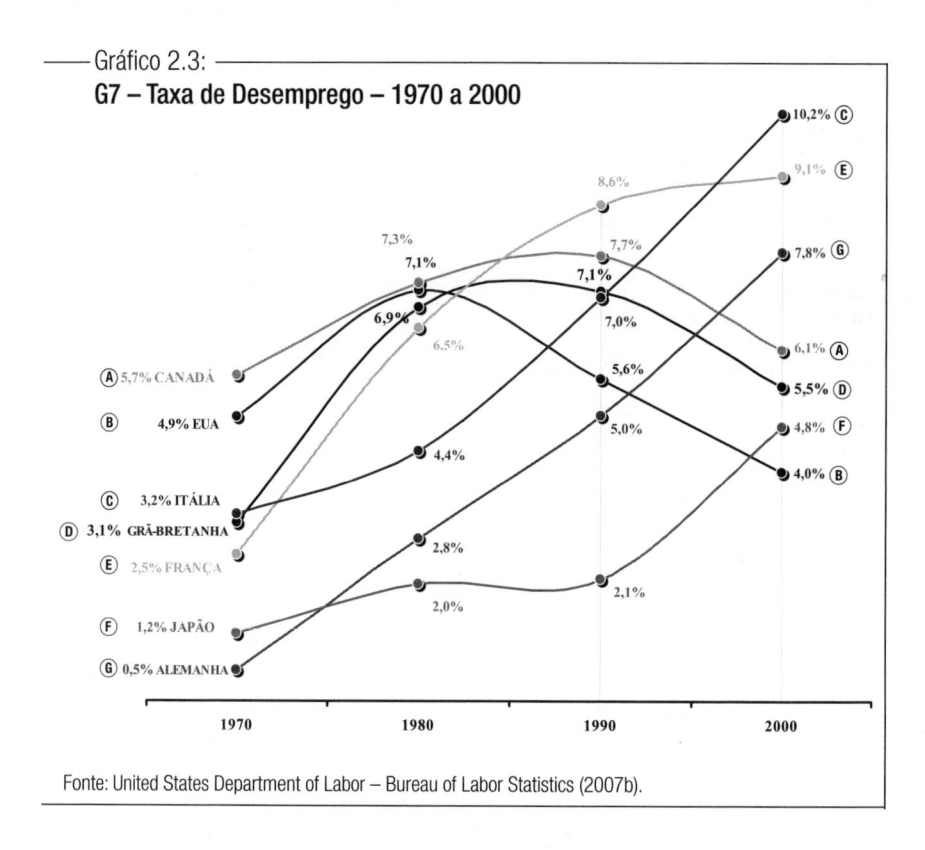

G7 – Taxa de Desemprego – 1970 a 2000

Fonte: United States Department of Labor – Bureau of Labor Statistics (2007b).

Para um grupo, a década de 1980 foi marcada pela retomada do liberalismo econômico e a possibilidade de inclusão do trabalho sob formas menos regulamentadas, deixando que seus volumes e custos fossem atribuições quase que exclusivas do mercado. Para outro, as transformações e restrições impostas pelo mercado não levaram a mudanças radicais nas normas estabelecidas para o emprego da mão de obra.

Os gráficos 2.4 e 2.5, a seguir dispostos, isolam as variações ocorridas no mercado de trabalho entre os dois grupos citados. *A priori*, os países que optaram por medidas liberalizantes estabeleceram a configuração de um processo cíclico, alternando o período de crise com a fase de recuperação dos indicadores aos mesmos níveis de normalidade observados anteriormente.

Já o grupo que manteve a participação do Estado no processo de regulamentação econômica, estabeleceu curvas de desemprego crescentes, indicando a possibilidade de falhas estruturais atribuídas ao sistema.

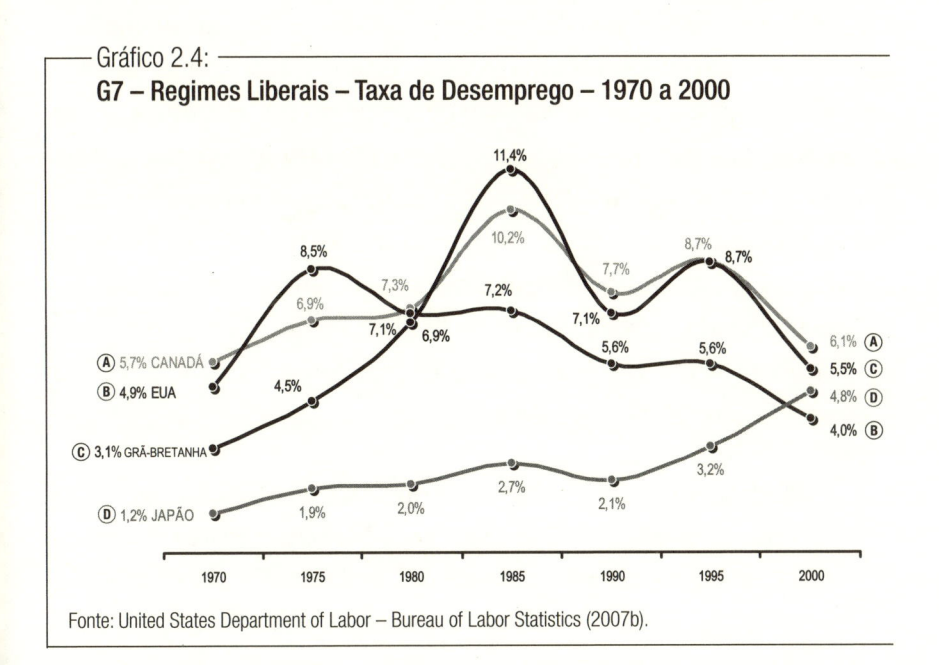

Gráfico 2.4:
G7 – Regimes Liberais – Taxa de Desemprego – 1970 a 2000

Fonte: United States Department of Labor – Bureau of Labor Statistics (2007b).

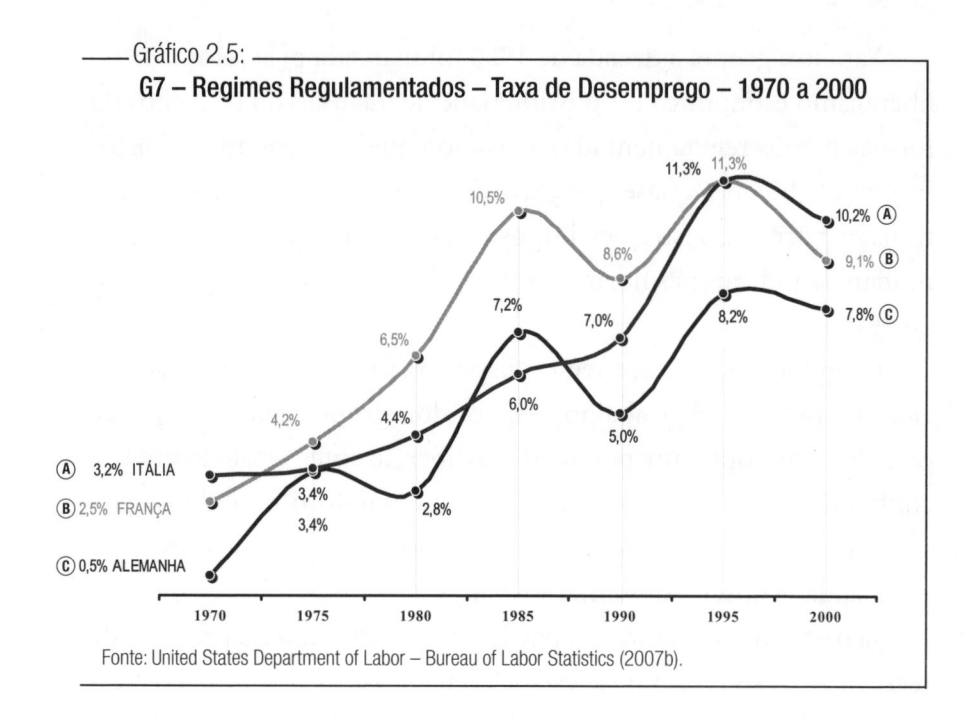

—— Gráfico 2.5: ——
G7 – Regimes Regulamentados – Taxa de Desemprego – 1970 a 2000

Fonte: United States Department of Labor – Bureau of Labor Statistics (2007b).

Embora a divisão entre os países que optaram pela aliança liberal e os que mantiveram o trabalho normatizado possa indicar melhor desempenho e recuperação do primeiro grupo, é absolutamente precipitado adotar essa premissa como determinante de eficiência, a não ser pela óptica política dos que se preocuparam em divulgar uma imagem vitoriosa como forma de expandir uma ação hegemônica.

O fato de uma sociedade optar pela manutenção de um sistema codificado, em que as bases trabalhistas permaneceram regulamentadas pelo Estado, não significou, ao final do século XX, que o mercado de trabalho entraria necessariamente em colapso. Como afirmam Gallie e Paugan (2004, p. 45-46):

> Ainda que devam ser considerados como relevantes, nem o volume da pobreza estabelecido pelo desemprego, nem as mudanças no volume de pobreza em si podem ser explicadas puramente pela qualidade das políticas sociais. Os países que aderiram a regimes semelhantes de assistência ao desemprego não apresentaram resultados homogêneos. Há diferenças consideráveis entre o Reino Unido e a Irlanda, apesar de ambos terem regimes assistenciais de-

nominados de liberais/mínimos, baseados em níveis elevados de assistência trabalhista. Da mesma forma a comparação entre Holanda, de um lado, França e Alemanha, por outro lado, se mostra desigual; e entre estes países deve se considerar os regimes de assistência universalista, como Dinamarca e Suécia. Avaliadas em termos de pobreza no desemprego, a Dinamarca e a Holanda, de longe, foram os países que obtiveram melhores avaliações das condições de trabalho no período, enquanto que a posição do Reino Unido se deteriorou consideravelmente. [4]

Nesse sentido, torna-se importante destacar que os objetivos perseguidos nesta pesquisa se relacionam com a análise do ambiente e a consistência dos recursos que permitiram a um grupo de países a aceleração do processo de recuperação econômica ao final do século XX, e não ao estudo e à justificativa de cenários aparentemente crônicos, cujas causas podem estar ligadas a questões sociológicas ou estruturais.

Analisadas as informações referentes ao crescimento econômico entre os anos de 1970 e 2000, é possível verificar a dissociação entre os acréscimos de produção e o aumento do nível de emprego, tanto entre aqueles que se tornaram referência a partir da adoção de modelos neoliberais, quanto para os que mantiveram seus fluxos econômicos regulamentados.

Em qualquer um dos grupos, o nível de crescimento do Produto Interno Bruto sempre esteve relacionado a pelo menos o dobro da capacidade de geração de emprego, conforme indicado nas tabelas a seguir e evidenciado graficamente.

---

4.   "*Neither the extent of poverty among the unemployment nor the changes of the poverty rates over time can be explained purely in terms of the social policies of the different countries, though these did clearly play a major role. Countries belonging to the same type of unemployment welfare regime were not homogeneous. There are considerable differences between the United Kingdom and Ireland although both were liberal/minimal welfare regimes; between employment-centered welfare regimes. The Netherlands on the one hand and France and Germany on the other; and between universalistic welfare regimes Denmark and Sweden. Assessed in terms of poverty among the unemployment, Denmark and the Netherlands fared best over the period examined while the position of the UK deteriorated considerably.*" (Tradução livre da autora.)

Tabela 2.3:

G7 – Regimes Liberais – Emprego, Desemprego e PIB – 1970 a 2000

Emprego Total	variação		Desemprego Total	variação		PIB - US$ 2000, constante	variação	
# 1.000	# 1.000	(%)	# 1.000	# 1.000	(%)	# 1.000.000	# 1.000.000	(%)
Estados Unidos								
1970	78.678			4.093			3.721.700		
2000	136.891	58.213	74,0%	5.692	1.599	39,1%	9.764.800	6.043.100	162,4%
Grã-Bretanha								
1970	24.330			780			718.058		
2000	27.368	3.038	12,5%	1.584	804	103,1%	1.438.283	720.225	100,3%
Canadá								
1970	7.919			476			271.609		
2000	14.676	6.757	85,3%	956	480	100,8%	714.458	442.849	163,0%
Japão								
1970	50.140			590			1.804.996		
2000	63.790	13.650	27,2%	3.200	2.610	442,4%	4.746.067	2.941.071	162,9%
Total								
1970	161.067			5.939			6.516.362		
2000	242.725	81.658	50,7%	11.432	5.493	92,5%	16.663.608	10.147.246	155,7%

Fonte 1: United States Department of Labor – Bureau of Labor Statistics (2007b).
Fonte 2: Banco Mundial (2007).

Gráfico 2.6:

G7 – Regimes Liberais – Taxa de Desemprego – 1970 a 2000

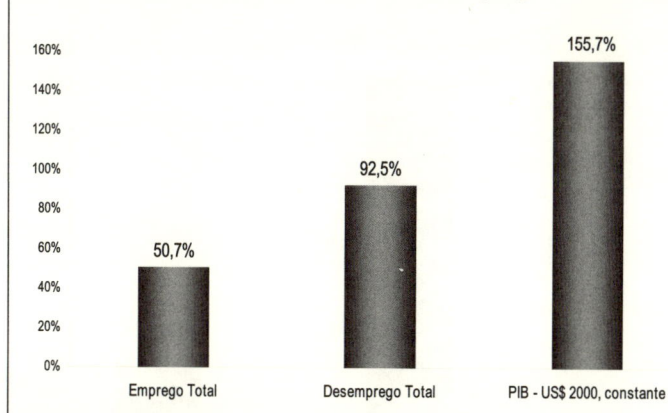

Fonte 1: United States Department of Labor – Bureau of Labor Statistics (2007b).
Fonte 2: Banco Mundial (2007).

Tabela 2.4:

G7 – Regimes Regulamentados – Emprego, Desemprego e PIB – 1970 a 2000

	Emprego Total	variação		Desemprego Total	variação		PIB - US$ 2000, constante	variação	
	# 1.000	# 1.000	(%)	# 1.000	# 1.000	(%)	# 1.000.000	# 1.000.000	(%)
França									
1970	**20.270**			**530**			**604.939**		
2000	**23.714**	3.444	17,0%	**2.385**	1.855	350,0%	**1.327.964**	723.025	119,5%
Itália									
1970	**19.080**			**640**			**508.831**		
2000	**20.973**	1.893	9,9%	**2.388**	2.388	373,1%	**1.074.763**	1.074.763	111,2%
Alemanha									
1970	**26.100**			**140**			**966.646**		
2000	**36.236**	10.136	38,8%	**3.065**	2.925	2089,3%	**1.900.221**	933.575	96,6%
Total									
1970	**65.450**			**1.310**			**2.080.415**		
2000	**80.923**	15.473	23,6%	**7.838**	6.528	498,3%	**4.302.948**	2.222.533	106,8%

Fonte 1: United States Department of Labor – Bureau of Labor Statistics (2007b).
Fonte 2: Banco Mundial (2007).

—— Gráfico 2.7: ——————————————————
G7 – Regimes Regulamentados – Emprego, Desemprego e PIB – 1970 a 2000

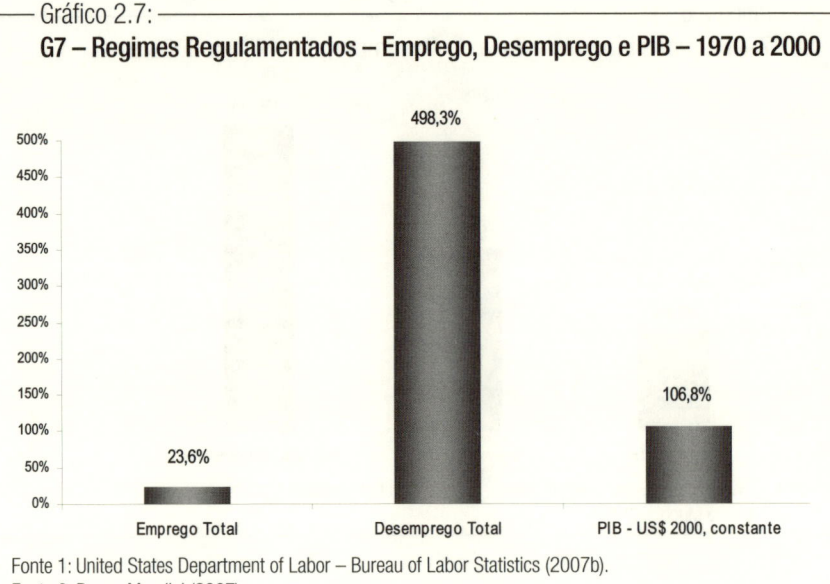

Fonte 1: United States Department of Labor – Bureau of Labor Statistics (2007b).
Fonte 2: Banco Mundial (2007).

Nota: A reunificação do território alemão a partir de 1989 e o consequente aumento de 33,6% na quantidade de mão de obra ativa disponível acentuaram as diferenças entre o emprego e o crescimento econômico, mas não alteraram as desproporções entre esses volumes. Entre os anos de 1970 e 2000, a quantidade de emprego teria crescido 13,6%, o número de desempregados, 307,9% e o Produto Interno Bruto, 115,7%.

Os dados apresentados demonstram que três países apresentaram linhas ininterruptamente crescentes nos volumes de desemprego para o período analisado, quais sejam Itália, França e Alemanha, levando à ideia de uma crise estrutural do sistema relacionado.

Outros três países, Estados Unidos, Canadá e Inglaterra, embora sofressem fortes oscilações, recuperaram no fim do século XX indicadores de emprego semelhantes aos observados no final da década de 1970, transmitindo a ideia de ciclo e de se tratar de um lapso conjuntural.

Sobre estes últimos países serão aprofundados os dados de pesquisa e a análise do contexto.

2.3 LIBERAL/*MINIMUM WELFARE* – REGIMES ENTRE O GRUPO DOS SETE (G7) – VARIAÇÃO DO DESEMPREGO NA GRÃ-BRETANHA, NO JAPÃO, NO CANADÁ E NOS ESTADOS UNIDOS AO FINAL DO SÉCULO XX

A Grã-Bretanha...

A Grã-Bretanha apresentou a maior variação nos indicadores de emprego de todo o grupo analisado, bem como a mais vertiginosa recuperação das taxas de desemprego de sua história.

Entre 1970 e 1984 (intervalo de 14 anos), o índice de desemprego inglês variou de 3,1% para 11,8%, uma elevação de 8,7 pontos percentuais.

Já no período de 1984 a 2000 (intervalo de 16 anos), foi possível baixar a taxa de desemprego para 5,5%, com uma recuperação de 6,3 pontos percentuais no nível de emprego.

Ao final do século XX, a Grã-Bretanha representava a terceira menor taxa de desemprego do grupo, em torno de 5,5%, superada apenas por Japão, com 4,8%, e Estados Unidos, com 4,0%.

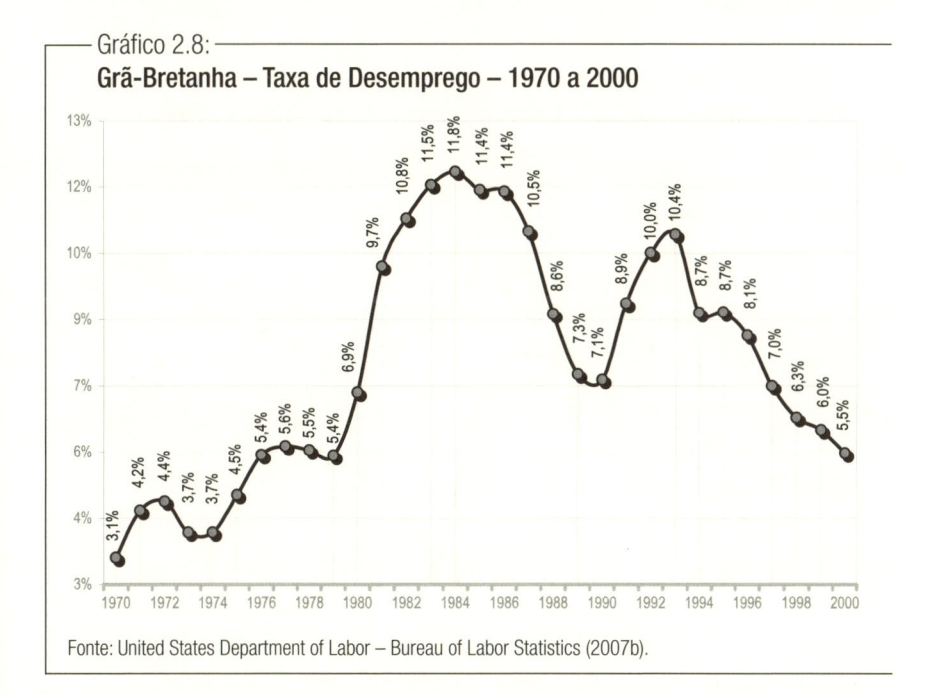

— Gráfico 2.8:
Grã-Bretanha – Taxa de Desemprego – 1970 a 2000

Fonte: United States Department of Labor – Bureau of Labor Statistics (2007b).

No entanto, antes de iniciar as análises específicas sobre níveis de desemprego na Grã-Bretanha, vale investigar as variações do crescimento demográfico e seus reflexos sobre os volumes da População Economicamente Ativa disponibilizados ao mercado, especialmente ao longo da década de 1990.

Como é possível observar graficamente, embora as análises dos volumes absolutos não demonstrem claramente a redução nos níveis de crescimento da População Economicamente Ativa britânica, os estudos das variações percentuais apresentam quedas acentuadas e alterações negativas, em especial nos períodos entre 1980 e 1992, e, sobretudo, entre os anos de 1988 e 1994.

Um dos fatores preponderantes para a queda do ritmo de crescimento da População Economicamente Ativa britânica a partir de 1989 diz respeito às variações demográficas ocorridas no período anterior.

Obviamente, as quedas praticamente constantes ocorridas no ritmo de crescimento da população a partir de 1962 iriam implicar em reflexos quanto à disponibilidade de mão de obra jovem nas décadas seguintes.

—— Gráfico 2.9: ——————————————————————
Grã-Bretanha – População Economicamente Ativa – 1980 a 2000

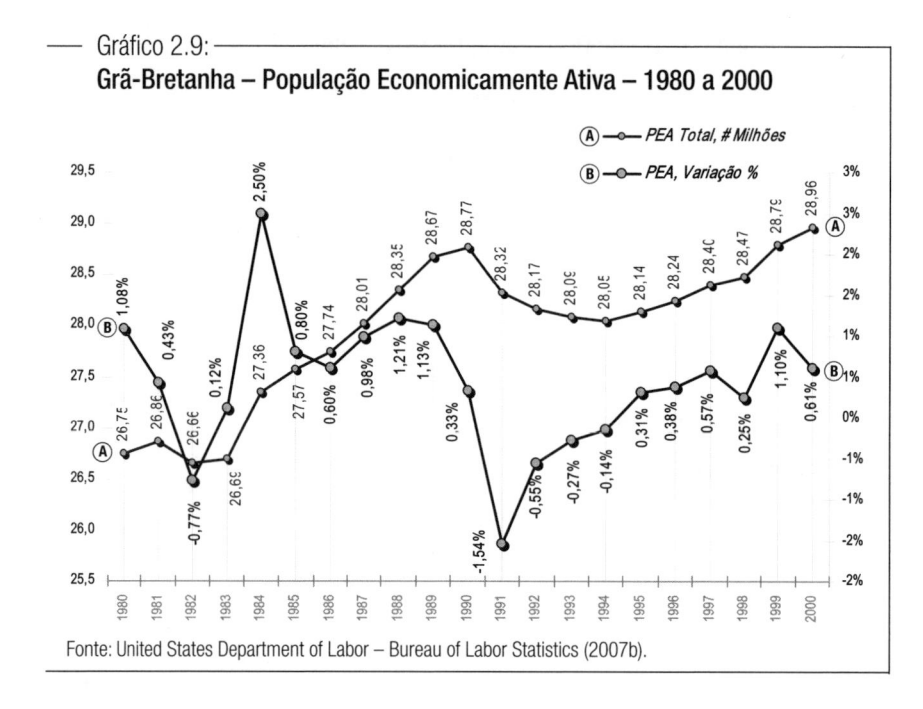

Fonte: United States Department of Labor – Bureau of Labor Statistics (2007b).

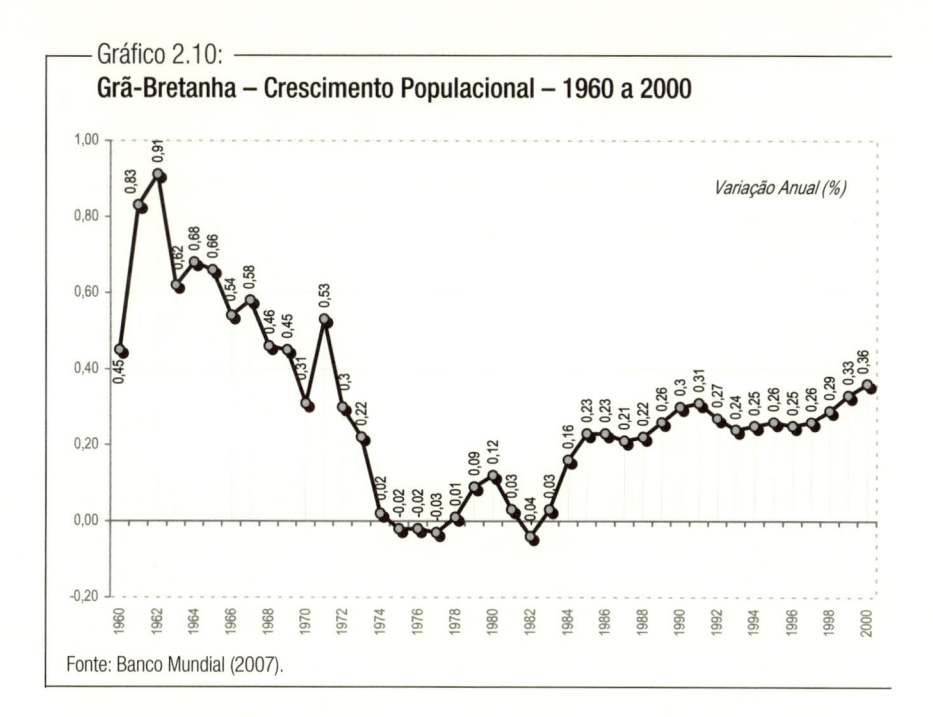

Gráfico 2.10:
Grã-Bretanha – Crescimento Populacional – 1960 a 2000

Variação Anual (%)

Fonte: Banco Mundial (2007).

A diminuição no ritmo de crescimento da População Economicamente Ativa britânica, principalmente no início da década de 1990, pode ter beneficiado os esforços no sentido de diminuir as taxas de desemprego ou possibilitar a disponibilização de vagas de trabalho a um menor contingente de mão de obra.

> A proporção de jovens na força de trabalho decaiu drasticamente nos últimos quinze anos, após o colapso na taxa de crescimento dos anos 1970 (*baby boom*). Os jovens sempre geraram taxas de desemprego mais altas do que os adultos, então essa mudança na composição da força de trabalho pode ter contribuído para uma queda na taxa de desemprego combinada. Com base em dados da pesquisa sobre a força de trabalho, parece que quase 0,55 pontos percentuais dos 5,65 pontos percentuais de queda na taxa de desemprego do Reino Unido entre 1984 e 1998 podem responder por mudanças na estrutura etária da força de trabalho (BARWELL, 2000, p. 5).[5]

---

5. *"The proportion of youths in the labor force has fallen dramatically in the past 15 years, following the collapse in the birth rate in the 1970s (the "baby bust"). Youths always have higher unemployment*

Outro fator preponderante sobre o volume de trabalho na Grã-Bretanha, contabilizado ao final do século XX, diz respeito às alterações ocorridas no conceito empregado para a classificação dos trabalhadores entre ativos e inativos para o mercado de trabalho.

Poderiam ser considerados inativos aqueles com as seguintes referências: baixa qualificação ou experiência, deficientes ou com problemas de saúde, cidadãos com idade superior a 50 anos, e pais solteiros e trabalhadores de algumas regiões desprivilegiadas em termos de recursos econômicos, conforme classificação do governo.

A descrição gráfica apresentada abaixo reflete os movimentos de troca ocorridos entre as posições de trabalho ativo para inativo na Grã-Bretanha, especialmente a partir de 1993.

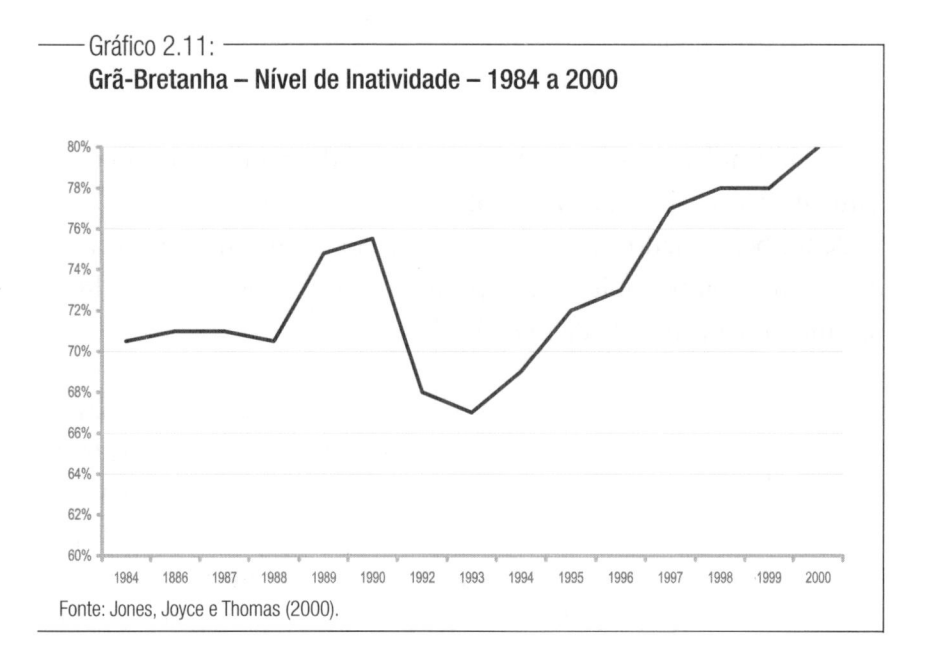

——Gráfico 2.11: ——
Grã-Bretanha – Nível de Inatividade – 1984 a 2000

Fonte: Jones, Joyce e Thomas (2000).

rates than adults, so this change in the composition of the labor force may have contributed to a fall in the aggregate unemployment rate. Based on data from the Labor Force Survey, it appears that about 0.55 percentage points of the 5.65 percentage point fall in the UK unemployment rate between 1984 and 1998 can be accounted for by changes in the age structure of the labor force." (Tradução livre da autora.)

Até os anos de 1970, o número de trabalhadores inativos permaneceu relativamente estável. Contudo, a partir de 1988, devido às dificuldades impostas pelo mercado de trabalho, o grupo de indivíduos passíveis de serem enquadrados como inativos teve dificuldades adicionais em manter ou obter emprego, elevando-se rapidamente o número de pedidos desses cidadãos pelos benecífios destinados à condição de inatividade.

No processo de análise das proporções de inativos e desempregados no mercado britânico, deve-se considerar a longevidade das contribuições assistenciais: 75% dos inativos classificados como inabilitados ou com problemas de saúde, e 60% dos pais solteiros foram beneficiados pelo *Income Support* (Suporte de Renda) por mais de dois anos; enquanto, entre os desempregados, apenas 12% foram beneficiados por períodos superiores a dois anos pelo sistema de *Jobseeker's Allowance* (Provisão aos que buscam emprego).

No entanto, entre as razões mais relevantes para a precarização do trabalho no mercado britânico, devem ser consideradas a queda da capacitação profissional e a diminuição na qualidade de ensino do conjunto de trabalhadores. Tais fatores foram penalizados pelo mercado de trabalho com redução dos níveis de remuneração e diminuição das oportunidades, conforme explicam Brown e Darling (2001, p. 8):

> Entre as décadas de 1980 e 1990, a população com baixa qualificação educacional auferiu declínios significativos nos níveis salariais comparada àquela com alguma qualificação educacional. Por exemplo, por volta dos anos 1970, homens trabalhadores com qualificação auferiram níveis salariais 22% superiores comparados àqueles sem qualificação. Já na metade dos anos 1990, esse percentual havia dobrado para 46%. Observados os níveis de empregabilidade, a diferenciação relativa foi se acentuando ao longo do final do século XX: em 1979, 9 entre 10 homens sem qualificações estavam empregados; já em 1995, esse número havia caído para 6 entre 10. Da mesma forma, o nível de empregabilidade entre as mulheres sem qualificações também caiu nesse período, em contraste com o aumento geral da taxa de emprego, de

61% em 1979 para 70% em 2001. A queda da disponibilidade de vagas para trabalhadores com menor qualificação educacional refletiu significativamente um aumento dramático na inatividade. [6]

Ressaltadas algumas particularidades determinantes na composição do mercado de trabalho, a análise dos indicadores determina que as taxas de desemprego entre os anos de 1982 e 1986 só podem ser comparadas aos índices observados no período da crise de 1929, em média entre 10% e 12%, e superados apenas no auge da depressão, na década de 1930, quando 22% a 23% da força britânica de trabalho não tinha emprego.

Em termos de política interna, os picos de desemprego ocorreram durante os primeiros anos de gestão dos conservadores[7] Margareth Thatcher (de 1979 a 1990) e seu sucessor John Major (de 1990 a 1997).

Nesse longo período de praticamente duas décadas, a Grã-Bretanha aderiu aos preceitos econômicos neoliberais, cuja estratégia de transição foi caracterizada, muitas vezes, pela forma impositiva com que algumas mudanças foram implantadas.

Dessa forma, empresas estatais foram privatizadas, começando pelo setor de habitação e chegando aos setores de base, como eletricidade, petróleo, aço, gás e água. Todo o sistema educacional e de

---

6. "Over the 1980's and 1990's people with no educational qualifications have seen substantial declines in their pay relative to those with some educational qualifications. For example, in the mid-1970s, men with an A-level earned 22 per cent more than those without qualifications, but by the mid-1990s, this had doubled to 46 per cent. On top of this substantial fall in their relative pay, the employment position of people with low skills seriously deteriorated. In 1979 around 9 out of 10 men with no qualifications were in work, by 1995 this figure has fallen to around 6 out of 10. The employment rate for women with no qualifications also fell over this period, in contrast with women as a whole, who saw a significant rise in their employment rate from 61 per cent in 1979 to 70 per cent in 2001. This fall in employment has been particularly reflected in a dramatic increase in inactivity." (Tradução livre da autora.)

7. Conservative and Unionist Party (Partido Conservador e Unionista) – Considerada a mais antiga formação partidária europeia, sua origem é datada do século XVII e seus predecessores compuseram o Tory Party, facção formada por defensores da Coroa. Por volta de 1830, o partido entra em colapso após o ato de concessão de amplos direitos políticos aos católicos romanos. Nesse período, os tories começaram a utilizar a denominação conservative. (Fonte: The Robinson Library, 2007.)

assistência social foi reformulado, e movimentos grevistas passaram a ser reprimidos.

Entre as medidas associadas à política monetária, a emissão de moeda foi reduzida, os juros foram aumentados, os impostos foram diminuídos – especialmente para grandes ganhos[8] – e o mais importante, o setor financeiro foi desregulamentado.

De todas as orientações adotadas pelos conservadores britânicos ao final do século XX, as que mais influenciaram o mercado de trabalho dizem respeito ao volume histórico de privatizações realizadas e ao eficiente processo de descentralização do poder sindical.

Sobre esses dois aspectos, seguem, respectivamente, os comentários de Serva (2003) sobre as privatizações, e de Shaw (1994) sobre a estrutura de governança sindical:

> Apesar de não ter sido o ponto de partida dos programas sistemáticos de privatização, o caso inglês foi o de maior impacto e continua sendo considerado como a grande referência na história da privatização. A partir de 1979 até 1996, o governo Thatcher e seus sucessores implementaram um processo massivo de privatizações, retirando dezenas de empresas do patrimônio do Estado através de 59 ofertas públicas e nada menos do que 88 vendas de caráter privado. O empreendimento como um todo rendeu cerca de US$ 120 bilhões e transformou o panorama da indústria britânica. Entre 1988 e 1996, a Grã-Bretanha foi responsável por 45% de todos os processos de privatização realizados no conjunto dos países industrializados. É assim que esse país torna-se internacionalmente reconhecido por sua *expertise* em privatização, um modelo geral a seguir, alvo de benchmark de diversos países do mundo cujos governos buscavam equilibrar suas respectivas finanças públicas e redefinir o papel do Estado (SERVA, 2003, p. 351).

---

8. Uma das reformas tributárias implementadas pelo governo Thatcher, denominada Poll Tax, teria contribuído significativamente para a sua renúncia antecipada, devido à reação de impopularidade causada na época de sua implantação. Em substituição às tarifas de custeio dos governos locais, cobradas conforme o valor do imóvel, foi implantada em 1989 na Escócia e, em 1990, estendida a todo o Reino Unido a Poll Tax, uma taxa comunitária única por habitante, cujo valor não dependia da avaliação patrimonial.

Ao contrário do que será observado no processo norte-americano, em que a retomada do liberalismo ao final do século XX vem, em um primeiro momento, acompanhada por um perseverante marketing político, que reforça a ideia do estado-herói e adota como primeiro agente político da mudança um personagem central, no contexto britânico, o processo de transformação assume os riscos da imposição pautada sob a ameaça, servindo como líder político da mudança uma figura feminina de ar aristocrático, cuja personagem receberia a alcunha de "Dama de Ferro".

A importância assumida pelas mudanças econômicas promovidas pela primeira-ministra britânica, Margareth Thatcher, e o vigor com que suplantou as estruturas trabalhistas, precisaram superar as tradições históricas britânicas, sobre as quais se baseavam sua organização social e onde se acumulava uma vasta experiência estratégica em termos de política externa.

Dessa maneira, a densidade do contexto sobre o qual a sociedade inglesa foi envolvida ao final do século XX demandou transformações importantes e considerações às suas bases ideológicas. Nesse sentido, Hall (1988, p. 274) faz o seguinte comentário:

> Portanto, uma coisa podemos aprender com o thatcherismo, nesta época e em nosso tipo de sociedade, seja a política conduzida ideologicamente ou não. O thatcherismo colocou em jogo uma série de diferentes estratégias sociais e econômicas, mas em nenhum momento negligenciou a dimensão ideológica. A privatização, por exemplo, possui inúmeras compensações econômicas e sociais. Mas pelo thatcherismo nunca avançou sem considerar uma base ideológica. Dessa forma, não valeria a pena oferecer aos cidadãos corte de impostos, a menos que se agregasse a este benefício parte do pacote de "liberdade".[9]

---

9. *"So, one thing we can learn from Thatcherism is that, in this day and age, in our kind of society, politics is either conducted ideologically, or not at all. Thatcherism has put in play a range of different social and economic strategies. But it has never for a moment neglected the ideological dimension. Privatization, for example, has many economic and social payoffs. But it is never advanced by Thatcherism without also being constructed ideologically. There is no point giving people tax cut unless you also sell it to them as part of the 'freedom' package."* (Tradução livre da autora.)

Embora a compreensão do movimento inglês ao final do século XX deva ser interpretada através da caracterização da personagem política incorporada pela primeira-ministra Margaret Thatcher, e pela descrição das formas e resultados obtidos na implantação das políticas neoliberais, o fator mais importante da análise diz respeito à consideração do alinhamento histórico da Grã-Bretanha em torno de uma política anglo-americana, denominada atlanticista, em detrimento a um posicionamento pró-europeu, chamado de europeísta.

Na análise do caso britânico, não é suficiente que se examinem os indicadores econômicos ou que se façam descrições precisas sobre as variações ocorridas nos volumes de produção e de trabalho. É preciso que se retorne às bases históricas sob as quais tal sociedade foi estruturada e, dessa forma, compreenda-se o que tornou inevitável a opção pela aliança atlanticista em oposição ao consenso europeu.

Ao final do século XX, a Grã-Bretanha reforçou a ordem assumida por Churchill[10] no pós-guerra, optando pelo posicionamento atlanticista. Nesse sentido, o vigor do ataque neoliberal britânico incorpora a necessidade de renovação do cenário econômico e também a oposição ao consenso europeanista, que viria demonstrar sua unidade em 1992, através do Tratado de Maastrich, que determinou a formação da Comunidade Europeia.

Sobre as reformas econômicas ocorridas ao final do século XX, a trajetória do mercado britânico acompanhou a mecânica norte-americana, orientada fundamentalmente à internacionalização do

---

10. Winston Churchill (30/11/1874-24/1/1965) – Primeiro-ministro britânico nos períodos de 1940 a 1945 e de 1951 a 1955. Conhecido por sua crítica ao "nazismo" e pela capacidade de articulação que o levaria a obter o apoio dos Estados Unidos durante a Segunda Guerra Mundial. A Carta do Atlântico, assinada em 1941 entre Winston Churchill e o presidente norte-americano Franklin Roosevelt, viria oficializar a união dessas duas nações contra as tropas alemãs – "depois da destruição final da tirania nazista, [...] ver estabelecida uma paz que permita a todas as nações viverem em segurança dentro dos limites das suas próprias fronteiras e que proporcione a garantia de que todos os homens, em todos os territórios, poderão viver as suas vidas, livres do temor e da necessidade". No entanto, a abrangência da Carta do Atlântico superou o período de luta contra o nazismo e sua orientação acabaria determinando a formação da Organização das Nações Unidas (ONU), em 1945, e posteriormente a Organização do Tratado do Atlântico Norte (OTAN), em 1949. (Fonte: Portal São Francisco, 2007.)

fluxo de investimentos, apoiada sobre o capital financeiro, e contrária à intervenção do Estado na economia.

As características da orientação britânica e o seu alinhamento podem ser verificados, com clareza, a partir do discurso histórico de Margareth Thatcher, feito em 20 de setembro de 1988, no Collège d'Europe, em Bruges, na Bélgica, denominado The Bruges Speech.

Através do manifesto, a primeira-ministra define a posição britânica com relação à Comunidade Econômica Europeia, sugere as determinações fundamentais para o seu êxito e expande suas fronteiras além da formação original composta por 12 países, através da *Atlantic Community*, conforme transcrito a seguir:

Sobre o futuro da Europa: [11]

[...] Sim, também olhamos para horizontes mais amplos – assim como os outros – e damos graças por isso, porque a Europa nunca haveria prosperado e nunca prosperará como um clube de visão estreita, olhando para si própria. [...] Nesta noite, quero delinear alguns princípios norteadores para o futuro, os quais acredito que garantirão que a Europa sucederá, não apenas em termos econômicos e defensivos, mas também na qualidade de vida e representatividade de seu povo.

Desejando cooperação entre os estados Soberanos:

Meu primeiro princípio norteador é: a dedicação e a cooperação ativa entre os estados soberanos independentes seriam a melhor maneira de construir uma Comunidade Europeia de sucesso. A Europa será precisamente mais forte porque possui a França como França, a Espanha como Espanha, a

---

11. *About Europe future:*
"*[...] Yes, we have looked also to wider horizons – as have others – and thank goodness for that, because Europe never would have prospered and never will prosper as a narrow-minded, inward-looking club. [...] This evening I want to set out some guiding principles for the future which I believe will ensure that Europe does succeed, not just in economic and defence terms but also in the quality of life and the influence of its peoples.*
Willing cooperation between Sovereign states:
My first guiding principle is this: willing and active cooperation between independent sovereign states is the best way to build a successful European Community. Europe will be stronger precisely because it has France as France, Spain as Spain, Britain as Britain, each

Grã-Bretanha como Grã-Bretanha, cada qual com seus próprios costumes, tradições e identidade. Seria tolice tentar enquadrá-los em um kit de identidade da personalidade europeia.

Alguns dos fundadores da Comunidade pensavam que os Estados Unidos da América poderiam ser seu modelo. Mas toda a história dos EUA é bem diferente da Europa. As pessoas foram para lá fugidas da intolerância e do confinamento de vida na Europa. [...] Na verdade, é irônico que apenas quando esses países, tais como a União Soviética, que tentaram dirigir tudo de forma centralizada, começam a aprender que o sucesso depende da dispersão do poder e das decisões para além do centro, há alguns na Comunidade que parecem querer se dirigir na direção oposta [...].

Encorajando a mudança:

Meu segundo princípio norteador é este: as políticas da Comunidade devem lidar com os problemas atuais de maneira prática, não importa o quão difícil isso possa ser. Se não pudermos reformar essas políticas da Comunidade que estão evidentemente erradas ou são ineficazes e que estão certamente causando inquietação pública, então não teremos o apoio público para o futuro desenvolvimento da Comunidade. [...]

Europa aberta ao empreendedorismo:

Meu terceiro princípio norteador é a necessidade de que as políticas da Comuni-

---

with its awn customs, traditions and identity. It would be folly to try to fit them into some sort of identikit European personality.
Some of the founding fathers of the Community thought that the United States of America might be its model. But the whole history of America is quite different from Europe. People went there to get away from intolerance and constrain of life in Europe. [...] Indeed, it is ironic that just when those countries such as the Soviet Union, which have tried to run everything from the centre, are learning that success depends on dispersing power and decisions away from the centre, there are some in the Community who seem to want to move in the opposite direction. [...]

Encouraging change:
My second guiding principle is this: Community policies must tackle present problems in a practical way, however difficult that may be. If we cannot reform those Community policies which are patently wrong or ineffective and which are rightly causing public disquiet, then we shall not get the public support for the Community's future development. [...]

Europe open to enterprise:
My third guiding principle is the need for Community policies which encourage enterprise. The lesson of the economic history of Europe in the 70's and 80's is that central planning and

dade encorajem o empreendedorismo. A lição de história econômica da Europa nos anos 1970 e 1980 é que o planejamento central e o controle detalhado não funcionam, e que o esforço pessoal e a iniciativa funcionam. Que uma economia controlada pelo Estado é uma receita para o baixo crescimento e que o livre empreendedorismo em uma estrutura baseada na lei traz melhores resultados.

[...] E que significa ação para os mercados livres, ação para uma ampla escolha, ação para reduzir a intervenção governamental. [...] Nosso objetivo não seria uma regulação cada vez mais detalhada a partir do centro: seria desregulamentar e retirar as limitações sobre o comércio. A Grã-Bretanha tem liderado a abertura de seus mercados perante os demais. [...]

Europa aberta ao mundo:

Meu quarto princípio norteador é que a Europa não deveria ser protecionista. Devemos garantir que nossa abordagem perante o comércio mundial seja compatível à liberalização que pregamos em casa. [...] Temos a responsabilidade de assumir a liderança nisso, uma responsabilidade que particularmente seja direcionada rumo aos países menos desenvolvidos.

Europa e a defesa:

Meu último princípio norteador diz respeito à questão mais fundamental – o papel dos países europeus na defesa. [...] Devemos trabalhar arduamente para

---

detailed control do not work and that personal endeavour and initiative do. That a State-controlled economy is a recipe for low growth and that free enterprise within a framework of law brings better results.

[...] And that means action to free markets, action to widen choice, action to reduce government intervention. [...] Our aim should not be more and more detailed regulation from the centre: it should be to deregulate and to remove the constraints on trade. Britain has been in the lead in opening its markets to others. [...]

Europe open to the world:

My fourth guiding principle is that Europe should not be protectionist. We must ensure that our approach to world trade is consistent with the liberalization we preach at home. [...] We have a responsibility to give a lead on this, a responsibility which is particularly directed towards the less developed countries.

Europe and defence:

My last guiding principle concerns the most fundamental issue – the European countries' role in defence. [...] We must strive to maintain the United States' commitment to Europe's defence. And that means recognizing the burden on their resources of the world role they undertake

manter o compromisso dos EUA para com a defesa da Europa. E isso significa reconhecer o peso dos seus recursos para o mundo e sua posição sobre a necessidade de os aliados se comprometerem com a plena participação pela defesa da liberdade, particularmente à medida que a Europa aumenta sua riqueza. [...] Acima de tudo, em um tempo de mudança e incerteza na União Soviética e Europa Oriental, devemos preservar a unidade da Europa e realizar isso de forma que, não importa o que aconteça, nossa defesa se mantenha garantida. [...]

A abordagem britânica:

E o que precisamos agora é tomar decisões rumo às próximas etapas, em vez de nos distrairmos com objetivos utópicos. A utopia nunca se realiza, sabemos que não iríamos gostar se ela se realizasse. Deixe a Europa ser uma família de nações, entendendo uma a outra cada vez melhor, apreciando uma a outra cada vez mais, fazendo mais de forma unida, mas apreciando nossa identidade nacional não menos do que nosso esforço comum europeu. Permita que tenhamos uma Europa que desempenha todo o seu papel no vasto mundo, que olha para fora e não para dentro, e que preserva a comunidade do Atlântico – essa Europa dos dois lados do Atlântico – a nossa herança mais nobre e nossa maior força.

Agradeço o privilégio de proferir esta palestra neste grande auditório para esta grande universidade (THATCHER, 2007).

---

and their point that their allies should bear the full part of the defence of freedom, particularly as Europe grows wealthier. [...] Above all, at a time of change and uncertainly in the Soviet Union and Eastern Europe, we must preserve Europe's unity and resolve so that whatever may happen, our defence is sure. [...]

The British approach:
And what we need now is to take decisions on the next steps forward, rather than let ourselves be distracted by Utopian goals. Utopia never comes, because we know we should not like it if it did. Let Europe be a family of nations, understanding each other better, appreciating each other more, doing more together but relishing our national identity no less than our common European endeavour. Let us have a Europe which plays its full part in the wider world, which looks outward not inward, and which preserves that Atlantic community – that Europe on both sides of the Atlantic – which is our noblest inheritance and our greatest strength.
May I thank you for the privilege of delivering this lecture in this great hall to this great college."
(Tradução livre da autora.)

Retornando às dimensões numéricas, se poderia concluir que, ao fim do século XX, o mercado de trabalho britânico passou a operar com taxas de desemprego entre 5% e 6%, em vez daquelas observadas na época do pleno emprego, entre 2% e 3%. Como se o incremento marginal advindo do corte das políticas protecionistas, da desregulamentação das relações trabalhistas e da descentralização dos núcleos de poder sindical fosse da ordem de 3%.

O Canadá...

De forma razoavelmente semelhante à Grã-Bretanha, o Canadá passou por fortes oscilações nos indicadores de trabalho. A primeira forte alta no volume de desemprego ocorreu entre 1974 e 1978, de 5,3% para 8,1% (2,8 pontos percentuais); a segunda elevação se deu entre 1981 e 1983, de 7,4% para 11,6% (4,2 pontos percentuais); e a terceira alta adveio entre 1989 e 1993, de 7,1% para 10,8% (3,7 pontos percentuais).

Embora o Canadá guarde heranças históricas com a cultura europeia, a sua localização, o tamanho de sua economia (no período analisado, a economia canadense correspondia, em média, a 45% da economia inglesa e a 7,5% da economia norte-americana) e a sua dependência com relação ao comércio exterior sempre o conduziram a alianças de perfil anglicano.

Com uma economia fortemente voltada ao mercado externo, especialmente ao norte-americano, para o qual se dirigem historicamente cerca de 80% das exportações canadenses, tanto o Acordo de Livre Comércio Canadá–Estados Unidos (FTA),[12] realizado em 1989, quanto o Acordo de Livre Comércio da América do Norte (Nafta),[13]

---

12. *Free Trade Agreement* (FTA) – Acordo de Livre Comércio entre Estados Unidos e Canadá, incluindo o cronograma de redução tarifária ao longo de dez anos, a regulamentação da agenda de subsídios e mecanismos de igualdade de acesso às negociações e o acesso a mecanismos *antidumping*. As negociações se encerraram em outubro de 1987 e o acordo foi assinado em 1988, entrando em vigor em janeiro de 1989.

13. *North American Free Trade Agreement* (Nafta) – Determinou a inclusão do México, em janeiro de 1994, ao bloco comercial formado em 1989 por Estados Unidos e Canadá. Com o Nafta, foram estabelecidos dois acordos suplementares entre os membros, o *North*

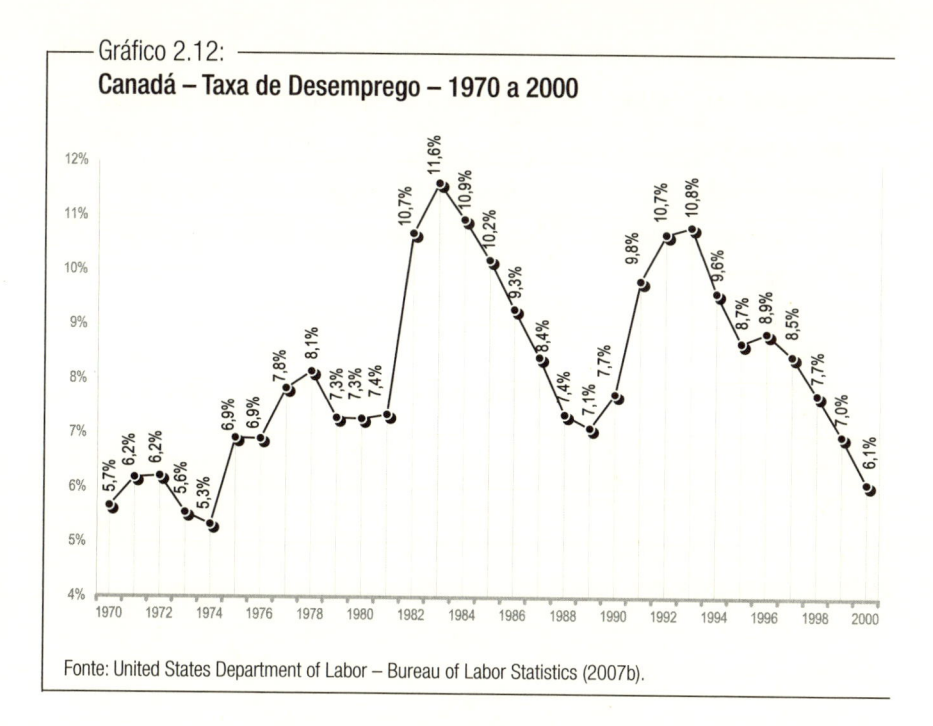

Gráfico 2.12:
Canadá – Taxa de Desemprego – 1970 a 2000

Fonte: United States Department of Labor – Bureau of Labor Statistics (2007b).

celebrado em 1994, com a adesão do México, pretendiam intensificar a atividade econômica e agilizar o processo de recuperação de seus integrantes através da redução tarifária.

A expectativa inicial previa que cada fração adicional de 1 bilhão de dólares em exportação resultaria na criação de, aproximadamente, 15 mil novos empregos em território canadense.

Conforme demonstrado no Gráfico 2.13, é possível comprovar o vigoroso crescimento das exportações a partir da assinatura do Acordo de Livre Comércio Canadá–Estados Unidos. Na década de 1990, o crescimento total das exportações canadenses foi de 77,3%.

No entanto, nos anos seguintes à assinatura dos acordos comerciais, os países envolvidos registraram elevações significativas nos níveis de desemprego.

American Agreement on Environmental Cooperation (NAAEC) – Tratado Norte-Americano de Cooperação Ambiental – e o *North American Agreement on Labor Cooperation* (NAALC) – Tratado Norte-Americano de Cooperação no Trabalho.

No Canadá, a taxa de desemprego variou de 8,9% em 1989, para 11,4% em 1993; o desemprego norte-americano oscilou entre as taxas de 5,3% em 1989, para 7,5% em 1992; e o México manteve a linha ascendente observada na primeira metade da década de 1990, variando a taxa de desemprego no período de 3,0% para 5,8%.

—— Gráfico 2.13: ——

Canadá – Exportações de Produtos e Serviços (% do PIB) – 1970 a 2000

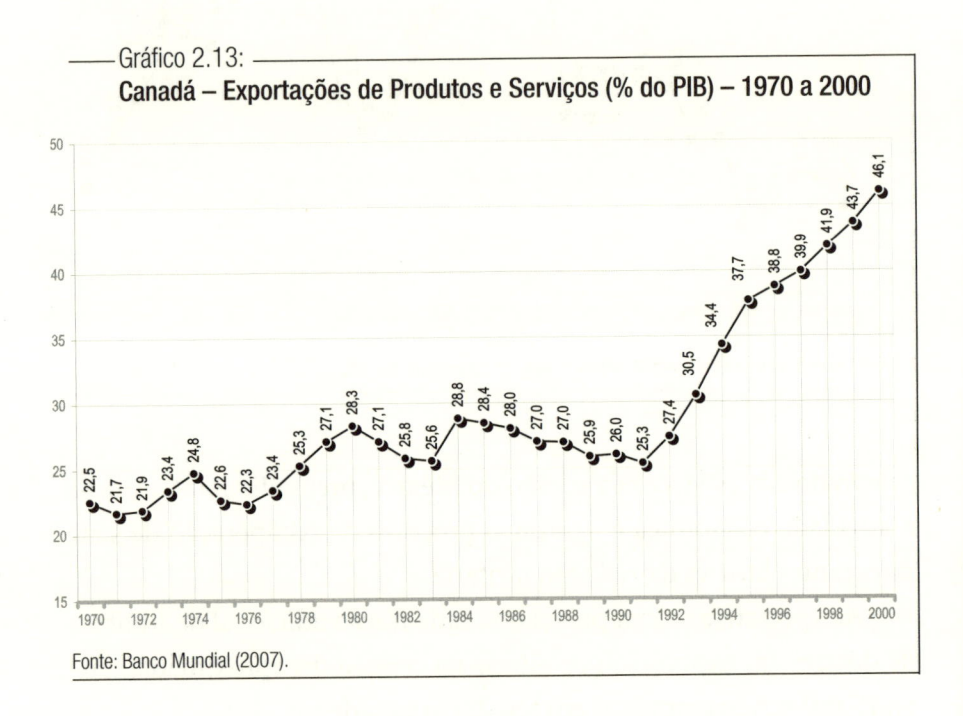

Fonte: Banco Mundial (2007).

Nota: Exportações de produtos e serviços (% do PIB): As exportações de produtos e serviços representam o valor de todos os bens e outros serviços do mercado oferecidos ao restante do mundo. Incluem o valor da mercadoria, frete, seguro, transporte, viagem, royalties, taxas de licenciamento e outros serviços, tais como comunicação, construção, informação e governo, serviços financeiros, comerciais e pessoais. Excluem a receita sobre o trabalho e a propriedade (anteriormente chamada de serviços fatorais), assim como pagamentos de transferência.

Com relação ao Canadá, a desvinculação entre a abertura comercial e a criação de postos de trabalho se tornou evidente na primeira metade da década de 1990, quando as exportações cresceram em média 45% e o desemprego aumentou em 26,8% (taxas de 8,2% em 1990, e

10,4% em 1995). Ademais, houve redução de 15% no poder aquisitivo do trabalhador canadense qualificado, entre 18 e 45 anos de idade.

A intensificação dos fluxos comerciais entre os países da América do Norte não protegeu seus integrantes dos impactos advindos dos desequilíbrios conjunturais ou dos efeitos relacionados ao esgotamento econômico no final do século XX.

Pode-se admitir a hipótese de que a liberdade comercial entre fronteiras não garantiu, sob circunstância alguma, o aumento da oferta de emprego. Ao contrário, as observações mais comuns giram em torno da diminuição da renda média auferida pelo trabalhador, na medida em que as fronteiras abertas permitiram a migração dos investimentos a espaços produtivos de menor custo.

Observada a evolução dos indicadores de desemprego canadenses no início do século XXI, entre 2000 e 2006, pode-se dizer que a taxa de 6,0% alcançada ao final do ano 2000 se tornou um patamar de resistência sobre o qual as médias passaram a oscilar.

Tabela 2.5:

Canadá e Estados Unidos – Unidade de Custo do Trabalho Manufatureiro (valores em US$) – 1970 a 2000

| Período | Canadá | | Estados Unidos | |
	Anual em US$	Variação %	Anual em US$	Variação %
1970	37,3	-	45,8	-
1980	66,3	77,7%	81,8	78,6%
1990	97,5	47,1%	96,7	18,2%
2000	74,3	-23,8%	91,6	-5,3%
Total 1970 - 2000		101%		92%

Fonte: United States Department of Labor – Bureau of Labor Statistics (2007b).

Nota: Os custos laborais unitários podem ser calculados dividindo-se os custos laborais do empregador (pagamentos efetuados diretamente aos trabalhadores mais os pagamentos do empregador para fundos de benefício aos trabalhadores) pela produção real de valor agregado. Os custos laborais unitários também podem ser calculados dividindo-se os custos laborais horários pela produção por hora. A BLS *(Bureau of Labor Statistics)* publica comparações internacionais dos custos laborais unitários fabris com suas medidas de produção laboral comparáveis. As mudanças comparativas nos custos laborais unitários em dólares norte-americanos apresentam mudanças relativas na competitividade, resultando de mudanças relativas nas taxas de câmbio, assim como mudanças relativas nos custos laborais unitários baseados em sua própria moeda.

——Gráfico 2.14: ——
Canadá e Estados Unidos – Unidade de Custo do Trabalho Manufatureiro – 1970 a 2000

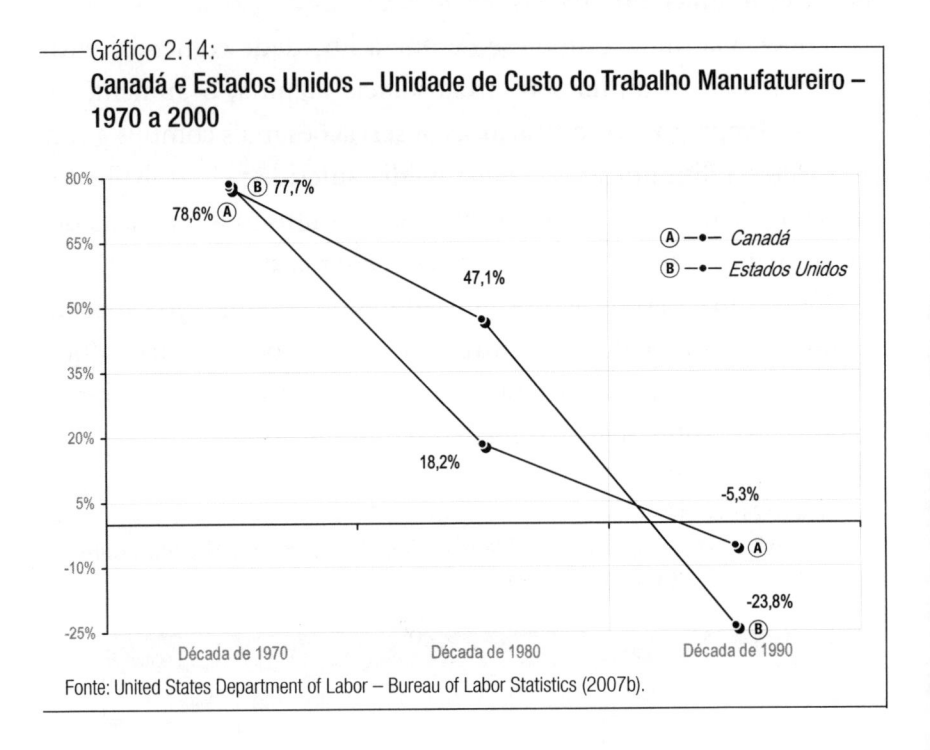

Fonte: United States Department of Labor – Bureau of Labor Statistics (2007b).

A possibilidade de que a formação do Acordo de Livre Comércio da América do Norte (Nafta) tenha contribuído para a abertura de postos de trabalho não foi evidenciada nesta pesquisa. Pelo contrário, o Nafta apenas tornou obrigatória a necessidade de se estabelecer níveis de produtividade e custo competitivos com aqueles impostos pela maior economia mundial, ao final do século XX.

O Japão...

Japão, por sua vez, manteve os mais baixos níveis médios de desemprego ao longo de todo o período analisado, apresentando

1,69% na década de 1970, 2,53% na década de 1980, e 3,07% na década de 1990.

No entanto, durante a década de 1990, especialmente a partir da sua segunda metade, a taxa de desemprego mais do que duplicou e o volume de crescimento desacelerou fortemente.

No caso japonês, os baixos níveis de desemprego apresentados, inclusive nos períodos de crise ocorridos entre os anos de 1970 e 2000, encobrem uma metodologia irregular de dimensionamento do mercado de trabalho, a qual deve ser citada para que se possa estimar a real proporção das taxas de desemprego.

Na página seguinte, a crítica realizada à metodologia utilizada para a definição do volume de trabalhadores ativos, empregados e desempregados no Japão.

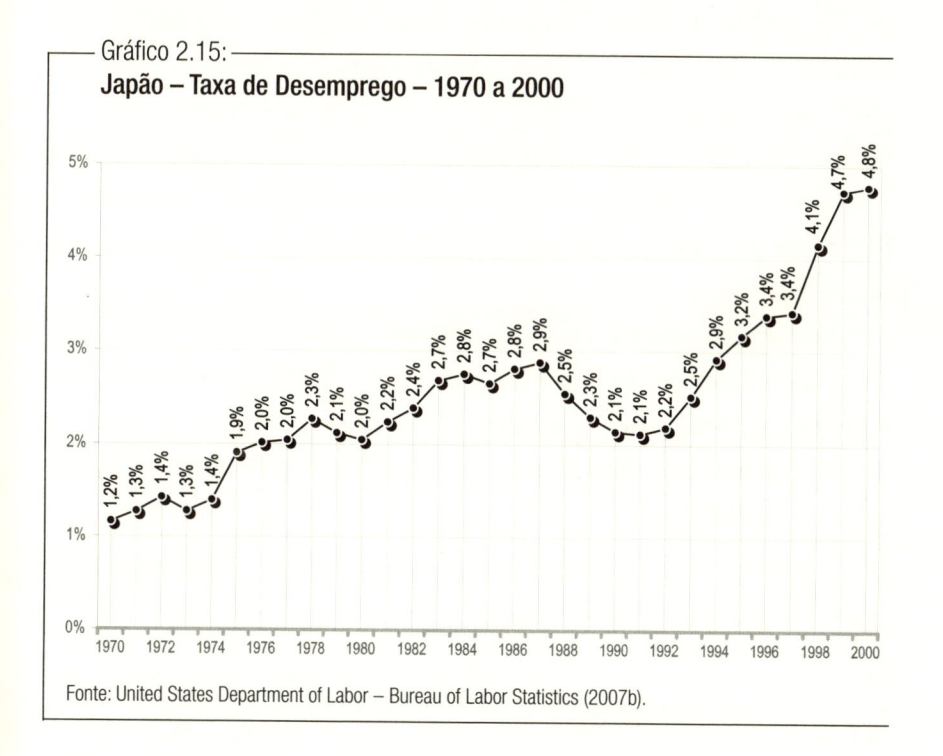

Gráfico 2.15:

Japão – Taxa de Desemprego – 1970 a 2000

Fonte: United States Department of Labor – Bureau of Labor Statistics (2007b).

O Japão tem sido capaz de manter taxas de desemprego relativamente baixas em razão de um grande número de mulheres que são operárias temporárias ou casuais, que ao perderem seus empregos reduzem o volume da força de trabalho, em vez de se tornarem desempregadas – ou seja, param de trabalhar e não procuram por outro emprego. Os trabalhadores temporários, tanto homens quanto mulheres, representam uma parcela crescente da empregabilidade japonesa. Esses trabalhadores geralmente representam uma parcela significativa do mercado de trabalho no Japão. Dessa maneira, os empregadores japoneses possuem flexibilidade em suas forças de trabalho durante declínios econômicos, permitindo que os trabalhadores em tempo integral com contratos de trabalho permanentes – predominantemente homens em grandes empresas japonesas – mantenham seus empregos (UNITED STATES DEPARTMENT OF LABOR, 2009c).[14]

Independentemente das variações metodológicas que fazem com que os indicadores no Japão se diferenciem acentuadamente da média comum utilizada, a taxa de desemprego no país apresentou um movimento de elevação constante entre o período de 1974 até 1986, variando entre 1,4% e 2,9%. O ritmo de crescimento das taxas de desemprego demonstra a possibilidade de uma adaptação ao forte aquecimento econômico obtido no mesmo intervalo de tempo. O PIB nesse período variou entre US$ 2,19 trilhões e 3,35 trilhões, ou seja, em torno de 53%.

Ao longo da década de 1990, uma crise financeira levaria a curva da taxa de desemprego a mudar seu ângulo de crescimento consideravelmente, alcançando a taxa de 4,7%. Assim, também, a variação do crescimento econômico no período seria a menor entre o G7, por volta de 14,7%.

---

14. *"Japan has been able to maintain relatively low unemployment rates because large numbers of women who are temporary or casual workers withdraw from the labor force when they lose their jobs, rather than becoming unemployed – that is, they stop working and do not look for another job. Temporary workers, both male and female, represent an increasing share of Japanese employment. Such workers generally bear the brunt of labor market adjustments in Japan. In this way, Japanese employers have flexibility in their work forces during economic downturns, enabling full-time workers with permanent employment contracts – predominantly men in larger Japanese enterprises – to keep their jobs."* (Tradução livre da autora.)

O contexto de crescimento da economia japonesa ao final do século XX foi tema de vasta discussão e análise entre os economistas. Desde os anos de 1950, o Japão vinha se expandindo a taxas superiores quando comparadas às de qualquer outra economia mundial. Entre os anos de 1970 e 1990, o PIB japonês cresceu de US$ 1,8 trilhões para US$ 4,14 trilhões, ou seja, apresentou um aumento de US$ 2,33 trilhões, ou 129,3%.

Nesse sentido, o modelo japonês passou a ser considerado um exemplo de recuperação econômica, uma alternativa para os contextos de subdesenvolvimento, uma referência no conceito de acumulação flexível e também uma opção para os choques externos.

Entretanto, como toda forma desmedida, o caso japonês carregava em sua essência algumas ineficiências que acabariam transparecendo. Já na década de 1990, o Japão tornava evidente alguns desequilíbrios importantes em suas bases econômicas e seu enfraquecimento como potência econômica.

Para que se entenda a volúpia do crescimento japonês durante a segunda metade do século XX e a crise a partir de 1990, é preciso, mais uma vez, considerar o envolvimento dos Estados Unidos nesse contexto.

Enquanto ao longo da década de 1980 os Estados Unidos se tornaram o maior devedor do mundo, acumulando um gigantesco déficit em conta corrente, em contrapartida, o Japão passaria a ser o maior credor do mundo, acumulando importantes superávits.

Durante a evolução desse cenário, os Estados Unidos adotaram a estratégia de pressionar o Japão pelo aumento das cotas de importação estrangeiras e pela abertura do seu mercado financeiro.

Utilizando toda a sua capacidade de operar as economias internacionais e submeter as grandes potências do G7 a colaborarem com seus interesses, os Estados Unidos coordenaram em 1985 o Acordo de Plaza, onde foi planejada uma gestão compartilhada das taxas de câmbio.

O objetivo fundamental se baseava em conduzir o mercado à desvalorização do dólar, a fim de incentivar as exportações norte-americanas, barateando os produtos.

Em 1987, ocorreu o Acordo do Louvre, no qual foram estabelecidos limites para as oscilações do dólar. Nesse caso, foram determinadas bandas entre as quais a cotação das principais moedas do mundo
deveria oscilar.

Portanto, através dos Acordos de Plaza e do Louvre, as grandes potências autorizaram a prática intervencionista sobre as paridades cambiais,
com o objetivo de equilibrar, artificialmente, a relação entre o estoque das
reservas internacionais e a base monetária doméstica de cada qual.

Através desses movimentos sobre o comércio internacional, os
volumes de exportação obtidos pela balança comercial japonesa foram alterados, modificando consideravelmente a dinâmica do seu
crescimento econômico.

Os dados apresentados a seguir permitem observar a inversão
dos fluxos externos. Conforme apresentado na Tabela 2.6, entre os
anos de 1970 e 1985, o volume das exportações teria crescido o equivalente a 503,7%; nos quinze anos seguintes, entre 1985 e 2000, o
ritmo de crescimento das exportações japonesas seria alterado de
forma expressiva, variando apenas 23,1%.

Ainda assim, deve-se ressaltar que o fator determinante para o
resfriamento do crescimento japonês e a recessão observada na década de 1990 não esteve apenas relacionado à alteração dos fluxos
comerciais ou à queda das importações norte-americanas. Foi antes a alquimia política, que autorizava a manipulação das paridades
cambiais e dos custos financeiros, determinando a possibilidade de
alteração do equilíbrio monetário entre as nações.

Desde a década de 1950, a relação estabelecida entre as taxas de
juros e de câmbio permitiu ao Japão captar investimentos externos,
expandir e qualificar seu parque industrial, aumentar o volume de
exportações e obter superávits consideráveis.

A valorização do yen frente ao dólar, acelerada a partir do Acordo de Plaza, em 1985, significou o encarecimento dos produtos japoneses, a perda de competitividade no mercado internacional e a
queda das margens de lucro dos exportadores.

Tabela 2.6:

Japão – Taxa de Câmbio e Exportações por Destinação (JPY em trilhões) – 1970 a 2000

Taxa Oficial de Desconto	Taxa de Câmbio	Valor das Exportações Japoneses por Destinação *(em trilhões - Yen)*							
Final do Ano / Taxa de Juros	Taxa Básica, U.S.Dólar (yen per dólar)	Valor Total	Asia	America do Norte	Estados Unidos	Europa	América do Sul	Africa	Oceania
1970 6,00	360,0	**6,95**	2,17	2,55	2,14	1,09	0,21	0,51	0,29
1975 6,50	308,0	**16,55**	6,08	4,36	3,31	2,59	0,70	1,65	0,68
1980 7,25	242,0	**29,38**	11,19	8,61	7,12	5,08	1,07	1,80	1,01
1985 5,00	254,0	**41,96**	13,66	18,15	15,58	6,17	0,53	1,12	1,67
1990 6,00	150,0	**41,46**	14,14	15,07	13,06	9,68	0,45	0,82	1,30
1995 0,50	93,0	**41,53**	18,91	13,11	11,33	7,21	0,62	0,70	0,98
2000 0,50	106,0	**51,65**	22,32	17,81	15,36	9,25	0,62	0,54	1,11

Fonte: Japan Statistics Bureau – Ministry of Internal Affairs and Communications (2007).

Gráfico 2.16:

Japão – Taxa de Câmbio e Exportações por Destinação – 1970 a 2000

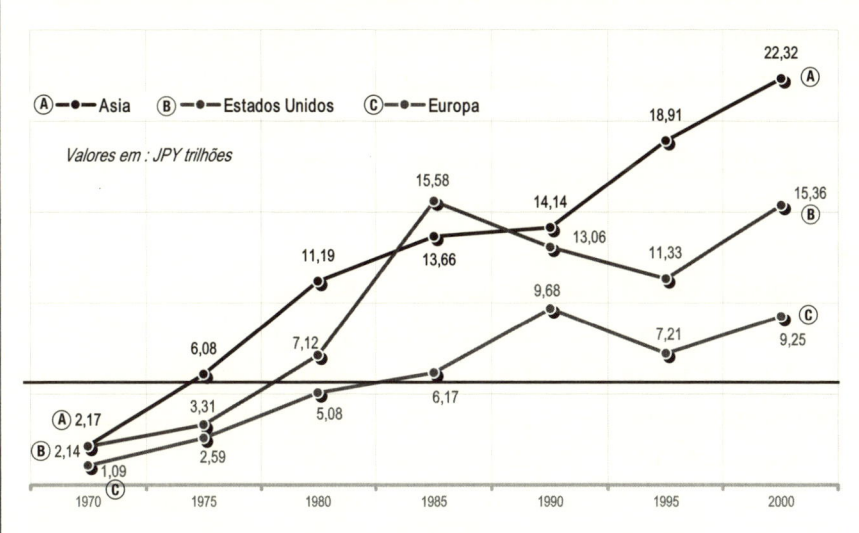

Fonte: Japan Statistics Bureau – Ministry of Internal Affairs and Communications (2007).

Dessa forma, o cenário no Japão a partir de 1985, passou a ser constituído por um moderno parque industrial parcialmente ocioso e financiado por taxas de juros muito caras.

Para compensar a perda de lucratividade, o governo japonês decidiu recorrer a uma política expansionista, diminuindo significativamente as taxas de juros, a fim de incentivar o aumento da demanda interna.

A queda das taxas de juros não se mostrou eficaz junto ao mercado interno e ainda levou os capitalistas japoneses a se lançarem na compra de ativos estrangeiros e, principalmente, na geração de lucros improdutivos, obtidos a partir de operações especulativas relacionadas à arbitragem junto ao mercado financeiro.

Empresas japonesas como Toyota e Matsushita, dentre outras, abriram seus próprios bancos. Histórias de sucesso, como a da Sony, passaram a indicar, com entusiasmo, a possibilidade de se alcançar crescimentos extraordinários de 50% sobre o lucro antes da dedução do imposto de renda, através de operações financeiras, e não por valores gerados nas linhas de produção.

As consequências dessa trajetória podem ser observadas através das informações dispostas no Gráfico 2.17. A partir de 1989, o mercado japonês passava a reconhecer a falta de lastro dos resultados obtidos em balanço e iniciava um forte movimento de desvalorização de seus ativos.

Por conseguinte, o mercado financeiro japonês passou a lidar com uma grave crise financeira. Dívidas que oscilavam entre US$ 450 e US$ 800 bilhões foram consideradas impagáveis e, em 1997, 17 dos 21 bancos japoneses registraram prejuízo em seus balanços patrimoniais.

Ainda assim, a crise japonesa não possui apenas uma justificativa financeira. Deve ser analisada dentro do contexto social que a diferencia.

A dinâmica de trabalho japonês e as suas formas de relacionamento, que serviram de parâmetro para a mudança das linhas de produção em todo o mundo, não eram irreais.

O Japão, ao final do século XX, mostrou ao mundo uma sociedade amparada por conceitos tradicionais, mas capaz de desenvolver processos ágeis e dinâmicos em sua operação. Conforme Maria Conceição Tavares (1996):

> Para consolidar sua conquista dos mercados externos e aplicar seus excedentes de caixa, as empresas japonesas passaram a um movimento de internacionalização crescente a partir dos anos 80. Bancos, *tradings companies* e empresas industriais se tornaram globalizadas e isso acabou levando a uma deterioração dos laços de solidariedade vertical e horizontal que caracterizavam a sociedade japonesa, tornando mais difícil a coordenação de decisões empresariais e estratégicas e a distribuição equilibrada dos frutos do progresso técnico. Todo o esquema de contratos estáveis de longo prazo e de cooperação técnica que ligavam grandes e pequenas empresas ficou em xeque e, finalmente, a famosa estabilidade no emprego ficou sob ameaça. Assim começaram a ser erodidas as próprias bases internas de sustentação do paradigma japonês.

Gráfico 2.17:
Japão – Índice da Bolsa de Valores de Tóquio (TOPIX) – 1970 a 2000

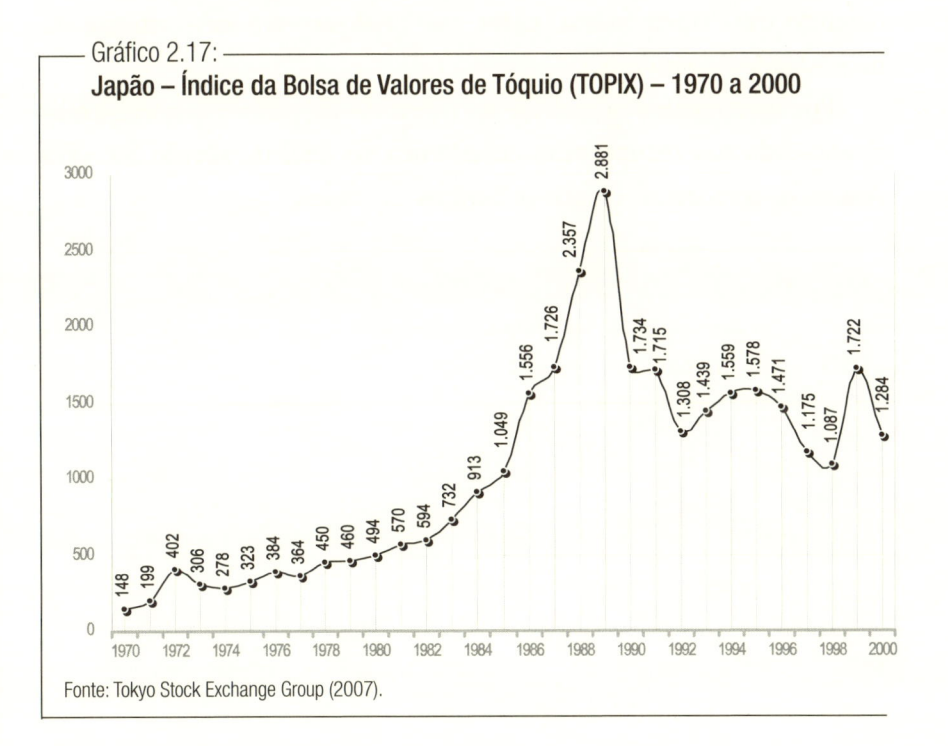

Fonte: Tokyo Stock Exchange Group (2007).

Os Estados Unidos...

Entre todos os componentes do G7, os Estados Unidos foram o único país que conseguiu encerrar o século XX com crescimento real do número de postos de trabalho.

Comparado aos outros países, os Estados Unidos evoluíram da segunda maior taxa de desemprego em 1970, 4,9%, para a mais baixa do grupo em 2000, 4,0%.

A estratégia de recuperação da economia norte-americana ao final do século XX possibilitou elevados níveis de emprego, superados apenas pelo período entre os anos de 1966 a 1969, quando os níveis de produção industrial permitiram o registro de taxas de desemprego de 3,5%.

Aparentemente, os Estados Unidos absorveram os impactos trazidos pelo esgotamento da era de acumulação industrial de maneira contínua e crescente ao final do século XX, como se estivessem planejando uma nova forma, antes que qualquer um desconfiasse da necessidade de mudança.

Por esse motivo, a análise do mercado de trabalho norte-americano e da sua recuperação econômica ao final do século XX será realizada, com detalhes, nos próximos capítulos.

AS DIMENSÕES DA PRODUÇÃO E DO MERCADO DE TRABALHO NOS ESTADOS UNIDOS

PROPORÇÕES E FORMAS

O terceiro capítulo está voltado à análise de um único elemento dentro da amostra representada pelo grupo dos sete países mais desenvolvidos do mundo (G7), quais sejam os Estados Unidos, entre os anos de 1970 e 2000.

A escolha não se faz pela sua magnitude e representatividade econômica, mas pelo seu comportamento diferenciado no período.

O destaque se concentra na agilidade de seus indicadores econômicos e na capacidade de adaptação do mercado de trabalho a uma nova estrutura e contexto, cujos resultados, aparentemente exitosos, reforçaram, por um lado, sua condição de liderança, e, por outro, tornaram usual o emprego de terminologias relacionadas à irracionalidade e exuberância, como forma de interpretação daquilo que era observado, mas que não poderia ser explicado de maneira lógica e estrutural.

As informações deste capítulo demonstram as variações ocorridas nos níveis de produção e trabalho junto ao mercado norte-americano, suas principais características e as ocorrências históricas relacionadas a cada movimento.

A análise dos indicadores relacionados ao mercado de trabalho norte-americano ao final do século XX, entre os anos de 1970 e 2000, demonstra o período de maior volatilidade das taxas de desemprego da história. Volatilidade adaptada à desregulamentação do mercado e à inúmeras ocorrências econômicas e históricas sucedidas no período.

Foram quatro as oscilações acentuadas nos indicadores de desemprego norte-americano entre os anos de 1970 e 2000, como demonstra o Gráfico 3.1.

Como podem ser observados, os quatro movimentos de alta culminaram com as taxas de desemprego de 5,9%, em 1971; 8,5%, em 1975; 9,7%, em 1992; e 7,5%, em 1992. No entanto, a taxa de desemprego de 4,9%, contabilizada no início do período, só seria retomada 25 anos depois, no ano de 1997.

A Tabela 3.1 demonstra as principais variações ocorridas nos intervalos de pico das taxas de desemprego, com o objetivo de auxiliar a análise através da composição dos diversos fatores correlatos: emprego, desemprego, produção e produtividade da mão de obra.

——Gráfico 3.1: ————

Estados Unidos – Taxa de Desemprego – 1970 a 2000

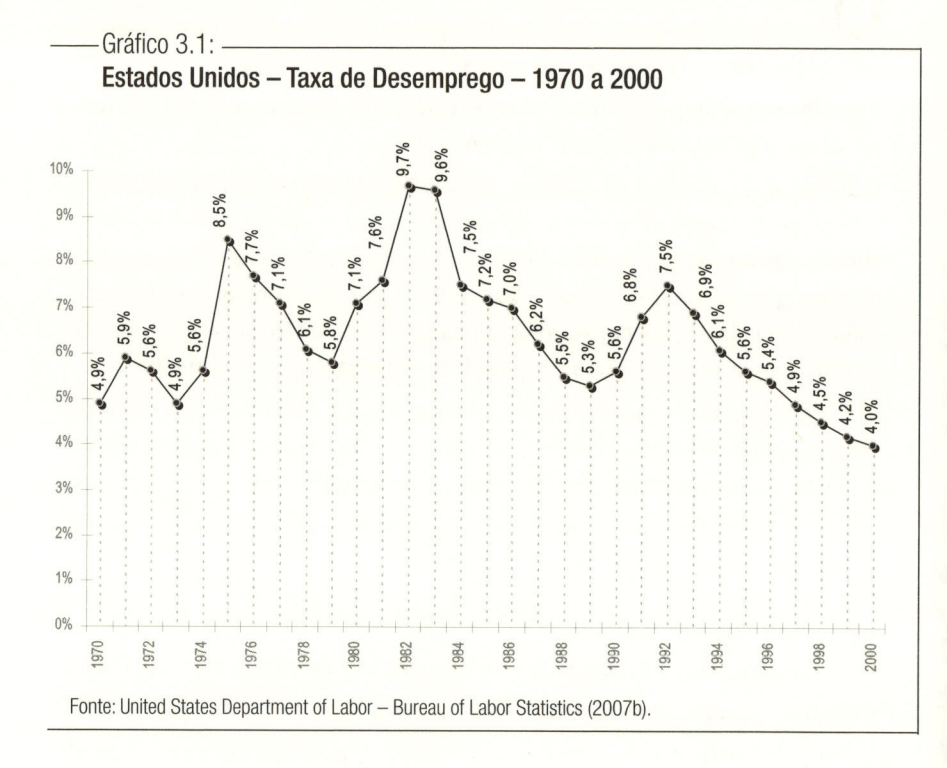

Fonte: United States Department of Labor – Bureau of Labor Statistics (2007b).

Tabela 3.1:

Estados Unidos – Mercado de Trabalho e PIB – 1970 a 2000

Período	Emprego (# milhares) e Taxa de Emprego (%)	Desemprego (# milhares) e Taxa de Desemprego (%)	PIB (US$ 2000, Constante – bilhões) e Taxa de Crescimento do PIB e Elasticidade do Emprego
1970 a 1971 Intervalo 2 anos	De 78.678 a 79.367 Variação 0,88% De 57,4% a 56,6%	De 4.093 a 5.016 Variação 22,5% De 4,9% a 5,9%	De US$ 3.722 a US$ 3.851 Variação 3,46% Elasticidade do Emprego 0,25
1973 a 1975 Intervalo 3 anos	De 85.064 a 85.846 Variação 0,92% De 57,8% a 56,1%	De 4.365 a 7.929 Variação 81,65% De 4,9% a 8,5%	De US$ 4.305 a US$ 4.277 Variação – 0,65% Elasticidade do Emprego -1,42
1979 a 1981 Intervalo 3 anos	De 98.824 a 100.397 Variação 1,59% De 59,9% a 59%	De 6.137 a 8.273 Variação 34,81% De 5,8% a 9,7%	De US$ 5.140 a US$ 5.257 Variação 2,28% Elasticidade do Emprego 0,69
1989 a 1992 Intervalo 4 anos	De 117.342 a 118.492 Variação 0,98% De 63,0% a 61,5%	De 6.528 a 9.613 Variação 47,26% De 5,3% a 7,5%	De US$ 6.926 a US$ 7.276 Variação 5,05% Elasticidade do Emprego 0,19

Fonte 1: United States Department of Labor – Bureau of Labor Statistics (2007b).
Fonte 2: Banco Mundial (2007).

Primeiro período

De 1970 a 1971, o volume de emprego absoluto subiu 0,88%, o que equivale a 689 mil vagas de trabalho criadas, e o volume de desempregados aumentou em 22,5%, o que significa 923 mil demissões. Comparada à População Economicamente Ativa entre 1970 e 1971, a taxa de emprego caiu 0,8 pontos percentuais, enquanto a taxa de desemprego aumentou em 1 ponto percentual.

O PIB norte-americano no período cresceu cerca de US$ 129 bilhões, variando 3,46%, enquanto a elasticidade de 0,25 indica elevação do nível de produtividade.

Segundo período

De 1973 a 1975, o volume de emprego absoluto subiu 0,92%, o que equivale a 782 mil vagas de trabalho criadas, e o volume de desempregados aumentou, desproporcionalmente, em 81,55%, com 3.564 milhões de trabalhadores demitidos.

Comparada à População Economicamente Ativa, a taxa de emprego caiu 1,7 pontos percentuais no período, enquanto a taxa de desemprego aumentou em 3,6 pontos percentuais.

Em termos de produção bruta, os indicadores ratificavam o momento de recessão, com crescimento econômico de -0,65%, equivalente à retração de US$ 28 bilhões no volume agregado de produção. Com relação à elasticidade do emprego, o indicador negativo de -1,45 revela queda acentuada do nível de produtividade no emprego.

Os intervalos entre os anos de 1973 e 1975 expressaram o pior momento econômico com relação ao mercado de trabalho e aos níveis de produção e de produtividade no mercado norte-americano, considerando o período analisado.

Terceiro período

De 1979 a 1981, o volume de emprego absoluto subiu 1,59%, o que equivale a 1.573 milhões de vagas de trabalho criadas, e o volume de desempregados aumentou 34,81%, o que significa 2.136 milhões de trabalhadores demitidos.

Comparada à População Economicamente Ativa, a taxa de emprego caiu 0,9 pontos percentuais, enquanto a taxa de desemprego aumentou em 3,9 pontos percentuais.

Em termos de produção bruta, o PIB norte-americano voltou a crescer em cerca de US$ 117 bilhões, variando 2,28%. Com relação à elasticidade do emprego, o indicador positivo de 0,69 demonstra um considerável crescimento dos níveis de produtividade.

Quarto período

De 1989 a 1992, o volume de emprego absoluto subiu 0,98%, o que equivale a 3.085 milhões de vagas de trabalho criadas; em contrapartida, o volume de desempregados aumentou em 47,26%, o que equivale a 3.085 milhões trabalhadores demitidos.

Comparada à População Economicamente Ativa, a taxa de emprego caiu 1,5 pontos percentuais, enquanto a taxa de desemprego aumentou em 2,2 pontos percentuais.

Em termos de produção bruta, o PIB norte-americano obteve o maior crescimento entre os quatro períodos analisados, com aumento de US$ 350 bilhões.

Diante da análise desses quatro intervalos temporais, o período entre 1989 e 1992 teria apresentado o maior distanciamento entre a participação do trabalho frente à capacidade de produção, com o aumento de 3.085 milhões de desempregados e a elevação de 5,05% do PIB.

Ainda que os índices de emprego possam ser considerados informações derivadas e dependentes de um cenário econômico, a tentativa de se estimar a capacidade de geração de emprego a partir da estimativa de crescimento da produção parece, em certa medida, insuficiente. Tanto o aumento quanto a queda consistente da produção não garantem níveis, ao menos proporcionais, de aumento ou queda do volume de empregos.

3.1 AS OCORRÊNCIAS HISTÓRICAS E SUAS IMPLICAÇÕES SOBRE A ECONOMIA NORTE-AMERICANA

Pode-se afirmar, com razoável precisão, que o final do século XX foi um dos períodos mais intensos da história, considerando o total de guerras iniciadas, a quantidade de depressões econômicas e o número de crises financeiras.

A diferença com relação a momentos históricos anteriores não está no volume das perdas, mas na velocidade, na escala e na volatilidade com que os processos se sobrepuseram, causando impressão de corriqueiros ou incorporados à normalidade contemporânea.

Quadro 3.1:
Ocorrências Históricas – 1970 a 2000

1971: Fim do Acordo de Bretton Woods

Richard Nixon quebra, unilateralmente, o sistema de gerenciamento econômico proposto pelo Acordo de Bretton Woods, em 1944. Segundo o acordo de Bretton Woods, as moedas dos países-membros passariam a estar ligadas ao dólar, variando em uma estreita banda de mais ou menos 1%, e a moeda norte-americana estaria ligada ao ouro a 35 dólares.

Em 1971, notada a valorização das moedas mais importantes face ao dólar, Nixon pôs fim ao acordo e à convertibilidade do dólar em ouro, anunciando a possibilidade de realinhar as taxas de paridade.

1973: Crise do Petróleo – Embargo da OAPEC

Em represália ao apoio norte-americano à Guerra do Yom Kipur, a OAPEC (Organization of Arab Petroleum Exporting Countries) determina o embargo à distribuição de petróleo.

Entre 1970 e 1974, o preço do petróleo variou de US$ 1,8 para US$ 10 o barril.

1973 a 1974: Crise nos Estados Unidos – Estaginflação

O aumento nos custos do petróleo unido ao déficit orçamentário, acumulado principalmente pela Guerra do Vietnã, conduz ao processo econômico de estaginflação (aumento de inflação, acompanhado de baixa no crescimento econômico).

1979 a 1980: Crise do Petróleo – Revolução Iraniana

Em 1979, se inicia a Revolução Iraniana após a deposição de Xá Reza Pahlevi. O petróleo importado supera US$ 20 o barril.

Em 1980, começa a guerra entre Irã e Iraque por disputas territoriais entre países produtores de petróleo. O preço do barril atinge US$ 30 pela primeira vez na história, chegando a US$ 39 no final de 1981.

1980 a 1982: Crise nos Estados Unidos – Crise Inflacionária

O crescente aumento dos custos do petróleo, agregado à explosão inflacionária, obrigou o governo americano à adoção de fortes ajustes na política monetária.

Os índices de inflação nos Estados Unidos atingem os percentuais de 11,35% em 1979, 13,5% em 1980, e 10,32% em 1981.

1990: Crise do Petróleo – Guerra do Golfo

A Guerra do Golfo se inicia, com a invasão do Kuait por tropas iranianas.

Em setembro, a cotação do petróleo volta a subir, passando a US$ 40 o barril.

1990: Crise nos Estados Unidos – Crise Save & Loan

As causas envolvem uma série de estímulos econômicos promovidos no ambiente econômico norte-americano, especialmente após a crise nas Bolsas de Valores em 1987, culminando em um sério desequilíbrio no sistema de crédito norte-americano.

As ocorrências descritas coincidem, de certa forma, com os momentos de crise no mercado de trabalho norte-americano. Ainda assim, não é possível estabelecer absoluta correlação de causa e efeito, tampouco associar diretamente os níveis de variação às características específicas de cada evento.

A primeira ocorrência, envolvendo a quebra da disciplina monetária estabelecida pelo Acordo de Bretton Woods, viabilizou a utilização das taxas cambiais como instrumentos de adequação da balança comercial norte-americana à necessidade de menor ou maior participação dos Estados Unidos no comércio mundial e de obtenção de um fluxo positivo de moedas.

A sequência estabelecida entre as crises no mercado de petróleo e os períodos de recessão econômica pressupõe uma relação causal entre esses acontecimentos, apesar de alguns estudos desvincularem essa possibilidade. Segue o entendimento de Barsky e Kilian (2004, p. 2-3):

> A maioria dessas recessões foi precedida por eventos políticos no Oriente Médio que, em uma leitura comum dos fatos, se responsabilizou por um aumento subsequente no preço do petróleo, o qual, em contrapartida, gerou a recessão. À primeira vista, essa associação é prejudicada, em alguns casos, por longos e variáveis atrasos entre os eventos do petróleo e as recessões. Por exemplo, a convenção da OPEP de março de 1999 (se for considerado evento político exógeno) precedeu a recessão de março de 2001, por dois anos inteiros. Similarmente, há um longo atraso entre a Revolução Iraniana e a recessão de janeiro de 1980, e entre a eclosão da guerra Irã-Iraque e a recessão de julho de 1981. Por outro lado, a recessão de novembro de 1973 imediatamente acompanhou a guerra em outubro e o início do embargo do petróleo, e o começo da recessão de julho de 1990 precedeu a invasão do Kuait em agosto de 1990.
>
> Esse quadro irregular manifesta um papel monocausal para o petróleo, mas ainda é compatível à visão de que os eventos do petróleo, pelo menos, contribuem para as recessões. Dessa forma, é fácil ver a motivação de alguns observadores. Mesmo se, necessariamente, não aceitarmos a visão de que os eventos políticos exógenos no Oriente Médio geram recessões nos Estados Unidos, é indubitavelmente verdade que muitas recessões desde 1972 estavam associadas aos grandes aumentos nos preços do petróleo, apesar de, novamente,

a associação não ser muito perfeita [...]. As recessões que se iniciaram em novembro de 1973 e julho de 1990 ocorreram bem antes dos grandes aumentos nos preços do petróleo. A recessão de janeiro de 1980 seguiu um aumento consistente no preço do petróleo em 1979. Em contraste, as recessões iniciadas em julho de 1981 e março de 2001 ocorreram verdadeiramente durante os declínios do preço real do petróleo, ainda que com alguns meses de pico. Dessa forma, torna-se difícil manter a relação entre os dois fenômenos.[1]

—— Gráfico 3.2: ————————————————————————————————

Estados Unidos – Variações de Preço do Óleo Bruto Importado e Recessões Econômicas – 1970 a 2000.

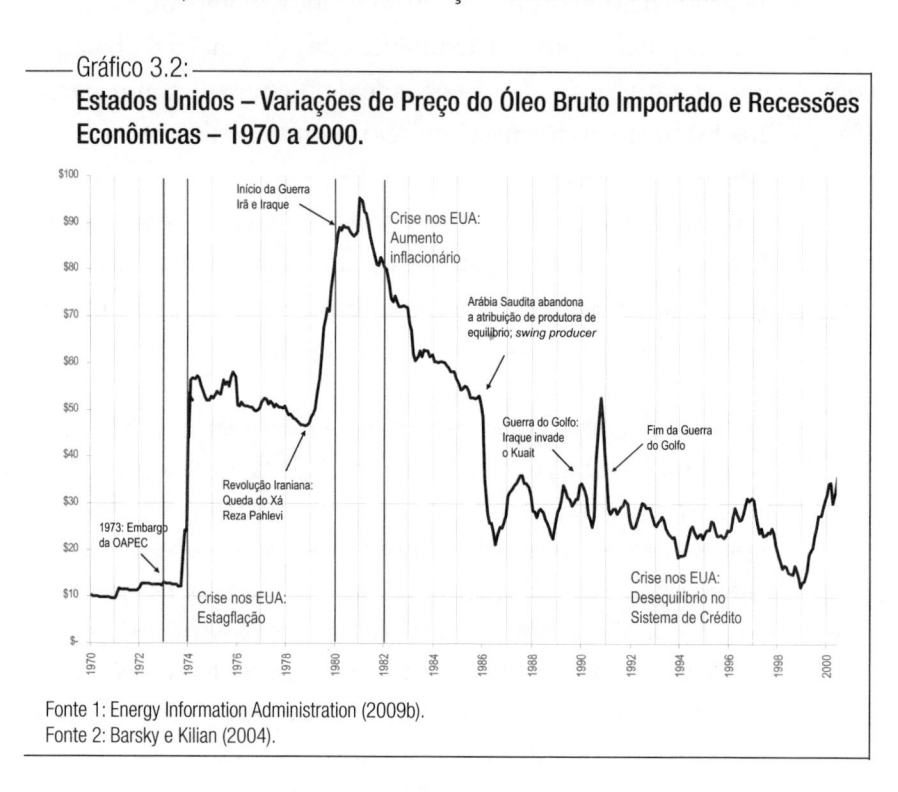

Fonte 1: Energy Information Administration (2009b).
Fonte 2: Barsky e Kilian (2004).

---

1. *"Most of these recessions were preceded by political events in the Middle East that, in a popular reading of events, were responsible for a subsequent increase in the price of oil, which in turn caused the recession. The prima facie evidence for such a linkage is marred by the long and variable delays between oil events and recessions in some cases. For example, the March 1999 OPEC meeting (if it was an exogenous political event) preceded the March 2001 recession by two full years. Similarly, there is a long delay between the Iranian revolution and the January 1980 recession and between the outbreak of the Iran-Iraq war and the July 1981 recession. On the other hand, the November 1973 recession immediately followed the October war and the start of the oil embargo, and the onset of the July 1990 recession even preceded the August 1990 invasion of Kuwait. This irregular pattern argues against a mono-causal role for oil, but is still consistent with the view that oil events at least contribute to recessions. Thus, it is easy to see why many observers.*

No entanto, ainda que exista alguma independência causal entre as crises ocorridas no mercado de petróleo e as recessões econômicas norte-americanas entre os anos de 1970 e 2000, ambas afetaram de forma cumulativa o mercado de trabalho.

Em termos comparativos, a verificação dos indicadores relacionados ao mercado de trabalho indica que variações no preço do petróleo ocorridas ao final do século XX causaram danos superiores sobre a quantidade de empregos criados, sobre o volume de vagas de trabalho extintas e sobre o fluxo de realocações entre os setores econômicos.

As tabelas a seguir procuram quantificar o número de empregos criados e extintos, especialmente no setor manufatureiro, comparativamente sob o efeito da crise do petróleo (*Oil Shocks*) e da recessão econômica (*Spread Shocks*), ocorridas no período entre 1973 e 1974.[2]

Os indicadores dispostos visam a elucidar as seguintes questões: qual a profundidade dos efeitos causados sobre o nível de empregos e o quão extensa são as consequências sobre a realocação das vagas

---

Even if we do not necessarily accept the view that exogenous political events in the Middle East cause recessions in the United States, it is undoubtedly true that many recessions since 1972 have been associated with major oil price increases, although again the association is less than perfect [...] The recessions that started in November 1973 and July 1990 occurred right before major oil price increases. The January 1980 recession followed a sustained oil price increase in 1979. In contrast, the recessions starting in July 1981 and March 2001 actually occurred during declines of the real price of oil, albeit within months of a peak. Thus, it seems difficult to maintain that the two phenomena are unrelated." (Tradução livre da autora.)

2. Metodologia de cálculo – Considerado o período de choque, uma unidade positiva de desvio padrão sob o preço do petróleo causaria a extinção de 290.000 e a criação de 30.000 vagas de trabalho no mercado manufatureiro nos primeiros dois anos de observação; uma unidade negativa de desvio padrão sob o preço do petróleo causaria a extinção de 150.000 e a criação de 10.000 vagas de trabalho no mercado manufatureiro nos primeiros dois anos de observação. Decorridos quatro anos, uma unidade positiva de desvio padrão sob o preço do petróleo implicaria uma redução de 60.000 vagas de trabalho no setor manufatureiro, mas um movimento de realocação no mercado de trabalho envolvendo 410.000 empregos. A tabulação considera a alteração no número de empregos produtivos na metade de cada mês que compõe os períodos trimestrais, considerando as variações nas taxas de emprego através da divisão entre a média corrente e a média anterior ao volume de empregos, desconsideradas as variações sazonais por setor.

de trabalho excedentes para outros setores econômicos, no médio (entre 1 e 2 anos) e longo prazos (4 anos).[3]

Os impactos são avaliados conforme intervalos temporais cumulativos de três a quinze trimestres. O efeito sobre as variações líquidas no número de vagas de emprego criadas ocorre de forma crescente até o sétimo trimestre, alcançando uma variação negativa de aproximadamente 8%. Já no intervalo entre o sétimo e o décimo quinto trimestres, o número de vagas criadas cresce, diminuindo o efeito líquido sobre o emprego para -2,24%.

Conforme demonstrado na Tabela 3.2, o efeito causado pelo embargo à distribuição do petróleo em 1973 sobre a estrutura econômica dos empregos parece ter sido extenso e prolongado. A variação acumulada sobre a realocação de vagas foi de 9,8%, obtido pelo resultado de (d+c), no caso ((11,05%)+(- 2,24%)).

——Tabela 3.2:——

Estados Unidos – Crise do Petróleo e o Impacto sobre o Trabalho – 1973 a 1974

Período Decorrido	Vagas de Trabalho Criadas (a)	Vagas de Trabalho Extintas (b)	Emprego Variações Líquidas c = (a-b)	Vagas de Trabalho Realocações d= (a + b)
em trimestres	(% do Emprego Total)	(% do Emprego Total)	(% do Emprego Total)	(% do Emprego Total)
3	0,07	0,42	-0,35	0,49
7	-0,36	7,61	-7,97	7,75
11	2,81	7,67	-4,86	10,49
15	4,41	6,64	-2,24	11,05

Fonte: Davis e Haltiwanger (1999).

Portanto, avaliada a crise do petróleo de 1973, o ciclo de variação negativa sobre o volume de empregos se intensifica ao longo dos vin-

---

3. A taxa de realocação no trabalho é expressa pela somatória entre o volume de vagas criadas e extintas – o equivalente ao nível de movimentação interna no mercado de trabalho.

te primeiros meses, perdendo força nos dois anos seguintes (entre o sétimo e o décimo quinto trimestres).

No painel da Tabela 3.3 abaixo, o impacto da recessão econômica de 1973-1974 é novamente avaliado em intervalos temporais cumulativos de três a quinze trimestres. Mediante uma significante contração da política econômica, o efeito líquido sobre o número de vagas de emprego atinge o máximo de -3,05%, até o sétimo trimestre. Já o efeito acumulado sobre a realocação de vagas foi de 2,74%, obtido por (d+c), no caso ((4,08%) + (-1,34%)).

Com relação aos termos desta análise, entre os anos de 1973 e 1974, o efeito causado pela recessão econômica sobre o mercado de trabalho seria menos extenso do que o observado anteriormente, considerando os efeitos da crise no mercado de petróleo.

As demonstrações gráficas especificam as tabulações anteriores e denotam os impactos causados sobre o mercado de trabalho, comparados à crise do petróleo e à recessão econômica no mercado norte-americano entre os anos de 1973 e 1974.

Tabela 3.3:

Estados Unidos – Recessão Econômica e Impacto sobre o Trabalho – 1973 a 1974

Período Decorrido	Vagas de Trabalho Criadas (a)	Vagas de Trabalho Extintas (b)	Emprego Variações Líquidas $c = (a-b)$	Vagas de Trabalho Realocações $d=(a + b)$
em trimestres	(% do Emprego Total)	(% do Emprego Total)	(% do Emprego Total)	(% do Emprego Total)
3	-0,57	1,00	-1,58	0,43
7	-0,42	2,63	-3,05	2,2
11	0,64	2,95	-2,32	3,59
15	1,37	2,75	-1,34	4,08

Fonte: Davis e Haltiwanger (1999).

——Gráfico 3.3: ————

Estados Unidos – Crise do Petróleo e Recessão Econômica – Impacto sobre o Volume de Emprego (% do emprego total) – 1973 / 1974

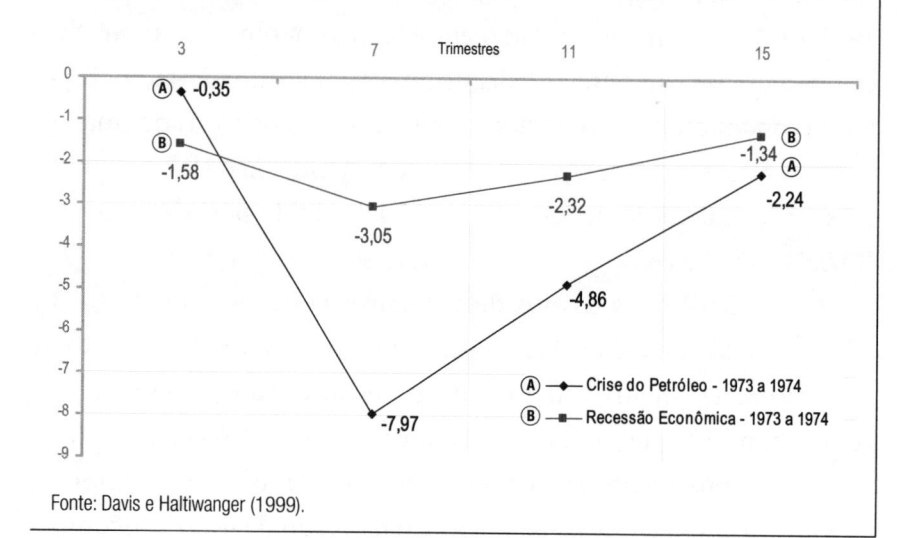

Fonte: Davis e Haltiwanger (1999).

——Gráfico 3.4: ————

Estados Unidos – Crise do Petróleo e Recessão Econômica – Impacto sobre a Realocação no Trabalho – 1973 / 1974

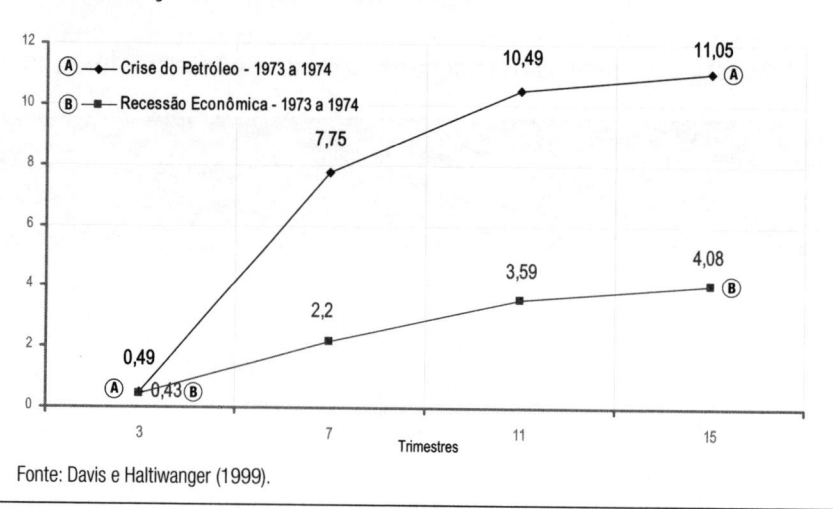

Fonte: Davis e Haltiwanger (1999).

As análises dos eventos ocorridos ao final do século XX e seus impactos sobre os níveis de emprego nos Estados Unidos devem levar em consideração também algumas crises financeiras que abateram o mercado de capitais entre os anos de 1980 e 2000. Como, por exemplo, a quebra da Bolsa de Nova York ocorrida em 19 de outubro de 1987 (conhecida como *Black Monday*), quando o índice DJIA (Dow Jones Industrial Average) caiu de 2.246 para 1.738 pontos, por volta de 21,5%, em um único dia.

Eventos dessa natureza são tratados ao longo desta pesquisa como instrumentos de alavancagem, e não como eventos derivados ou independentes. Nesse sentido, será estabelecido o nível de relacionamento entre o crescimento econômico e os fluxos financeiros fixados no período.

3.2 A ARQUITETURA DO MERCADO DE TRABALHO NORTE-AMERICANO AO FINAL DO SÉCULO XX E AS PRINCIPAIS VARIAÇÕES

Após o detalhamento dos níveis de emprego e de produção obtidos no mercado norte-americano entre os anos de 1970 e 2000, assim como a descrição das ocorrências que possam ter justificado as principais variações, segue a análise da População Economicamente Ativa e da evolução do trabalho no período, em seus diferentes estratos.

O Gráfico 3.5, a seguir, apresenta inicialmente a evolução da População Economicamente Ativa civil, entre os anos de 1970 e 2000, nos Estados Unidos. Nota-se uma evolução da taxa de participação no mercado de trabalho no período, de 60,4% para 67,1%, equivalente a 6,7 pontos percentuais.

Contudo, o incremento da taxa de participação do trabalhador foi declinando ao longo das décadas. Desse modo, é possível observar a queda da capacidade de absorção do mercado, conforme descrito: entre 1970 e 1980, variação de 60,4% para 63,8%, ou 3,4 pontos percentuais; entre 1980 e 1990, variação de 63,8% para 66,5%, ou 2,8 pontos percentuais; e entre 1990 e 2000, variação de 66,5% para 67,1%, ou 0,6 pontos percentuais.

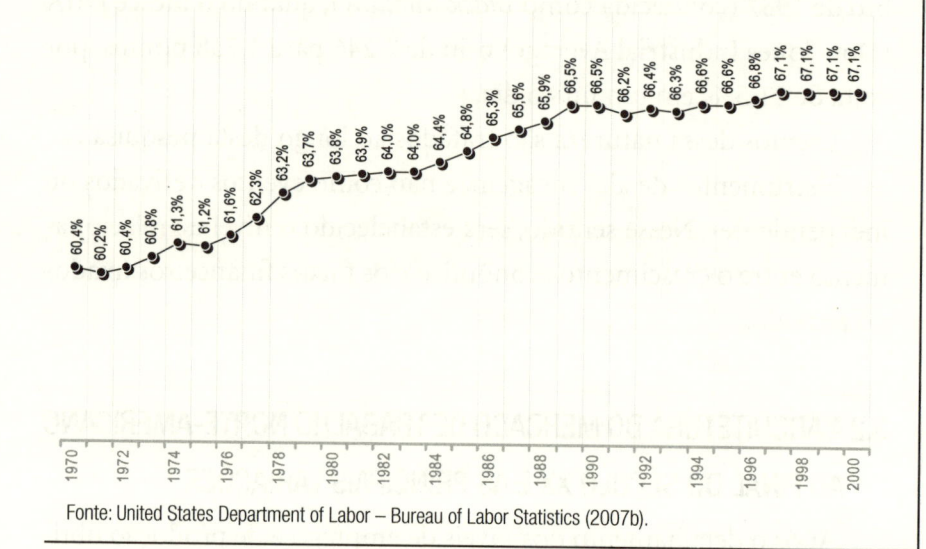

─── Gráfico 3.5: ───
Estados Unidos – População Economicamente Ativa Civil – Taxa de Participação – 1970 a 2000

Fonte: United States Department of Labor – Bureau of Labor Statistics (2007b).

Nota: Força de trabalho civil é a soma do emprego civil e do desemprego civil. Civis, segundo definição, são os maiores de 16 anos, não membros dos serviços armados e não instalados em instituições como presídios, hospitais psiquiátricos ou asilos.

3.2.1 Mercado de trabalho norte-americano entre os diferentes grupos sociais

A seguir, são detalhados os principais estratos que compuseram a População Economicamente Ativa civil norte-americana, diferenciada conforme idade, gênero e etnia, entre os anos de 1970 e 1990, e as taxas de desemprego suportadas pelo grupo.

Como é possível observar, as camadas mais jovens de trabalhadores perderam representatividade na totalidade da mão de obra ativa norte-americana entre 1970 e 2000, especialmente ao final do período.

Estados Unidos – PEA Civil por Idade, Gênero e Etnia – 1970 a 2000

PEA - IDADE, GÊNERO E ETNIA - (# 1.000)	1970	%	1980	%	1990	%	2000	%
TOTAL	82.771	100,0%	106.940	100,0%	125.840	100,0%	142.583	100,0%
16 A19 ANOS	7.249	8,8%	9.378	8,8%	7.792	6,2%	8.271	5,8%
20 A 24 ANOS	10.597	12,8%	15.922	14,9%	14.700	11,7%	14.250	10,0%
25 A 34 ANOS	17.036	20,6%	29.227	27,3%	35.929	28,6%	32.755	23,0%
35 A 44 ANOS	16.437	19,9%	20.463	19,1%	32.145	25,5%	37.567	26,3%
45 A 54 ANOS	16.949	20,5%	16.910	15,8%	20.248	16,1%	31.071	21,8%
ACIMA DE 54 ANOS	14.505	17,5%	15.039	14,1%	15.026	11,9%	18.668	13,1%
TOTAL MASCULINO	51.228	61,9%	61.453	57,5%	69.011	54,8%	76.280	53,5%

PEA - IDADE, GÊNERO E ETNIA - (# 1.000)	1970	%	1980	%	1990	%	2000	%
TOTAL FEMININO	31.543	38,1%	45.487	42,5%	56.829	45,2%	66.303	46,5%
TOTAL - ETNIA BRANCA	73.556	88,9%	93.600	87,5%	107.447	85,4%	118.545	83,1%
HOMENS BRANCOS	46.035	55,6%	54.473	50,9%	59.638	47,4%	64.466	45,2%
MULHERES BRANCAS	27.521	33,2%	39.127	36,6%	47.809	38,0%	54.079	37,9%
TOTAL - ETNIA NEGRA	8.706	10,5%	10.865	10,2%	13.740	10,9%	16.397	11,5%
HOMENS NEGROS	4.816	5,8%	5.612	5,2%	6.802	5,4%	7.702	5,4%
MULHERES NEGRAS	3.890	4,7%	5.253	4,9%	6.938	5,5%	8.695	6,1%

Fonte: United States Department of Labor – Bureau of Labor Statistics (2007b).

Nota 1: Os dados referentes à etnia negra se encontram disponíveis a partir de 1972.

Nota 2: Os dados referentes às etnias hispânica e latina se encontram disponíveis a partir de 1973.

Após 1980, trabalhadores ativos entre 35 e 54 anos aumentaram a participação percentual no conjunto total, enquanto o intervalo de idade entre 16 e 34 anos perdeu representatividade no conjunto.

Nesse sentido, as variações das taxas de crescimento populacional no período podem ter contribuído para a redução da oferta de mão de obra jovem no mercado de trabalho norte-americano.

Conforme demonstração gráfica, as reduções no ritmo de crescimento populacional que podem ter influenciado a disponibilidade de trabalhadores jovens ao final do século XX ocorreram, especificamente, entre os anos de 1971 e 1974, com redução da taxa de crescimento populacional de 1,26% para 0,91%, e entre 1980 e 1984, com redução da taxa de crescimento populacional de 0,96% para 0,87%.

Sobre a representatividade da mão de obra feminina comparada à masculina, os dados ratificam a tendência esperada para o período com relação à inclusão das mulheres no mercado de trabalho.

Gráfico 3.6:

Estados Unidos – PEA Civil por Idade – 1970 a 2000

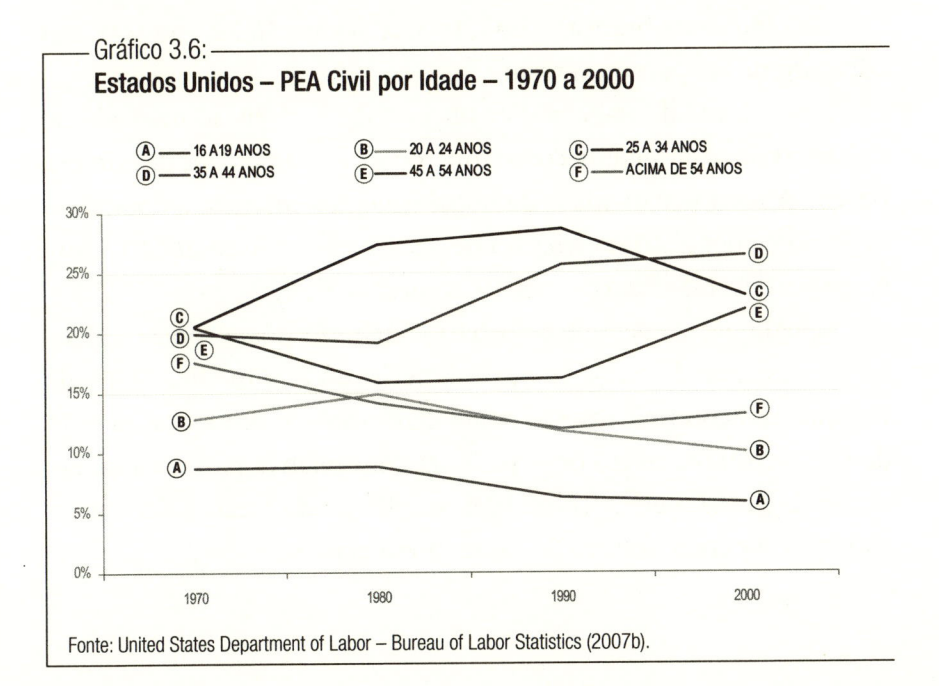

Fonte: United States Department of Labor – Bureau of Labor Statistics (2007b).

————Gráfico 3.7: ————————————————

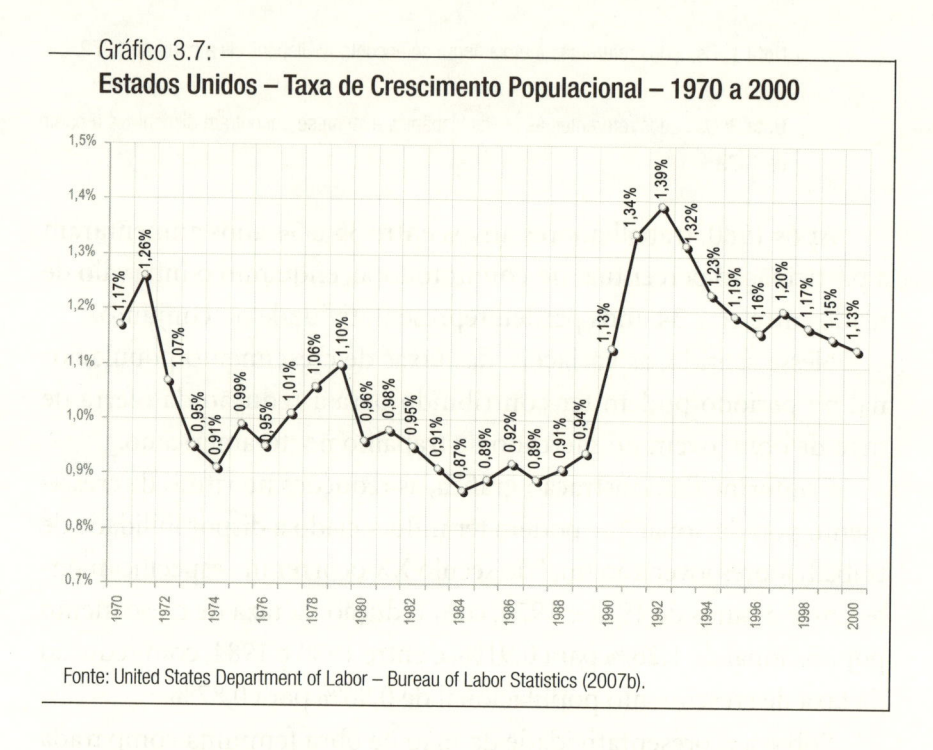

Estados Unidos – Taxa de Crescimento Populacional – 1970 a 2000

Fonte: United States Department of Labor – Bureau of Labor Statistics (2007b).

Entre 1970 e 2000, a participação de homens brancos no mercado de trabalho caiu de 61,9% para 53,5%, enquanto a força de trabalho feminina branca variou de 38,1% para 46,5%, ou seja, um aumento de 8,4 pontos percentuais.

Já o volume de trabalhadoras negras disponíveis ao mercado de trabalho não só aumentou como superou a disponibilidade de homens negros. A representatividade de homens negros em meio à População Economicamente Ativa civil caiu de 5,8% para 5,4%, enquanto a participação das trabalhadoras negras aumentou de 4,7% para 6,1%.

Levada em consideração a baixa inclusão dos afrodescendentes no mercado de trabalho norte-americano (em média, 10,8% da População Economicamente Ativa civil total), o aumento da mão de obra feminina negra deve ser vista com relativa parcimônia, ou, de forma mais objetiva, como uma ampliação do preconceito que se sobrepõe, primeiro em etnia e depois em gênero.

Quando em meio a uma amostra fértil à atribuição da desigualdade, o crescimento da participação da mulher negra no mercado de trabalho se apresenta bastante inferior ao alcançado pela mulher branca (respectivamente, aumento de 0,4 contra 4,7 pontos percentuais), mas suficiente para ultrapassar a participação da força de trabalho masculina, passando-se a desconfiar do sucesso alcançado pela emancipação feminina ao final do século XX, no que diz respeito à sua inclusão no mercado de trabalho.

Se, por um lado, a mulher trabalhadora adicionou ao seu perfil mais uma realização pessoal, por outro, sua inclusão no sistema produtivo parece ter sido calculada na medida em que os níveis de alocação disponibilizados e seus custos beneficiassem o sistema, sem arriscar grandes alterações aos direitos e responsabilidades antes atribuídos às mulheres.

A seguir, será apresentada uma série de representações gráficas sobre as evoluções de gênero e etnia no mercado de trabalho norte-americano, desenvolvidas entre os anos de 1970 e 1980.

Gráfico 3.8:

Estados Unidos – PEA Civil por Etnia – 1970 a 2000

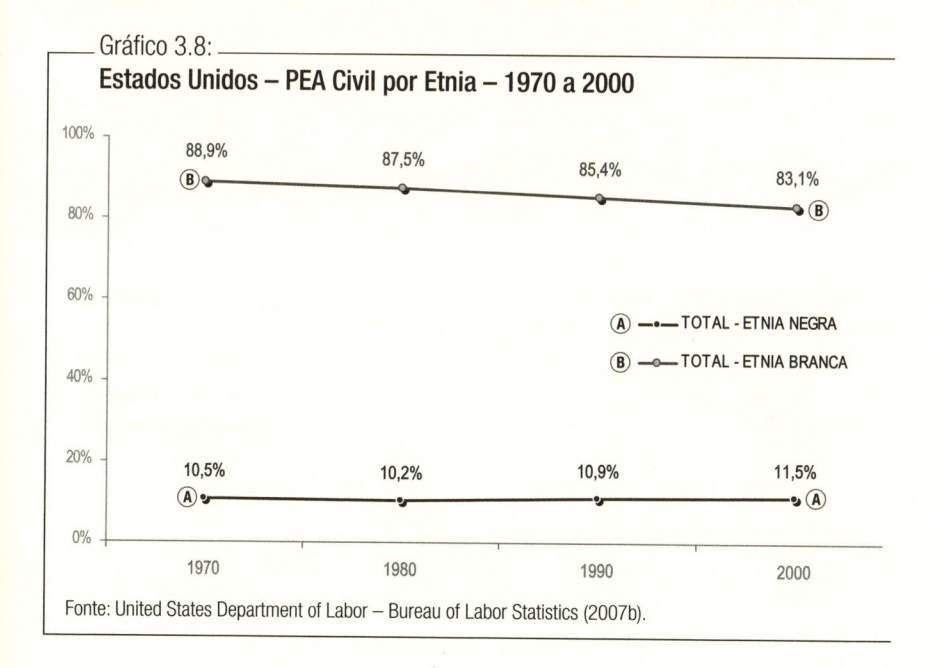

Fonte: United States Department of Labor – Bureau of Labor Statistics (2007b).

—— Gráfico 3.9: ——

Estados Unidos – PEA Civil por Gênero – 1970 a 2000

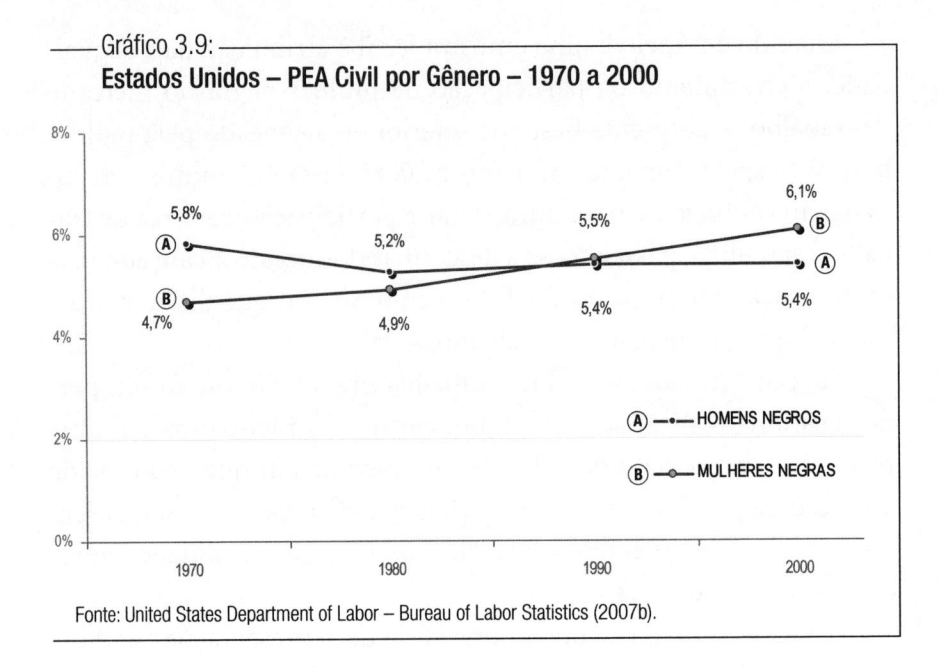

Fonte: United States Department of Labor – Bureau of Labor Statistics (2007b).

—— Gráfico 3.10: ——

Estados Unidos – PEA Civil por Gênero e Etnia – Negros – 1970 a 2000

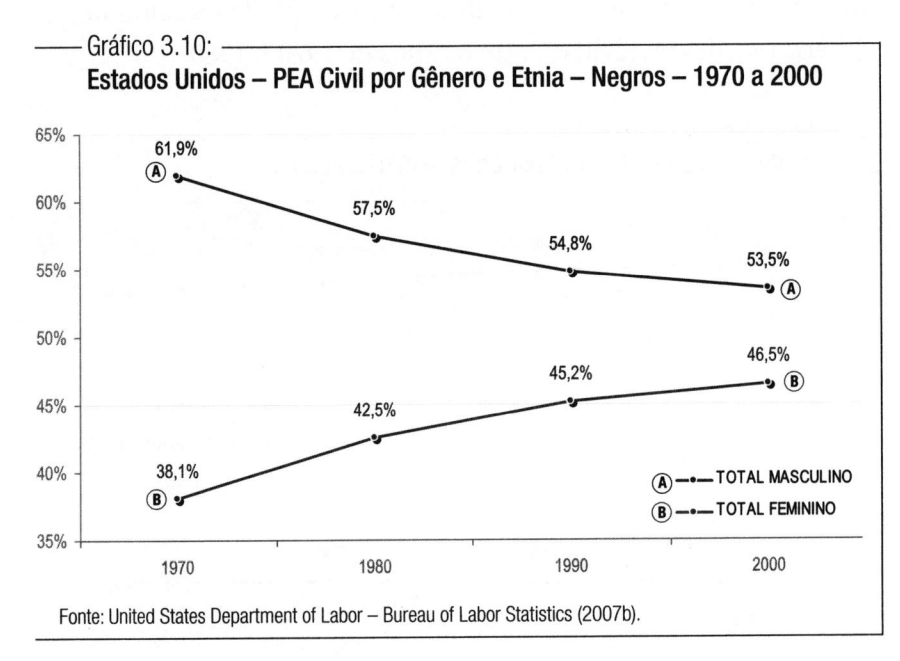

Fonte: United States Department of Labor – Bureau of Labor Statistics (2007b).

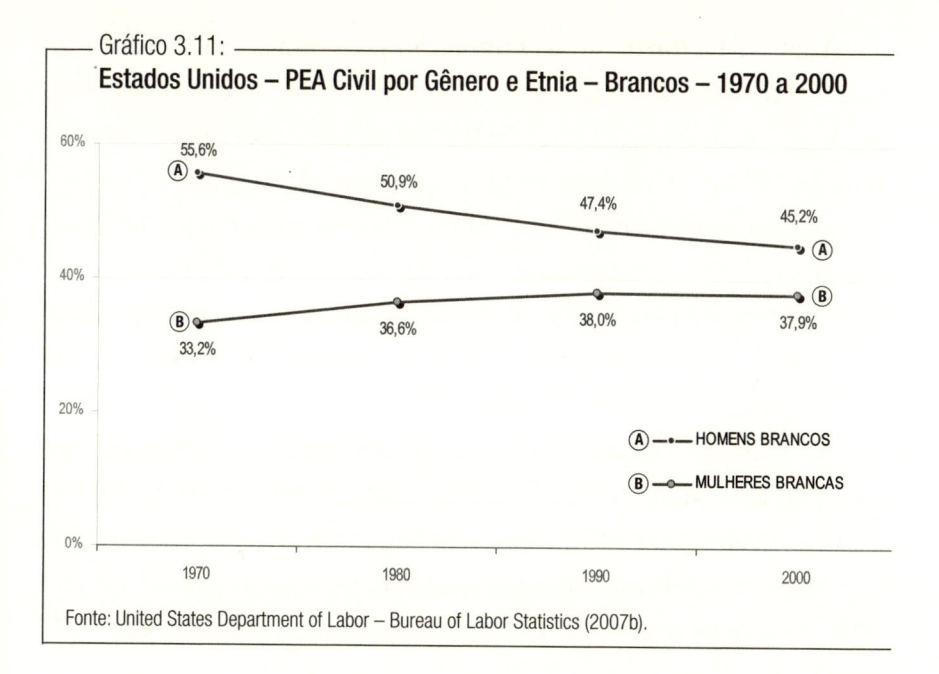

Gráfico 3.11:
Estados Unidos – PEA Civil por Gênero e Etnia – Brancos – 1970 a 2000

Fonte: United States Department of Labor – Bureau of Labor Statistics (2007b).

O mapa da força de trabalho norte-americana ao final do século XX não expressa, pelas séries numéricas, variações diferentes daquelas representadas como tendência global no período, quais sejam menor absorção da força de trabalho jovem (mais devido a variações demográficas do que ao baixo nível de rotatividade do mercado), inclusão das mulheres no mercado de trabalho (mais pela adição de mulheres brancas do que pelo aumento de mulheres negras) e, finalmente, manutenção da baixa participação dos afrodescendentes (em média, 10,5% da População Economicamente Ativa civil total).

Nesses termos, o portfólio de discursos elaborados sobre a evolução dos processos de inclusão das minorias, especialmente aqueles que se referem à luta pela condição de igualdade no mercado de trabalho, parecem ter evoluído mais rapidamente do que a realidade dos fatos, conforme demonstrado pelos dados apresentados nesta pesquisa.

Analisada a formação da População Economicamente Ativa civil norte-americana em seus estratos, será desenvolvido o mesmo critério de análise para o grupo de trabalhadores desempregados entre os anos de 1970 e 2000, diferenciados conforme idade, gênero e etnia.

Os dados apresentados na Tabela 15 determinam que todos os estratos relacionados incidiram em elevação da taxa de desemprego entre os anos de 1970 e 1980, e queda nas taxas de desemprego entre os anos de 1980 e 2000; no entanto, as respectivas proporções são consideradas a seguir.

As maiores variações na taxa de desemprego ocorreram nas amostras com idade entre 16 e 24 anos, de 3,5 milhões de desempregados em 1980, para 2,59 milhões no ano 2000; entre as mulheres, de 3,37 milhões de desempregadas em 1980, para 2,72 milhões no ano 2000; e entre os negros, de 1,55 milhões de desempregados em 1980, para 1,24 milhões no ano 2000.

Esses agrupamentos se caracterizam historicamente por auferirem vencimentos inferiores. Isso indica a possibilidade de a reabsorção do mercado norte-americano ter sido operada pela diminuição dos rendimentos destinados a essas categorias da força de trabalho.

—— Tabela 3.5: ——————————————————————
Estados Unidos – Taxa de Desemprego por Idade, Gênero e Etnia – 1970 a 2000

DESEMPREGO - IDADE, GÊNERO E ETNIA - (%)	1970	1980	Variação % 1970-1980	1990	2000	Variação % 1980-1990
TOTAL	4,9%	5,9%	1,00%	5,6%	4,0%	-1,9%
16 A19 ANOS	15,3%	17,8%	2,50%	15,5%	13,1%	-4,7%
20 A 24 ANOS	8,2%	11,5%	3,30%	8,8%	7,2%	-4,3%
25 A 34 ANOS	4,2%	6,9%	2,70%	5,6%	3,7%	-3,2%

DESEMPREGO - IDADE, GÊNERO E ETNIA - (%)	1970	1980	Variação % 1970-1980	1990	2000	Variação % 1980-1990
35 A 44 ANOS	3,1%	4,6%	1,50%	4,1%	3,0%	-1,6%
45 A 54 ANOS	2,8%	4,0%	1,20%	3,6%	2,5%	-1,5%
ACIMA DE 54 ANOS	2,8%	3,3%	0,50%	3,3%	2,6%	-0,7%
TOTAL MASCULINO	**4,4%**	**6,9%**	**2,50%**	**5,7%**	**3,9%**	**-3,0%**
TOTAL FEMININO	**5,9%**	**7,4%**	**1,50%**	**5,5%**	**4,1%**	**-3,3%**
TOTAL - ETNIA BRANCA	**4,5%**	**6,3%**	**1,80%**	**4,8%**	**3,5%**	**-2,8%**
HOMENS BRANCOS	**4,0%**	**6,1%**	**2,10%**	**4,9%**	**3,4%**	**-2,7%**
MULHERES BRANCAS	5,4%	6,5%	1,10%	4,7%	3,6%	-2,9%
TOTAL - ETNIA NEGRA	**10,4%**	**14,3%**	**3,90%**	**11,4%**	**7,6%**	**-6,7%**
HOMENS NEGROS	9,3%	14,5%	5,20%	11,9%	8,0%	-6,5%
MULHERES NEGRAS	11,8%	14,0%	2,20%	10,9%	7,1%	-6,9%

Fonte: United States Department of Labor – Bureau of Labor Statistics (2007b).

Nota 1: Os dados referentes à etnia negra se encontram disponíveis a partir de 1972.

Nota 2: Os dados referentes às etnias hispânica e latina se encontram disponíveis a partir de 1973.

A seguir, a visualização gráfica das taxas de desemprego alcançadas pelo mercado de trabalho norte-americano no período de 1980 a 2000, conforme os estratos analisados.

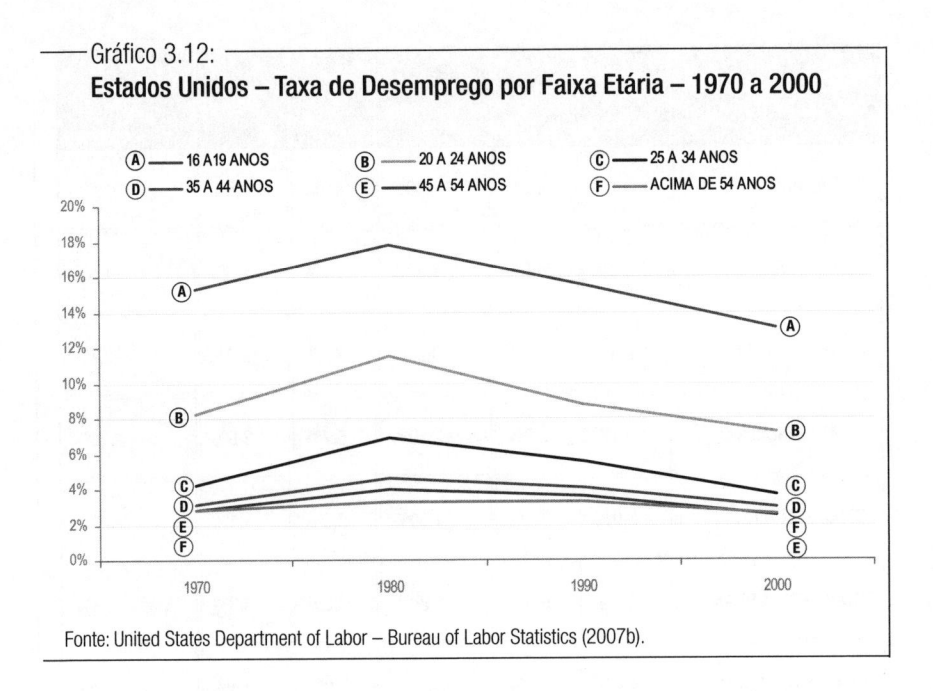

─── Gráfico 3.12: ───
Estados Unidos – Taxa de Desemprego por Faixa Etária – 1970 a 2000

Ⓐ ── 16 A 19 ANOS   Ⓑ ⋯ 20 A 24 ANOS   Ⓒ ── 25 A 34 ANOS
Ⓓ ── 35 A 44 ANOS   Ⓔ ── 45 A 54 ANOS   Ⓕ ── ACIMA DE 54 ANOS

Fonte: United States Department of Labor – Bureau of Labor Statistics (2007b).

A análise do desemprego por grupo étnico expressa, novamente, a grande disparidade entre os volumes de desemprego auferidos entre trabalhadores brancos e negros.

O pico das taxas de desemprego observadas na década de 1980 diferencia-se por etnia, com 14,3% atribuídos à mão de obra negra e 6,3% atribuídos à mão de obra branca.

Outro fato relevante diz respeito aos níveis de recuperação dos indicadores após a década de 1980. Nesse caso, entre a etnia branca, as taxas de desemprego variaram de 6,3% em 1980 para 3,5% em 2000 (queda de 2,8 pontos percentuais), enquanto entre a etnia negra, as taxas de desemprego variaram de 14,3% em 1980 para 7,6% em 2000 (queda de 6,7 pontos percentuais).

É importante ressaltar que o mesmo impulso de recuperação do emprego observado entre as minorias, nas fases de recuperação do mercado de trabalho, ocorre em forma demissão, com igual ou maior magnitude, nas fases de crise. Mantendo, dessa forma, a insegurança entre os conjuntos formados por jovens, mulheres e negros junto ao mercado de trabalho.

As avaliações feitas sobre o desfavorecimento de alguns grupos junto ao mercado de trabalho norte-americano não pretendem revelar o óbvio sobre as dificuldades impostas pela manutenção dos níveis de preconceito, mas sim ressaltar os valores que expressam um distanciamento acentuado entre os conjuntos, reconhecendo a incompetência da sociedade em ajustar deficiências históricas em sua estrutura.

Gráfico 3.13:
Estados Unidos – Taxa de Desemprego por Etnia – 1970 a 2000

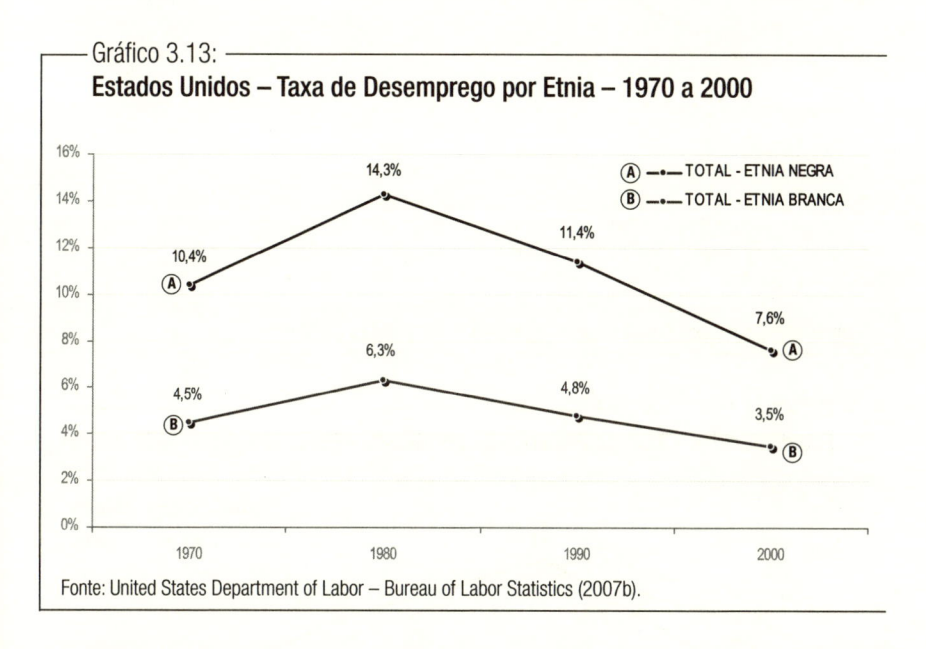

Fonte: United States Department of Labor – Bureau of Labor Statistics (2007b).

Gráfico 3.14:
Estados Unidos – Taxa de Desemprego por Gênero – 1970 a 2000

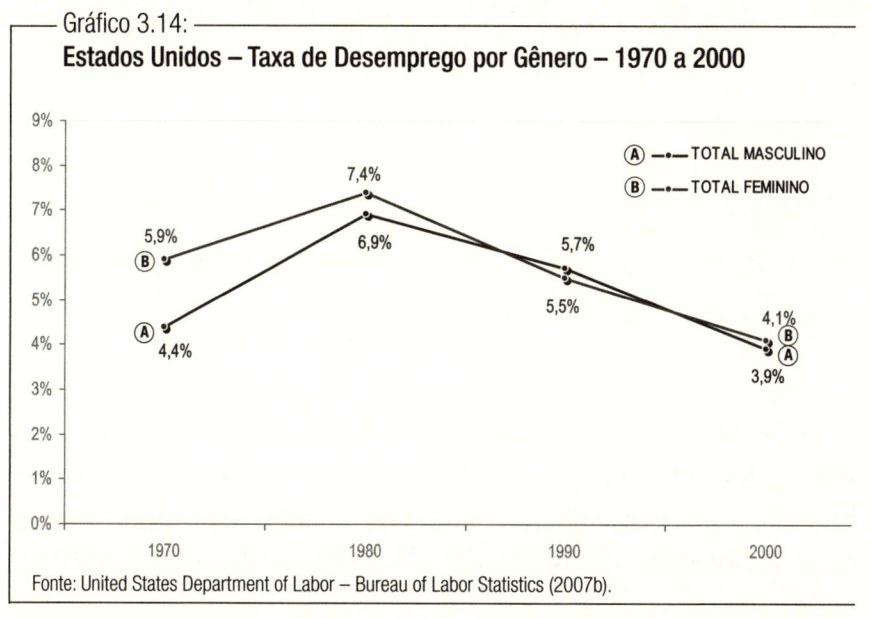

Fonte: United States Department of Labor – Bureau of Labor Statistics (2007b).

—— Gráfico 3.15: ——————————————————————

Estados Unidos – Taxa de Desemprego por Gênero e Etnia – Brancos – 1970 a 2000

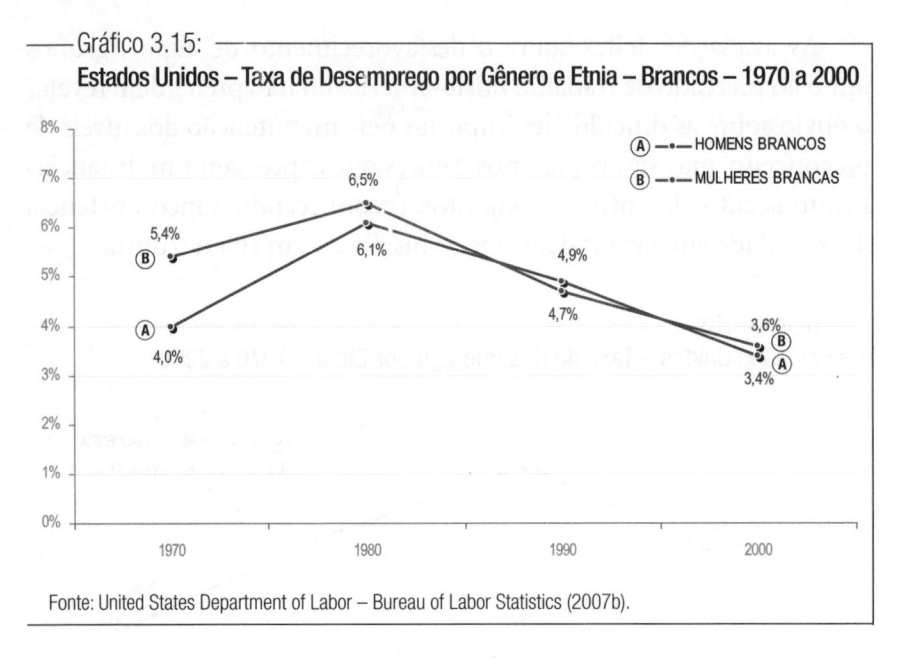

Fonte: United States Department of Labor – Bureau of Labor Statistics (2007b).

—— Gráfico 3.16: ——————————————————————

Estados Unidos – Taxa de Desemprego por Gênero e Etnia – Negros – 1970 a 2000

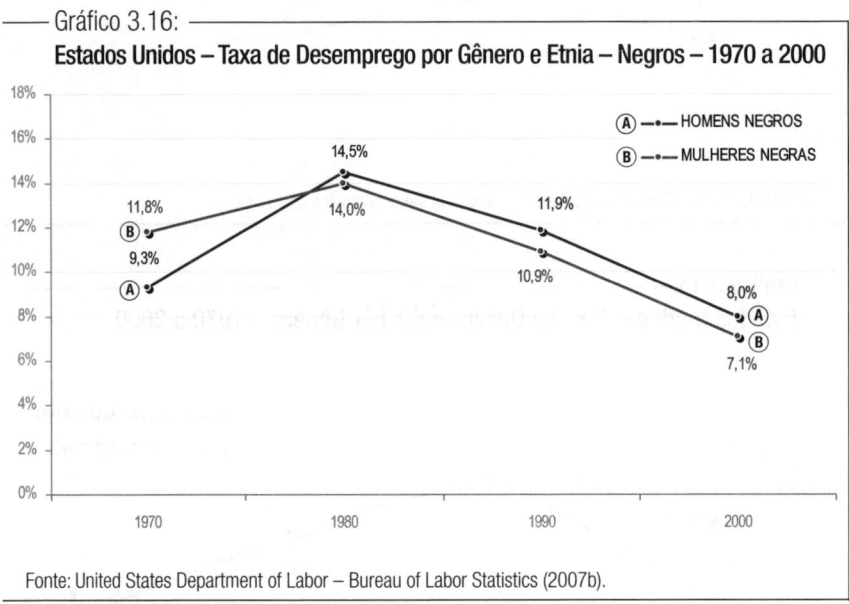

Fonte: United States Department of Labor – Bureau of Labor Statistics (2007b).

Consideradas as mãos de obra masculina e feminina como um todo, a desvantagem apresentada em 1970 com relação ao maior volume de desemprego entre as mulheres trabalhadoras praticamente desapareceu após a década de 1990. No entanto, incluídos os aspectos étnicos, as trabalhadoras negras obtiveram maior êxito em termos de recuperação das taxas de desemprego quando comparadas aos homens.

Mais uma vez, a superação das taxas de desemprego entre as trabalhadoras negras, comparada à dos homens negros, provavelmente não reside em algum tipo de emancipação, mas nos custos inferiores aceitos pela categoria.

Detalhados os aspectos referentes ao mercado de trabalho norte-americano ao final do século XX e suas principais características, seguem as análises relativas à estrutura de produção agregada no período.

3.2.2 Mercado de trabalho norte-americano entre os diferentes setores econômicos

A abertura das informações demonstradas na Tabela 3.6 ressalta a transição de valores entre os setores da economia nos Estados Unidos entre os anos de 1980 e 2000. A importância dessa abordagem se concentra no reconhecimento da ampliação ocorrida na economia de serviços e na análise dessa nova configuração.

Observados os dados disponibilizados a seguir, o mercado de serviços parece ter abarcado todo o crescimento obtido pelo mercado norte-americano ao final do século XX, apresentando um crescimento absoluto da riqueza agregada de 149,1% em um período de trinta anos, entre 1970 e 2000.

A primeira coluna da Tabela 3.6 apresenta o desempenho econômico do setor agrícola no período. Embora o segmento tenha aumentado o volume monetário bruto de produção em 122,6%, ou um adicional equivalente a US$ 61.727 bilhões, retraiu sua participação no Produto Interno Bruto total em -2,28%.

A seguir, são apresentadas as informações relacionadas ao desempenho econômico do setor industrial e sua participação na composição do PIB total, que demonstram maior retração no período. Apesar de a variação monetária ter apresentado elevação de 90,4%, ou US$ 1.043.475 trilhões, sua representatividade com relação ao Produto Interno Bruto total foi -10,36%.

Ainda que a área de serviços possa ser analisada, em boa parte, como atividade correlata ou complementar à produção agrícola e industrial, seu aspecto acessório nunca restringiu a participação majoritária na composição do Produto Interno Bruto.

O fator relevante diz respeito ao ritmo de crescimento do setor de serviços. Em termos absolutos, o valor agregado produzido pela atividade aumentou em cerca de US$ 4.000.000 trilhões, e sua participação na composição do PIB total foi elevada em 12,62%.

Em termos comparativos, o setor de serviços excedia o setor industrial na geração de valores monetários por volta de 136% em 1971 (US$ 1.154.625 versus US$ 2.726.001 trilhões). No ano 2000, o setor de serviços ultrapassou o setor industrial na geração de valores monetários em torno de 209%.

Sobre o aumento das atividades relacionadas à área de serviços, alguns autores comparam o movimento com mudanças ocorridas nos séculos XVIII e XIX, quando houve a transição de uma economia

—— Tabela 3.6: ——
Estados Unidos – Valor Agregado por Setor Econômico – 1980 a 2000

	Valor Agregado Agricultura		Valor Agregado Indústria		Valor Agregado Serviços	
	% do PIB	US$ 2000, constante	% do PIB	US$ 2000, constante	% do PIB	US$ 2000, constante
		# 1.000.000		# 1.000.000		# 1.000.000
1971	3,51%	50.373	34,5%	1.154.625	62,0%	2.726.001
1980	2,90%	49.269	33,5%	1.300.341	63,6%	3.678.531
1990	2,06%	71.520	27,9%	1.617.566	70,1%	4.950.110
2000	1,23%	112.100	24,2%	2.198.100	74,6%	6.790.000
Variação	-2,28%	61.727	-10,36%	1.043.475	12,63%	4.063.999
Total		122,5%		90,4%		149,1%

Fonte: United States Department of Labor – Bureau of Labor Statistics (2007b).

Nota: Informações disponibilizadas pela origem, a partir de 1971.

fundamentalmente agrícola para a estrutura manufatureira fundada em bases industriais, conforme descrito abaixo:

> Assim como os séculos XVIII e XIX marcaram a mudança da economia agrícola para industrial e os três primeiros quartos do século XX marcaram um movimento da economia manufatureira para a economia de serviços, o final do século XX significou um movimento para uma economia "intangível", a economia do conhecimento. Revolução na produção de ideias, esse movimento foi tão importante quanto as mudanças anteriores haviam sido na produção de bens. Houve um aumento no ritmo da inovação, refletido na maior taxa de crescimento da produtividade; e embora problemas de mensuração e de contabilidade possam ter conduzido a superestimar a magnitude desse crescimento, ele também foi real. Com efeito, mesmo quando a economia deslizou para a recessão, os aumentos de produtividade continuaram, tornando o problema de criação de empregos ainda mais difícil (STIGLITZ, 2003a, p. 201).

Relacionando a contração dos setores industrial e agrícola no final do século XX à expansão desmedida do mercado de serviços, pode-se pressupor a independência entre as partes. No entanto, a realidade operacional determina uma profunda intersecção entre a demanda produzida por bens materiais e a quantidade de serviços gerados enquanto elementos acessórios.

A seguir, são apresentadas as informações relativas ao volume de empregos gerados pelos setores agrícola, industrial e de serviços, assim como a abertura das informações por atividade, para que seja possível identificar as maiores representatividades.

Nesse nível de análise, a importância do setor de serviços se torna mais evidente. Conforme demonstrado na Tabela 3.7, a variação do emprego total representou um acréscimo de 58.213 postos de trabalho nos Estados Unidos (de 78.678 em 1970, para 136.891 em 2000), sendo que 58.309 foram gerados pela área de serviços, 2.470 pela área industrial, e 2.566 foram reduzidos na área agrícola.

Portanto, cerca da totalidade dos postos de trabalho adicionados ao mercado entre os anos de 1970 e 2000, nos Estados Unidos, foi criada no setor de serviços.

——Tabela 3.7: ——

Estados Unidos – Emprego por Setor Econômico – 1970 a 2000

	Emprego Total	Emprego na Agricultura		Emprego na Indústria		Emprego nos Serviços	
		% do Emprego Total	# 1.000	% do Emprego Total	# 1.000	% do Emprego Total	# 1.000
1970	78.678	9,75%	7.672	28,19%	22.179	62,06%	48.827
1980	99.303	8,84%	8.775	24,43%	24.263	66,73%	66.265
1990	118.793	7,83%	9.306	19,97%	23.723	72,20%	85.764
2000	136.891	3,73%	5.106	18,01%	24.649	78,26%	107.136
Variação	58.213	-6,02%	(2.566)	-10,18%	2.470	16,20%	58.309
Total	74,0%		-33,45%		11,14%		119,42%

Fonte: United States Department of Labor – Bureau of Labor Statistics (2007b).

A abertura das informações por atividade, especialmente para os setores industrial e de serviços, pretende determinar quais as ocupações que mais adicionaram trabalho à economia norte-americana ao final do século XX.

Nesse sentido, a Tabela 3.8 abre as informações referentes à produção industrial, separando-as entre extrativas, de construção e de transformação. A participação sobre o emprego total permanece sendo majoritariamente atribuída à indústria de transformação; contudo, a representatividade no mercado de trabalho foi de -10,1% no período (de 22,7% em 1970, para 12,6% em 2000).

Conforme demonstrado através das informações dispostas na referida tabela, o setor de serviços elevou sua participação no mercado de trabalho em 16,2% (de 62,1% em 1970, para 78,3% em 2000).

Entre as atividades com maior representatividade sobre o volume de trabalho no setor estão: comércio, logística e distribuição de água, gás e energia, com destaque para o segmento de varejo, cujo volume de empregos gerados variou 104,7% (de 7.514 em 1970, para

15.379,9 em 2000); administração pública, defesa e seguridade social, principalmente na esfera municipal; atividades administrativas, com destaque para o incremento dos serviços sanitários e ambientais, cuja variação na década de 1990 foi de 76% (de 4.643 em 1990 para 8.168 em 2000); e serviços relacionados à saúde e educação.

Tabela 3.8:
Estados Unidos – Emprego por Atividade Econômica – 1970 a 2000

	1970	% do Emprego Total	1990	2000	% do Emprego Total	Variação (%)
	# 1.000	(a)	# 1.000	# 1.000	(b)	c = (b-a)
Emprego na Indústria	**22.179**	**28,2%**	**23.723**	**24.649**	**18,0%**	**-10,2%**
Indústrias Extrativas	677	0,9%	765	599	0,4%	-0,4%
Indústria da Construção	3.654	4,6%	5.263	6.787	5,0%	0,3%
Indústria de Transformação	17.848	22,7%	17.695	17.263	12,6%	-10,1%
Emprego nos Serviços	**48.827**	**62,1%**	**85.764**	**107.136**	**78,3%**	**16,2%**
Comércio, Logística e Distribuição de Água, Gás e Energia	14.144	18,0%	22.666	26.225	19,2%	1,2%
Informação e Comunicação	2.041	2,6%	2.688	3.630	2,7%	0,1%
Intermediação Financeira	3.532	4,5%	6.614	7.687	5,6%	1,1%
Atividades Administrativas e Serviços Complementares	5.267	6,7%	10.848	16.666	12,2%	5,5%
Educação e Saúde	4.577	5,8%	10.884	15.109	11,0%	5,2%
Entretenimento, Alojamento e Alimentação	4.789	6,1%	9.288	11.862	8,7%	2,6%
Administração Pública, Defesa e Seguridade Social	12.687	16,1%	18.415	20.790	15,2%	-0,9%
Outros Serviços	1.789	2,3%	4.261	5.168	3,8%	1,5%

Fonte: United States Department of Labor – Bureau of Labor Statistics (2007b).

Nota: O agrupamento das atividades manteve a metodologia original e elas se distinguem pelas seguintes ocupações: *Indústrias Extrativas:* carvão mineral, petróleo e gás natural, minerais metálicos, minerais não metálicos, atividades de apoio à extração mineral; *Indústria da Construção:* construção de edifícios, obras de infraestrutura, serviços especializados para construção; *Indústria de Transformação:* fabricação de produtos alimentícios, fabricação de bebidas, fabricação de produtos do fumo, confecção de produtos têxteis, artigos de vestuário e acessórios, fabricação de artefatos de couro, artigos para viagem e calçados, fabricação de produtos de madeira, fabricação de celulose, papel e produtos de papel, impressão e reprodução de gravações, fabricação de coque, de produtos derivados do petróleo e de biocombustíveis, fabricação de produtos químicos, fabricação de produtos farmoquímicos e farmacêuticos, fabricação de produtos de borracha e de material plástico, fabricação de produtos de minerais não metálicos, fabricação de produtos de metal, metalurgia, exceto máquinas e equipamentos, fabricação de equipamentos de informática, produtos eletrônicos e ópticos, fabricação de máquinas, aparelhos e materiais elétricos, fabricação de máquinas e equipamentos, fabricação de veículos automotores, reboques e carrocerias, fabricação de outros equipamentos de transporte, exceto veículos automotores, fabricação de móveis, fabricação de produtos diversos, manutenção, reparação e instalação de máquinas e equipamentos; *Comércio, Logística, Distribuição de Água, Gás e Energia:* comércio e reparação de veículos automotores e motocicletas, comércio por atacado, comércio varejista, transporte terrestre, transporte aquaviário, transporte aéreo, armazenagem e atividades auxiliares do transporte, correio e outras atividades de entrega, eletricidade, gás e outras utilidades; *Informação e Comunicação:* edição e edição integrada à impressão, atividades cinematográficas, produção de vídeos e de programas de televisão, gravação de som e edição de música, atividades de rádio e de televisão, telecomunicações, atividades dos serviços de tecnologia da informação, atividades de prestação de serviços de informação; *Intermediação Financeira:* atividades de serviços financeiros, seguros, resseguros, previdência complementar e planos de saúde, atividades auxiliares dos serviços financeiros, seguros, previdência complementar e planos de saúde; *Atividades Administrativas e Serviços Complementares:* atividades jurídicas, de contabilidade e de auditoria, atividades de sedes de empresas e de consultoria em gestão empresarial, serviços de arquitetura e engenharia; testes e análises técnicas, pesquisa e desenvolvimento científico, publicidade e pesquisa de mercado, outras atividades profissionais, científicas e técnicas, atividades veterinárias, atividades imobiliárias, aluguéis não imobiliários e gestão de ativos intangíveis não financeiros, seleção, agenciamento e locação de mão de obra, agências de viagens, operadores turísticos e serviços de reservas, atividades de vigilância, segurança e investigação, serviços para edifícios e atividades paisagísticas, serviços de escritório, de apoio administrativo e outros serviços prestados às empresas; *Educação e Saúde:* educação, atividades de atenção à saúde humana, atividades de atenção à saúde humana integradas com assistência social, prestadas em residências coletivas e particulares, serviços de assistência social sem alojamento; *Entretenimento, Alojamento e Alimentação:* atividades artísticas, criativas e de espetáculos, atividades ligadas ao patrimônio cultural e ambiental, atividades de exploração de jogos de azar e apostas, atividades esportivas e de recreação e lazer, alojamento e alimentação; *Atividade Pública, Defesa e Seguridade Social e Outros Serviços:* atividades de organizações associativas, reparação e manutenção de equipamentos de informática e comunicação e de objetos pessoais e domésticos, outras atividades de serviços pessoais, serviços domésticos, organismos internacionais e outras instituições extraterritoriais.

3.2.3 Mercado de trabalho norte-americano e as transferências de renda

Ao analisar a variação do nível de renda entre as classes trabalhadoras, nota-se um aumento substancial do intervalo que separava o grupo formado por apenas 5% da mão de obra e os outros estratos, em sua maioria, representados por trabalhadores produtivos, conforme sustenta Mishel (2007):

> O grau em que essa radical redistribuição de renda para as camadas superiores beneficiou ou afetou os diferentes grupos salariais é ilustrado no gráfico abaixo. Ao final, quase todos os recebedores de renda, exceto aqueles incluídos na mais alta camada, tiveram um baixo desempenho como resultado da mudança na taxa de crescimento. A média salarial desses instalados no 1% superior foi de US$ 504.195, substancialmente maior do que os US$ 286.768 que deveriam ter recebido se a taxa de crescimento salarial tivesse sido a mesma para todos os extratos de renda nos últimos 25 anos. Paralelamente, 50% dos assalariados teriam auferido US$ 30.538 em 2004, se o crescimento da renda tivesse sido equitativo, mas em vez disso receberam US$ 26.718, 12,5% ou US$ 3.820 a menos por ano.[4]

---

4.   *"The degree to which this radical redistribution of wages upward has benefited or hurt different wage groups is illustrated in the graph below. In the end, almost all earners except those at the very top were worse off as a result of the shift in the growth rate. The average salary of those in the upper 1% was $504,195, substantially higher than the $286,768 they would have received if the rate of wage growth had been the same for all wage earners over the past 25 years. Correspondingly, wage earners in the middle-fifth would have earned $30,538 in 2004 if wage growth had been equitable, but they instead earned $26,718, 12.5% or $3,820 less a year."* (Tradução livre da autora.)

——Gráfico 3.17: ——

Impacto sobre os Salários em 2004 – Crescimento Desigual – 1979 a 2004

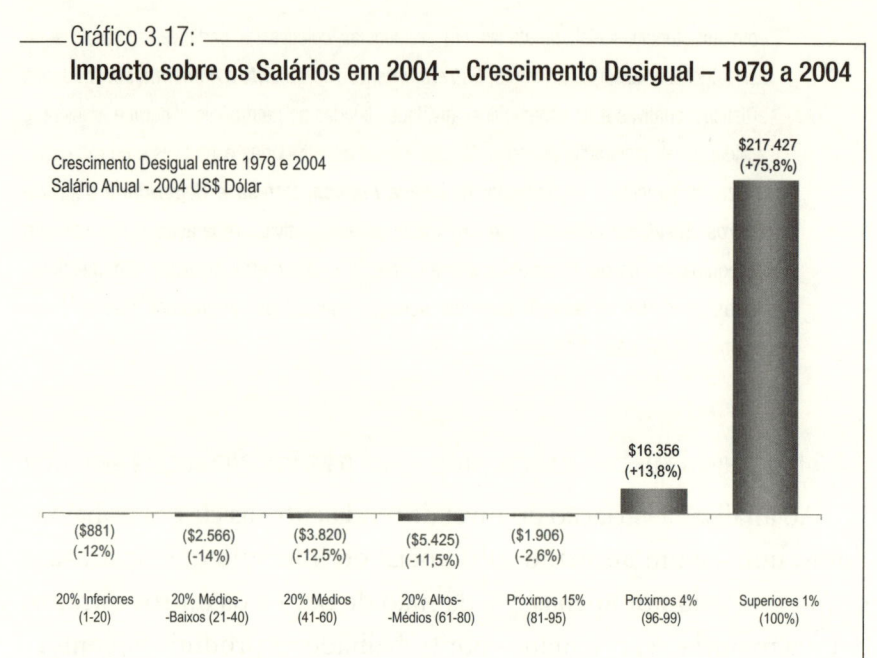

Crescimento Desigual entre 1979 e 2004
Salário Anual - 2004 US$ Dólar

$217.427
(+75,8%)

$16.356
(+13,8%)

($881)   ($2.566)   ($3.820)   ($5.425)   ($1.906)
(-12%)   (-14%)   (-12,5%)   (-11,5%)   (-2,6%)

20% Inferiores   20% Médios-   20% Médios   20% Altos-   Próximos 15%   Próximos 4%   Superiores 1%
(1-20)   -Baixos (21-40)   (41-60)   -Médios (61-80)   (81-95)   (96-99)   (100%)

Fonte: MISHEL, Lawrence. *When wage rates grow unequally.* Economic Policy Institute – Research for Broadly Shared Prosperity. Disponível em: http://www.epi.org/content.cfm?id=2797. Acesso: 28/11/2007.

Os dados apresentados no Gráfico 3.17 confirmam as diferentes taxas de crescimento auferidas entre os piores e os melhores níveis de remuneração no período entre 1979 e 2004. Os maiores níveis representados por apenas 1% da amostra analisada obtiveram crescimento salarial de 75,8% ou US$ 217.427 anuais no período. Enquanto os menores níveis, representados por cerca de 40% da amostra, (20% Inferiores e 20% Médios Baixos), obtiveram uma depreciação de 12% a 14% nos níveis salariais.

O distanciamento da renda auferida pelas diferentes classes de trabalhadores ao final do século XX não é um fenômeno exclusivo da sociedade norte-americana, mas fundamentalmente não exclui a possibilidade de que o crescimento econômico aliado à recuperação do nível de emprego tenham obscurecido a marginalização do valor do trabalho para boa parte do mercado.

O argumento proposto neste livro não atribui à nova dinâmica econômica instituída ao final do século XX a causa pelo aprofundamento das desigualdades, ao contrário, considera as novas formas de relação entre capital e trabalho e a ampliação da importância do sistema financeira movimentos históricos e irreversíveis.

O que cabe é observar os agentes políticos que deveriam ter zelado pela distribuição proporcional da riqueza, se não por dever social, mas por competência e pela manutenção da estabilidade do sistema econômico.

Na Tabela 3.9 abaixo, mais algumas demonstrações do que pode estar por trás do grau de instabilidade econômica e da falta de oxigenação do sistema econômico que passou vigorar ao final do século XX.

3.2.4 Mercado de trabalho norte-americano e as variações dos níveis de produtividade

Embora a análise reitere os níveis de desigualdade entre as diversas camadas de trabalhadores conforme os níveis médios de remuneração, a observação dos dados internos ao sistema produtivo comprova o aumento do custo da mão de obra comparado à capacidade de produção.

Tabela 3.9:

Distribuição da Renda Pessoal nos Estados Unidos – 1950 a 2008

	Renda pessoal 1950 - 1960	Renda pessoal 1960 - 1970	Renda pessoal 1970 - 1990	Renda pessoal 1990 - 2000	Renda pessoal 2000 - 2008
Total	$ 7.164,00	$10.082,00	$606,00	$12.641,00	($4.510,00)
Distribuído a 10% da População Americana de Alta Renda	$1.862,64 26%	$3.024,60 30%	$4.189,00 100%	$9.480,75 75%	($1.804,00) 40%
Distribuído aos outros 90% da População Americana	$5.301,36 74%	$7.057,40 70%	$0,00 0%	$3.160,20 25%	($2.706,00) 60%

Fonte: Universidade da Califórnia, Berkeley – Emmanuale Saez's – http://www.econ.berkeley.edu/~saez/TabFig2008.xls.

A referência aos volumes crescentes de produtividade conduz invariavelmente ao exame sobre o nível de relacionamento entre a maior eficiência dos meios produtivos representados pelo capital constante,[5] a substituição do trabalho e o esgotamento da produção capitalista. Nesse sentido, vale citar:

> Produtividade é sempre produtividade de trabalho concreto, útil, e apenas define o grau de eficácia da atividade produtiva, adequada a certo fim, em dado espaço de tempo. O trabalho útil torna-se, por isso, uma fonte mais ou menos abundante de produtos na razão direta da elevação ou da queda de sua produtividade. Por outro lado, nenhuma mudança na produtividade atinge intrinsecamente o trabalho configurado no valor. Uma vez que a produtividade pertence à forma concreta, útil de trabalho, não pode ela influir mais no trabalho quando abstraímos de sua forma concreta, útil. Qualquer que seja a mudança na produtividade, o mesmo trabalho, no mesmo espaço de tempo, sempre a mesma magnitude de valor (MARX, 1984a, p. 53).

A Tabela 3.10, a seguir, discrimina as diferentes variações entre custo do trabalho e produtividade da mão de obra ocorridas no mercado norte-americano ao final do século XX.

O histórico apresentado na tabela abrange o intervalo entre os anos de 1950 e 2000. A ampliação do período analisado pretende comparar a variação dos indicadores antes e depois da crise de 1973.

Na coluna "Custo do Trabalho", a unidade-base 100.000 é atribuída ao ano de 1992. Como unidade de custo do trabalho entende-se a pressão inflacionária sobre os produtores, atribuída pelo valor pago ao trabalhador.

---

5.   Capital constante – "[...] isto é, valor de todos os meios de produção do ramo. Estes meios se dividem por sua vez em capital fixo: máquinas, instrumentos de trabalho, construções, animais de trabalho, etc.; e em capital constante circulante: materiais de produção, como matérias-primas e materiais auxiliares, produtos semiacabados, etc". (MARX, 1984b, p. 423.)

Nesse sentido, o aumento do salário pago por hora elevaria o custo do trabalho, enquanto o aumento de produtividade compensaria, em certa medida, as atualizações salariais, diminuindo a variação do custo do trabalho.

Na coluna "Produtividade por Hora Trabalhada", são apresentadas as variações na quantidade de produtos e serviços gerados por hora trabalhada. Assim sendo, estão relacionadas, nessa medida, todas as melhorias e os incrementos que possam aumentar a eficiência do trabalho frente à produção agregada.

Tabela 3.10:

Estados Unidos – Índice de Produtividade e Custo Unitário do Trabalho – 1950 a 2000

Período	Unidade de Custo do Trabalho	Variação Anual (%) - (a)	Variação Acumulada (%)	Produtividade por Hora Trabalhada	Variação Anual (%) - (b)	Variação Acumulada (%)	Unidade de Custo e Produtividade
	(Índice 1992 = 100)			(Índice 1992 = 100)			c = (a-b)
1950	22.116			37.325			
1955	24.772	12%	12%	43.619	17%	17%	-5%
1960	28.435	15%	29%	48.865	12%	31%	3%
1965	28.567	0,5%	29%	58.817	20%	58%	-20%
1970	35.604	25%	61%	66.285	13%	78%	12%
1975	46.721	31%	111%	74.793	13%	100%	18%
1980	68.410	46%	209%	79.151	6%	112%	41%
1985	83.164	22%	276%	87.131	10%	133%	11%
1990	95.981	15%	334%	94.381	8%	153%	7%
1995	104.218	9%	371%	101.495	8%	172%	1%
2000	115.990	11%	424%	116.107	14%	211%	-3%

Fonte: United States Department of Labor – Bureau of Labor Statistics (2007b).

Nota 1: Custos Laborais Unitários – As medidas dos custos laborais unitários nesse documento descrevem a relação entre a remuneração por hora e a produtividade, ou a saída real por hora, e podem ser utilizadas como um indicador da pressão inflacionária nos produtores. Os aumentos na compensação por hora geram aumentos nos custos laborais unitários; os aumentos na produtividade laboral compensam os aumentos na remuneração e reduzem os custos laborais unitários.

Nota 2: Produtividade – Essas medidas de produtividade descrevem a relação entre a saída real e o tempo laboral envolvido em sua produção. Apresentam as mudanças de período a período no montante dos bens e serviços produzidos por hora. Apesar de essas medidas se relacionarem à saída para horas de trabalho de todas as pessoas que se dedicam a certo setor, não mensuram a contribuição específica do trabalho, capital ou qualquer outro fator de produção. Em vez disso, refletem os efeitos conjuntos de muitas influências, incluindo mudanças na tecnologia; investimento de capital; nível de saída; utilização da capacidade, energia e materiais; organização da produção; habilidade gerencial; e as características e esforços da força de trabalho.

Nota 3: A consideração da saída do setor comercial é do tipo cadeia, índice atual ponderado construído após a exclusão do Produto Interno Bruto (PIB) e as seguintes saídas: governo geral, instituições não lucrativas e famílias (incluindo moradias ocupadas pelos próprios proprietários). As exclusões correspondentes também são feitas nas entradas laborais. A saída comercial respondeu por cerca de 78% do valor do PIB em 2000.

As informações relacionadas determinam uma variação significativamente superior do custo da mão de obra comparado ao aumento da produtividade no período entre 1950 e 2000, respectivamente, 424% contra 211%.

Os dados disponíveis informam as seguintes relações: elevação de 31% na produtividade[6] contra um aumento de 29% na unidade de custo do trabalho,[7] na década de 1950; elevação de 36% na produtividade contra um aumento de 25% na unidade de custo do trabalho, na década de 1960; elevação de 19% na produtividade contra um aumento de 92% na unidade de custo do

---

6.   Produtividade – Volume de produção relacionado ao volume de horas trabalhadas.

7.   Unidade de Custo do Trabalho – Salário relacionado ao volume de produção por hora trabalhada.

trabalho, na década de 1970; elevação mantida de 19% na produtividade contra um aumento de 40% na unidade de custo do
trabalho, na década de 1980; elevação de 23% na produtividade
contra um aumento de 21% na unidade de custo do trabalho, na
década de 1990.

Exceção feita ao intervalo entre 1960 e 1965, quando a elevação
da produtividade foi superior à remuneração atribuída à hora trabalhada; nos períodos seguintes, principalmente ao longo da década
de 1970, a unidade de custo do trabalho ultrapassou os ganhos de
produtividade.

O aumento do custo do trabalho, conforme apresentado, deveu-
-se especificamente aos altos índices de inflação incorridos no mercado norte-americano ao longo da década de 1970 e princípio dos
anos de 1980, não devendo ser atribuído ao aumento do ganho real
por parte do trabalhador. Especialmente entre os anos de 1979 e 1981,
o índice de inflação anual nos Estados Unidos foi superior a 10%
(11,27% em 1979, 13,51% em 1980, e 10,32% em 1981).

Gráfico 3.18:

Índice de Produtividade e Custo Unitário do Trabalho – 1950 a 2000

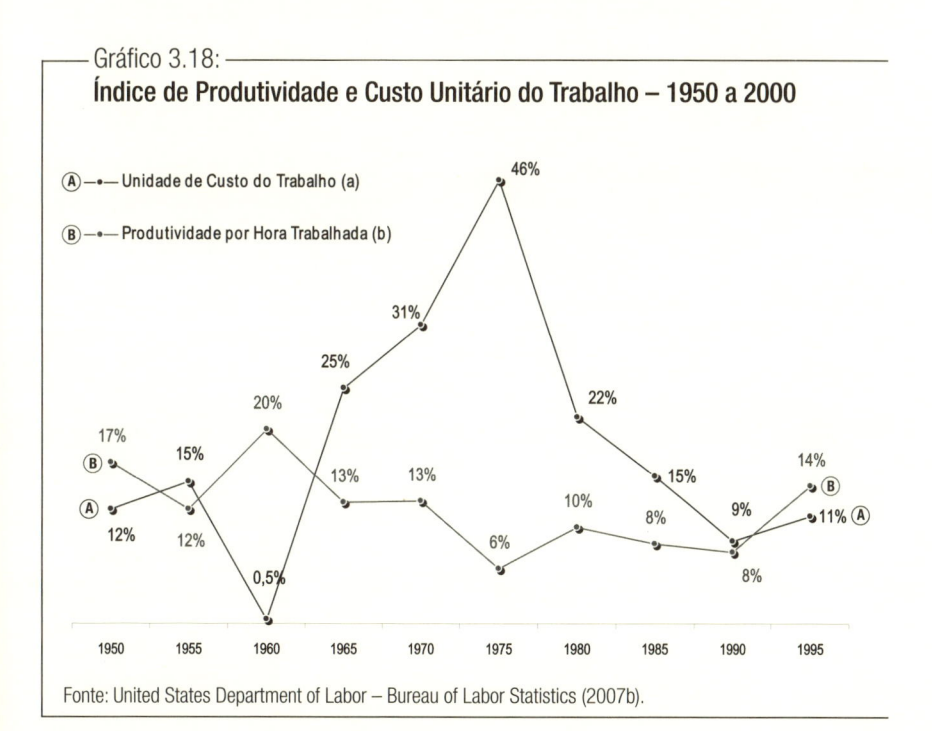

Ⓐ —•— Unidade de Custo do Trabalho (a)

Ⓑ —•— Produtividade por Hora Trabalhada (b)

Fonte: United States Department of Labor – Bureau of Labor Statistics (2007b).

A dicotomia entre o aumento de produtividade e a incapacidade do sistema em prover níveis adequados de renda à manutenção do consumo, levou o mercado a buscar alternativas envolvendo a antecipação aos cidadãos de recursos destinados ao incremento do consumo e precificados no mercado financeiro.

De um mercado voltado à recuperação do crescimento econômico e à manutenção do nível de liderança, surgiram formas adaptadas que possibilitaram a transferência de renda para o consumo, além daquelas normalmente oferecidas pelo trabalho, conforme será analisado no próximo capítulo.

O MERCADO NORTE-AMERICANO E SUAS ESTRATÉGIAS

O MERCADO FINANCEIRO E A MULTIPLICAÇÃO DA RENDA

O quarto capítulo enfoca as formas e os instrumentos utilizados pelo mercado norte-americano para suportar repetidos movimentos de crise e recessão ocorridos entre os anos de 1970 e 2000.

Em meio à amplitude e à velocidade dos movimentos ocorridos a partir de ambientes desregulamentados e liberais, em que medida o interesse econômico esteve voltado à superação da crise e à alavancagem consecutiva dos resultados?

Assim como na mágica, as relações desenvolvidas ao final do século XX parecem se dividir entre o encantamento e a agilidade da transformação, ou a alternativa de revelar o truque, desfazendo o ciclo de entusiasmo crescente e coletivo.

Nesta fase fundamental da pesquisa, a vasta apresentação das séries econômicas desenvolvidas pelo mercado norte-americano ao final do século XX é feita na medida em que torne possível a descrição das formas e a apreciação das opções adotadas.

Antes de iniciar a análise do crescimento do mercado norte-americano ao final do século XX, é oportuno que se recordem as lideranças políticas e econômicas da época e os principais responsáveis pelo sistema econômico.

As últimas duas décadas do século passado nos Estados Unidos foram marcadas politicamente por doze anos de governo republicano com Ronald Wilson Reagan,[1] entre 20 de janeiro de 1981 e 20 de janeiro de 1989; posteriormente, com George Herbert Walker Bush,[2] entre 20 de janeiro de 1989 e 20 de janeiro de 1993; além dos oito anos finais sob a liderança do democrata Bill Clinton, entre 20 de janeiro de 1993 e 20 de janeiro de 2001.

As bases das políticas econômicas, por sua vez, eram determinadas no *Federal Reserve System*,[3] liderado na ocasião por Paul

---

1. Ronald Reagan – Nasceu em 1911, em Illinois, nos Estados Unidos. Estudou Economia e Sociologia na Eureka College. Foi eleito governador da Califórnia em 1966 e reeleito em 1970, com uma margem de 1 milhão de votos. Conquistou a Presidência dos Estados Unidos indicado pelo Partido Republicano, em 1980, sendo reeleito em 1984. Deixou o governo em 1989, aposentando-se em seu rancho na Califórnia. (Fonte: White House Official Website, 2008c.)

2. George H. W. Bush – Nasceu em Massachusetts, nos Estados Unidos, em 1924. Tornou--se líder estudantil na Academia Phillips, em Andover, e no seu 18º aniversário alistou-se nas Forças Armadas, onde realizou 58 missões de combate durante a Segunda Guerra Mundial. Quando voltou da guerra, foi para a Universidade de Yale. Após se formar, foi trabalhar na indústria de petróleo de sua família, localizada no oeste do Texas. Bush teve dois mandatos como deputado do Texas. Foi derrotado por duas vezes em eleições para o Senado e nomeado para uma série de cargos, incluindo embaixador nas Nações Unidas, presidente do Comitê Nacional Republicano e diretor da Agência Central de Inteligência (CIA). Em 1980, Bush tornou-se vice-presidente de Ronald Reagan e, em 1988, conquistou a Presidência. Nas eleições presidenciais de 1992, Bush foi derrotado pelo governador do Arkansas, o democrata Bill Clinton. (Fonte: White House Official Website, 2008b.)

3. O *Federal Reserve* (criado em 23 de dezembro de 1913) é o Banco Central dos Estados Unidos, a principal autoridade monetária de uma nação que desempenha diversas funções-chave, incluindo a emissão de moeda e a regulamentação do provimento de crédito na economia. As obrigações do *Federal Reserve* são categorizadas em quatro áreas gerais: conduzir a política monetária da nação, influenciar as condições monetárias e de crédito na economia na busca da empregabilidade máxima, preços estáveis e taxas de juros moderadas em longo prazo; supervisionar e regulamentar as instituições bancárias a fim de garantir a segurança e a solidez do sistema bancário e financeiro da nação e proteger os direitos de crédito dos consumidores; manter a estabilidade do sistema financeiro e conter o risco sistêmico que pode surgir nos mercados financeiros; prestar serviços financeiros a instituições depositárias, ao governo dos Estados Unidos e a instituições oficiais estrangeiras, incluindo o desempenho de um papel fundamental na operação do sistema de pagamentos da nação. Estrutura do Sistema do *Federal Reserve*: 1) Conselho Regente: Os sete membros são nomeados pelo presidente e confirmados pelo Senado, para mandatos de catorze anos. Os membros podem atuar apenas por um ano inteiro, mas um membro que tenha sido nomeado para concluir um mandato não vencido poderá ser renomeado para um mandato completo. O presidente designa e o Senado confirma dois membros do Conselho para a Presidência e Vice-Presidência por mandatos de quatro anos; 2) Os Bancos do *Federal Reserve* operam sob a supervisão geral do Conselho Regente em Washington. Cada Banco possui um Conselho Diretivo de nove membros,

Volcker[4], no período entre 1979 e 1987, e Alan Greenspan[5], entre os anos de 1987 e 2006.

A compreensão do êxito norte-americano ao final do século XX, em detrimento das premissas de esgotamento do sistema a partir de

---

que supervisiona suas operações; 3) O Conselho Diretivo é dividido em três classes de três pessoas cada. Os diretores classe A representam os bancos comerciais membros do Distrito e a maioria dos banqueiros. Os diretores classe B e classe C são escolhidos para representar o público, com a consideração devida aos interesses da agricultura, comércio, indústria, serviços, emprego e consumidores. Os diretores classe A e B são eleitos pelos bancos membros do Distrito, enquanto os diretores classe C são nomeados pelo Conselho Regente do Sistema em Washington. Todos os diretores de gabinete atuam por mandatos de três anos. 4) O Comitê de Mercado Aberto é composto de sete membros do Conselho Regente e cinco presidentes do Reserve Bank. As operações de mercado aberto, assim instruídas pelo Comitê de Mercado Aberto, são a principal ferramenta utilizada para influenciar todo o montante de dinheiro e crédito disponível na economia. (Fonte: Board of Governors of the Federal Reserve System, 2008a.)

4.   Paul Volcker – Nascido em 5 de setembro de 1927, em Nova Jersey, nos Estados Unidos. Formado em Economia pela Universidade de Princeton, com mestrado em Política Econômica pela Universidade de Harvard. Entre 1952 e 1957, atuou no FED (*Federal Reserve*) de Nova York como economista. Depois, passou ao cargo de economista do Chase Manhattan Bank. Em 1962, entrou no Departamento de Tesouro dos EUA como diretor de análise financeira. Um ano depois, tornou-se diretor adjunto para assuntos monetários. Retornou ao Chase Manhattan em 1965 como vice-presidente e diretor de planejamento. Retornou ao cargo de subsecretário do Tesouro em 1964. Atuou com papel importante na suspensão do sistema de conversibilidade direta de dólar ao ouro. Ao deixar o Tesouro em 1975, assumiu o cargo de presidente do FED de Nova York. Em 1979, assumiu a presidência do FED, apontado pelo presidente Jimmy Carter. Depois de deixar o FED em 1987, tornou-se *chairman* do banco J. Rothschild, Wolfensohn. Em 2000, Volcker foi apontado diretor para os Estados Unidos na ONU. (Fonte: Board of Governors of the Federal Reserve System, 2008a.)

5.   Alan Greenspan – Nascido em 1926, na cidade de Nova York, nos Estados Unidos. Estudou Economia na Universidade de Nova York (NYU), onde obteve título de bacharel em 1948, de mestre em 1950 e de doutor em 1948. Em 14 de dezembro de 2005, foi premiado como *Doctor of Commercial Science* da NYU, seu quarto diploma daquela instituição. Entre 1954 e 1974, trabalhou no conselho diretivo da consultoria econômica Townsend-Greenspan & Co. Inc., e, entre 1977 e 1987, como presidente da instituição. Entre 1974 e 1977, foi nomeado para o Council of Economic Advisers, pelo presidente Gerald Ford. Em seguida, Greenspan alternaria sua participação nos conselhos das seguintes representações: Brookings Panel on Economic Activity, National Commission of Social Security Reform, Council of Economic Advisers (nomeado por Ronald Reagan) e Congressional Budget Office. Em 11 de agosto de 1987, sucedeu Paul Volcker na presidência do *Federal Reserve*, por indicação do presidente Ronald Reagan, sendo renomeado para o cargo até a sua saída, em 31 de janeiro de 2006. (Fonte: Board of Governors of the Federal Reserve System, 2008a.)

1973, passará, a seguir, pelo detalhamento das políticas adotadas e por uma análise do crescimento econômico.

Os valores absolutos e *per capita*, apresentados respectivamente pelos gráficos 4.1 e 4.2, demonstram um crescimento econômico consistente, avaliado em intervalos consecutivos de cinco anos. Dessa forma, independentemente dos inúmeros períodos de recessão ocorridos na economia norte-americana ao final do século XX, todos puderam ser absorvidos e superados em intervalos médios de três anos.

Em termos absolutos, o Produto Interno Bruto norte-americano aumentou em 162,4% entre os anos de 1970 e 2000. Uma variação monetária equivalente a US$ 6.043 bilhões (de US$ 3.722 bilhões em 1970, para US$ 9.765 bilhões em 2000).

Analisado o Produto Interno Bruto *per capita*, a evolução foi de US$ 18.150 em 1970, para US$ 34.603 no ano 2000. Equivalente a um crescimento acumulado de 90,7% entre os anos de 1980 e 2000.

Embora em valores absolutos e consolidados o crescimento econômico norte-americano demonstre seu vigor e sua capacidade de recuperação, a abertura das variações anuais apresentam o nível de oscilações suportado pelo sistema econômico no período analisado.

O aspecto a ser destacado não se relaciona com a quantidade ou a amplitude das variações do PIB norte-americano, mas diz respeito às estratégias de recuperação desenvolvidas ao final do século XX.

As estratégias analisadas se valeram, por um lado, da modernização dos meios eletrônicos de comunicação, e, por outro, da possibilidade de diversificação e alavancagem dos fluxos financeiros.

Gráfico 4.1:
Estados Unidos – PIB – 1980 a 2000

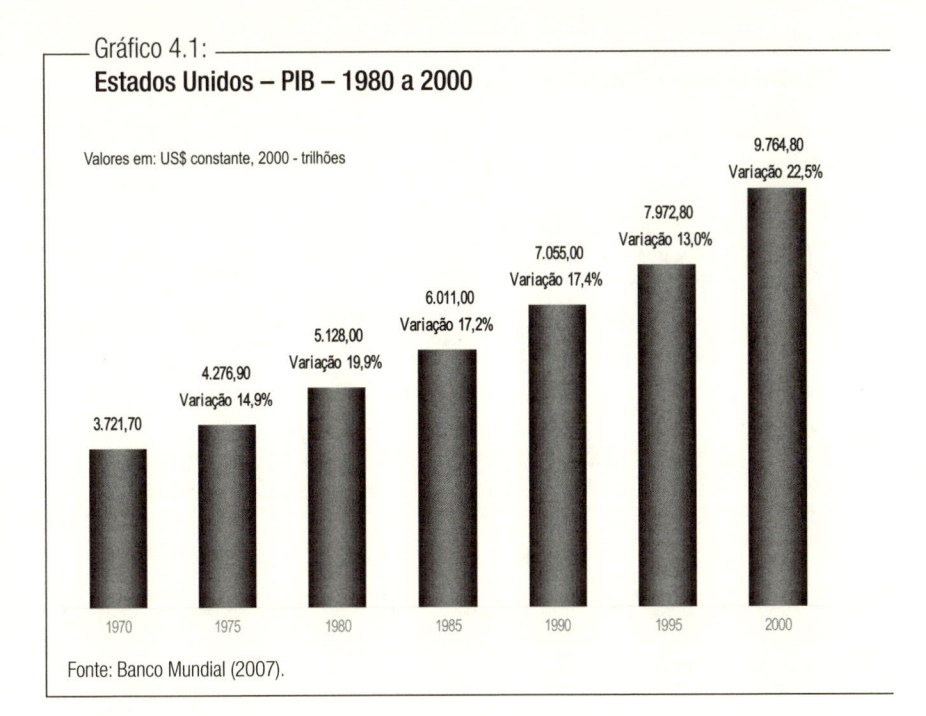

Valores em: US$ constante, 2000 - trilhões

Fonte: Banco Mundial (2007).

Gráfico 4.2:
Estados Unidos – PIB *per capita* – 1980 a 2000

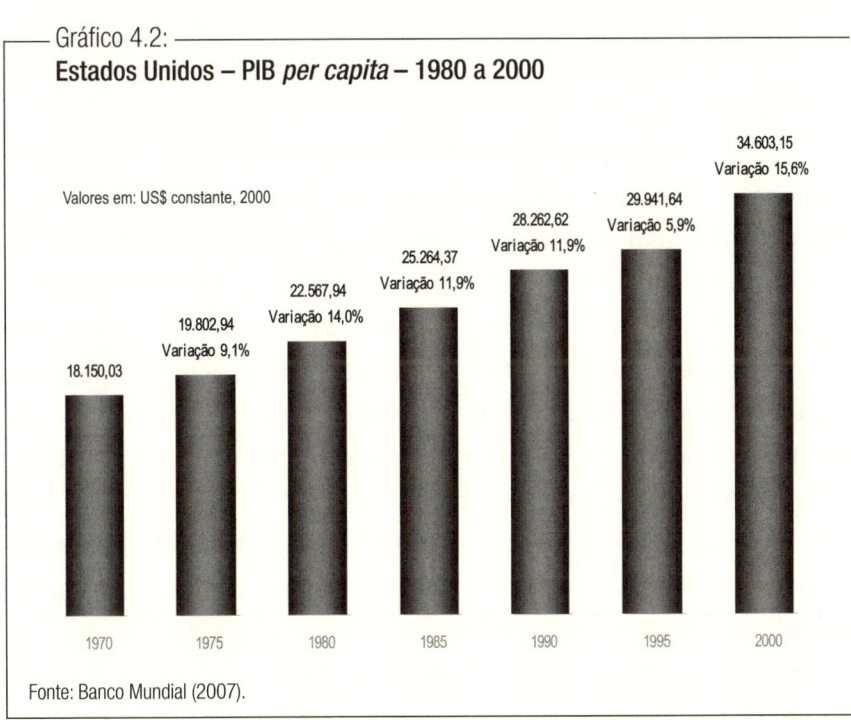

Valores em: US$ constante, 2000

Fonte: Banco Mundial (2007).

——Gráfico 4.3:——

Estados Unidos – Crescimento do PIB (% anual) – 1980 a 2000

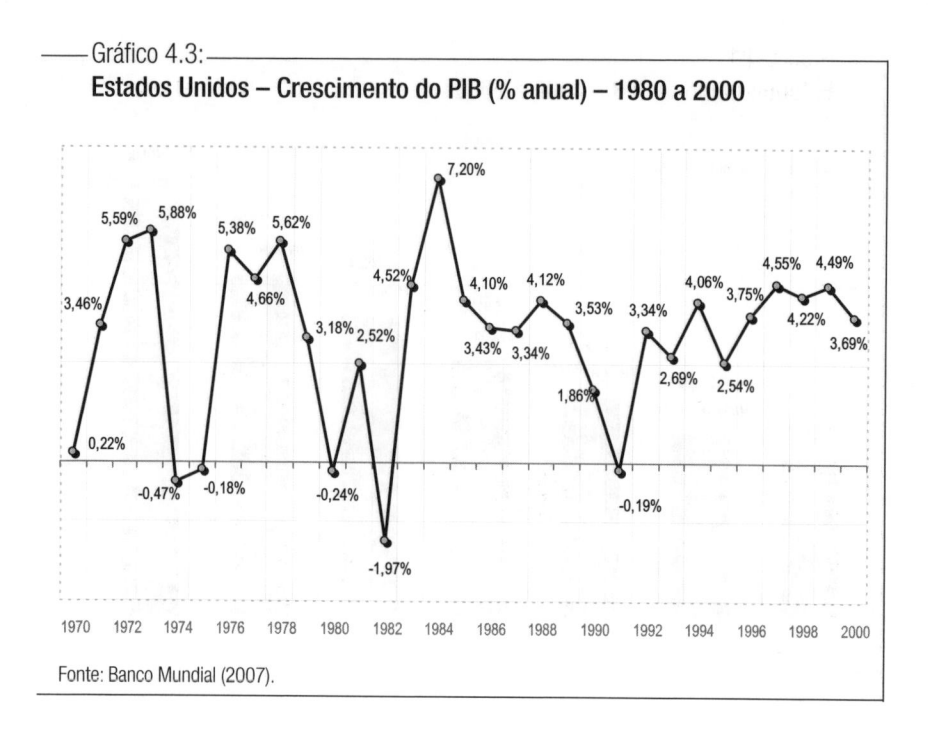

Fonte: Banco Mundial (2007).

O Gráfico 4.3 apresenta os percentuais de crescimento ou retração da produção agregada norte-americana entre os anos de 1970 e 2000.

A análise do período determina a redução dos topos de resistência sobre a produção agregada. Topos de crescimento entre 5,5% a 6%, experimentados ao longo da década de 1970, foram alterados para o intervalo médio entre 4% e 4,5%, entre os anos de 1980 e 1990.

A fim de que se compreenda a evolução do PIB norte-americano e suas variações entre os anos de 1970 e 2000, os dados expostos a seguir permitem a análise dos principais itens que influenciam sua composição, entre eles: consumo privado, investimento privado e gastos/investimento governamental.

As informações apresentadas na Tabela 4.1 demonstram três fatores principais: a importância do consumo privado na composição do PIB norte-americano, em média 67%; a queda da participação do governo no mercado, de 27,2% para 17,6%; e o aumento representativo dos investimentos privados, de 11,5% para 17,8%, os quais incluem aplicações em capital fixo e variável.

— Tabela 4.1: —————————————————————————————————————

Estados Unidos – Consumo Privado, Investimentos Privados, Gastos e Investimentos Públicos – 1980 a 2000

Período	PIB (US$ 2000, constante - em bilhões)	Consumo Privado (US$ 2000, constante - em bilhões)	Part. %	Variação %	Gastos e Investimentos Públicos (US$ 2000, constante - em bilhões)	Part. %	Variação %	Investimentos Privados (US$ 2000, constante - em bilhões)	Part. %	Variação %
1970	3.722,0	2.451,9	65,9%		1.012,9	27,2%		427,1	11,5%	
1975	4.277,0	2.876,9	67,3%	17,3%	1.027,4	24,0%	1,4%	453,1	10,6%	6,1%
1980	5.128,0	3.374,1	65,8%	17,3%	1.115,4	21,8%	8,6%	645,3	12,6%	42,4%
1985	6.011,0	4.064,0	67,6%	20,4%	1.312,5	21,8%	17,7%	849,7	14,1%	31,7%
1990	7.055,0	4.770,3	67,6%	17,4%	1.530,0	21,7%	16,6%	895,1	12,7%	5,3%
1995	7.973,0	5.433,5	68,1%	13,9%	1.549,7	19,4%	1,3%	1134,0	14,2%	26,7%
2000	9.765,0	6.739,4	69,0%	24,0%	1.721,6	17,6%	11,1%	1735,5	17,8%	53,0%
Variação Acumulada	262%	275%	-		170%	-		406%	-	

Fonte 1: Banco Mundial (2007).

Fonte 2: United States Department of Commerce - Bureau of Economic Analysis (2007).

Nota 1: Gastos de consumo privado (Consumo Privado) – Os bens e serviços adquiridos por pessoas

Nota 2: Gastos de consumo público e investimento bruto (Gastos e Investimentos Públicos) – O valor dos serviços produzidos pelo governo, mensurado como as compras feitas pelo governo na produção do trabalho, bens e serviços intermediários e gastos com investimentos. É a soma dos gastos de consumo público e investimentos governamentais brutos.

Nota 3: Investimento privado doméstico bruto (Investimento Privado) – Investimento fixo privado e mudança nos estoques privados. Mensurado sem dedução para o consumo do capital fixo, inclui substituições e acréscimos ao capital e exclui investimentos pelos residentes norte-americanos em outros países. Termos correlatos: Investimento doméstico bruto, Investimento bruto.

Nota 4: Foram considerados apenas os componentes com maior participação percentual na somatória do PIB total.

Considerado o crescimento absoluto, a maior variação se deveu ao aumento dos investimentos privados, em torno de 406% (de US$ 427,1 bilhões em 1970, para US$ 1.735,5 bilhões em 2000), seguido da elevação do consumo em 275% (de US$ 2.451,9 bilhões em 1970, para US$ 6.739,4 bilhões em 2000) e do aumento de 170% nos gastos e investimentos públicos (de US$ 1.012,9 bilhões em 1970, para US$ 1.721,6 bilhões em 2000).

A representatividade do consumo privado em meio ao PIB total norte-americano, próxima a 70%, deixa claro que qualquer política de reaquecimento econômico passaria necessariamente pelo aumento da propensão ao gasto. Para tanto, os governos ao final do século XX valeram-se de razoável criatividade e pouca economia.

4.1 O MILAGRE DA MULTIPLICAÇÃO AO FINAL DO SÉCULO XX: O ESTÍMULO AO CRÉDITO E A MULTIPLICAÇÃO DO CONSUMO

De várias formas a sociedade norte-americana foi chamada a participar do festim licencioso de consumo e especulação, configurando o cenário de magnitude infinita, tornando milhões de norte-americanos muito mais ricos do que eles próprios poderiam ter imaginado.

De um lado, cidadãos confiantes passaram a ter acesso ao sistema financeiro, sendo providos de recursos monetários indexados a taxas de remuneração reduzidas. Implicitamente, isso lhes causava a sensação de certo desprendimento do trabalho como único provedor de seu padrão social.

Por outro lado, as organizações se viram capazes de contabilizar resultados extraordinários, que pouco ou nada se relacionavam à produção, causando a falsa sensação de desprendimento do trabalho como fator imprescindível para a materialização do lucro.

A liberalização econômica norte-americana ocorrida ao final do século XX concedeu aos cidadãos certos benefícios, relacionados especialmente a taxas de juros minoradas e acesso a créditos adicionais.

Sob o ponto de vista corporativo, os órgãos reguladores continuaram com as mesmas incumbências, e as regras de contabilização pouco foram modificadas, tampouco foram observadas, mediando um sistema de irresponsabilidade solidária coletivo.

Seguem algumas demonstrações iniciais relacionadas aos valores concedidos na forma de crédito ao consumidor:

Conforme os dados apresentados na Tabela 4.2, entre os anos de 1970 e 2000, os montantes concedidos na forma de crédito ao consumidor variaram 550% (de US$ 24,9 trilhões em 1970, para 136,9 trilhões ao final de 1999).

O maior destaque se concentra no aumento do volume de crédito rotativo,[6] em detrimento da queda de participação relativa dos

---

6. Crédito Rotativo ou *Revolving Credit* – O termo rotativo se deve ao fato de que essa linha de crédito é automaticamente renovada e não há um prazo definido para quitação do saldo devedor, ao contrário do que acontece, por exemplo, nos Créditos Não Rotativos ou *Nonrevolving Credits*. Normalmente, os contratos de crédito rotativo estabelecem limites de crédito garantidos em função da análise da capacidade de pagamento e do histórico de inadimplência do tomador. Não obstante, o limite poderá ser aprovado em função da apresentação de garantias adicionais.

empréstimos de prazo específico atribuídos a uma aquisição determinada, chamados de crédito não rotativo.

O crédito rotativo foi elevado em 1.997% (de US$ 2,3 trilhões em 1970, para US$ 47,4 trilhões ao final de 1999). Na década de 1970, representava apenas 10% do total de créditos concedidos ao consumidor norte-americano; já na década de 1990, a mesma relação se elevara para 35%.

O crédito não rotativo variou 354% no mesmo período (de US$ 22,6 trilhões em 1970, para US$ 79,8 trilhões ao final de 1999). Na década de 1970, representava 90% do total de créditos concedidos ao consumidor norte-americano; já na década de 1990, a mesma relação diminuíra para 58%, uma redução de 32 pontos percentuais no período.

A importância das variações apresentadas no contexto geral reside na natureza do crédito atribuído. O crédito rotativo, também chamado de crédito garantido ou definitivo, tem como objetivo, especificamente, alavancar a renda do consumidor sem discriminar prazo ou destinação aos limites concedidos.

Entre a década de 1970 e 1980, os dados da Tabela 4.2 demonstram um recuo na comparação entre o volume monetário obtido através do PIB e o volume monetário concedido pelo sistema financeiro na forma de crédito ao consumidor, respectivamente, de 151% para 139%. Essa redução deve ser atribuída, em boa parte, à alta da inflação e dos juros no período considerado.

Observados os anos da década de 1990, a comparação entre os volumes monetários obtidos através da produção agregada e aqueles concedidos pelo sistema financeiro como crédito ao consumidor se elevara para 178%.

Comparando, especificamente, as categorias de crédito com a produção agregada, os volumes rotativos, que representavam o equivalente a 14% do PIB na década de 1970, passaram a representar por volta de 62% na década de 1990.

Estados Unidos – Variação do Crédito ao Consumidor – 1970 a 2000

	Crédito ao Consumidor Total		Rotativo : Renovação Automática			Não Rotativo: Sem Renovação Automática		
	Total	Var. %		Var. %	Part. %		Var. %	Part. %
1970 - 1979								
(US$ corrente, em milhões)								
Crédito ao Consumidor	24.915.007	-	2.371.947	-	10%	22.547.839	-	90%
PIB Acumulado	16.489.500		16.489.500			16.489.500		
% do PIB Acumulado	151%		14%			137%		
1980 - 1989								
(US$ corrente, em milhões)								
Crédito ao Consumidor	64.036.410	257%	13.309.911	561%	21%	50.731.112	225%	79%
PIB Acumulado	46.095.301		46.095.301			46.095.301		
% do PIB Acumulado	139%		29%			110%		
1990 - 1999								
(US$ corrente, em milhões)								
Crédito ao Consumidor	136.919.638	214%	47.362.660	356%	35%	79.761.013	157%	58%
PIB Acumulado	76.886.600		76.886.600			76.886.600		
% do PIB Acumulado	178%		62%			104%		
Crédito ao Consumidor Total	225.871.056	550%	63.044.518		1997%	153.039.965		354%

Fonte: Board of Governors of the Federal Reserve System (2008b).

—— Gráfico 4.4: ——
Estados Unidos – Crédito ao Consumidor – 1970 a 2000

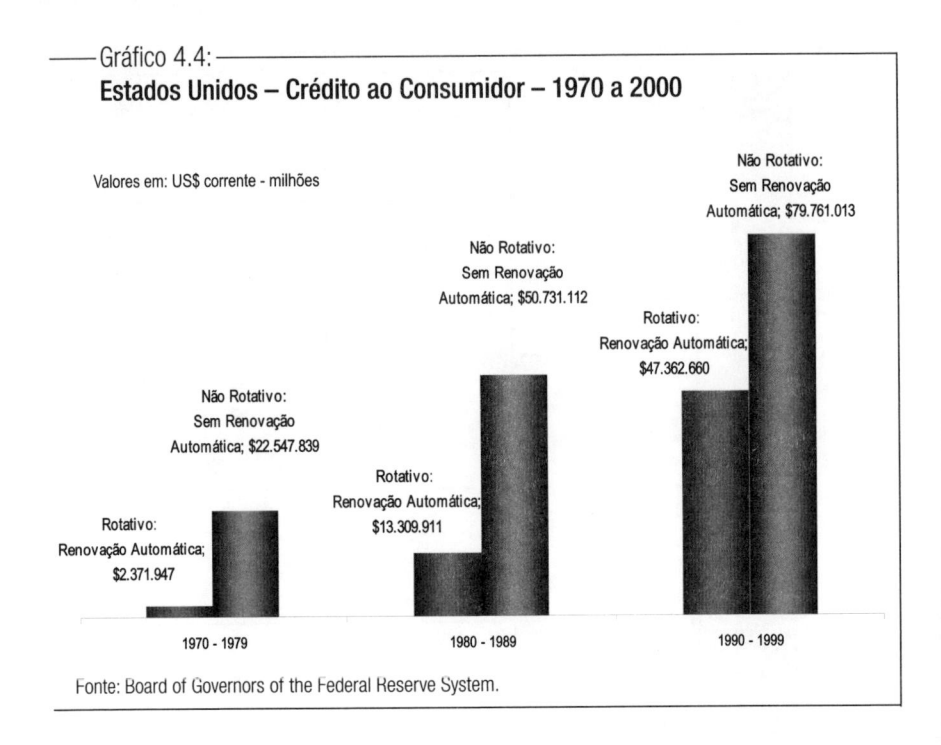

Fonte: Board of Governors of the Federal Reserve System.

Historicamente, o início da liberalização do mercado de crédito ao consumidor se iniciou ainda na gestão de Jimmy Carter.

No período de 1977 a 1981, dois decretos marcaram o processo de desregulamentação do mercado financeiro nor-te-americano e o incentivo à cessão de crédito para o público, considerado *subprime*,[7] cujas avaliações de crédito, denominadas

---

7. Os doadores de crédito normalmente determinam o volume e o custo financeiro dos empréstimos hipotecários conforme o risco de inadimplência apresentado pelos tomadores, ou seja, o risco de o tomador não amortizar integralmente o crédito concedido.

Empréstimos classificados subprime são normalmente atribuídos a tomadores com alto risco, classificados desta forma em função de seu precário ou insuficiente histórico de crédito.

Todas as categorias de tomadores são submetidas a modelos estatísticos de classificação de risco de crédito que relacionam as características e o histórico de comprometimento do tomador com suas dívidas – denominados de *credit scoring models*.

Para compensar o risco de crédito elevado atribuído aos empréstimos classificados como *subprime*, os doadores de recursos financeiros tendem a cobrar taxas de juros e encargos mais altas do que as de empréstimos atribuídos a categorias com baixo risco de crédito, classificados como *prime*. (*Subprime Mortgage Lending and the Capital Markets*. n. 2001-38, 28 /12/2001.)

de *credit scoring*, atribuíam classificações de moderado e alto risco de inadimplência.

Os decretos citados encontram-se explanados abaixo:

O **Community Reinvestment Act de 1977**; e revisões posteriores desta regulamentação proporcionaram às instituições bancárias um forte incentivo para efetuar empréstimos a tomadores de baixo e médio níveis de renda, boa parte destes classificados como *subprimes*. A Federal Housing Administration, que garante o primeiro acesso a empréstimos hipotecários de muitos tomadores, liberalizou estas regras com o objetivo de aumentar a concorrência no mercado e reduzir as taxas de juros impostas a tomadores classificados abaixo do nível *prime*.

A **Depository Institutions Deregulatory and Monetary Control Act de 1980**; eliminou todos os controles impostos a possíveis excessos sobre as taxas de juros hipotecárias cobradas sobre o primeiro empréstimo concedido a um tomador, permitindo que os doadores cobrassem juros elevados de tomadores que possuem risco de crédito elevado, incluindo aqueles com históricos de crédito mais frágeis ou incertos. Essa mudança motivou o desenvolvimento e o uso da classificação de crédito – *credit score* - e de outras tecnologias voltadas à avaliação de risco, permitindo aos doadores elevarem a precificação dos empréstimos a tomadores de risco mais alto em vez recusar a concessão do empréstimo. O incentivo à concorrência financeira no mercado prime, em que o empréstimo hipotecário se tornou uma *commodity*, motivou os doadores de recursos a entrarem nesse novo segmento em busca de maiores lucros (GRAMLICH, 2004).[8]

---

8. "*The Community Reinvestment Act (CRA) of 1977; and later revisions to the regulation, gave banking institutions a strong incentive to make loans to low and moderate-income borrowers or areas, an unknown but possibly significant portion of which were subprime loans. The Federal Housing Administration, which guarantees mortgage loans of many first-time borrowers, liberalized its rules for guaranteeing mortgages, increasing competition in the market and lowering interest rates faced by some subprime mortgage borrowers.*

Depository Institutions Deregulatory and Monetary Control Act of 1980; eliminated all usury controls on first-lien mortgage rates, permitting lenders to charge higher rates of interest to borrowers who pose elevated credit risk, including those with weaker or less certain credit histories. This change encouraged further development and use of credit scoring and other technologies in the mortgage arena to better gauge risk and enabled lenders to price higher-risk borrowers rather than saying no altogether. Intense financial competition in the prime market, where mortgage lending was becoming a commodity business, encouraged lenders to enter this newer market to see if they could make a profit." (Tradução livre da autora.)

A concessão ampliada de empréstimos hipotecários gerou a criação de um novo mercado, no qual os recebíveis passaram a ser loteados, precificados e revendidos no mercado financeiro global.

O agigantamento do mercado de recebíveis como um todo avançou sob duas perspectivas possíveis. A primeira estava apoiada na possibilidade de que a distribuição dos financiamentos[9] e dos refinanciamentos[10] propiciaria a diluição do risco de crédito entre os diversos agentes do mercado. A segunda alertava para o fato de a diluição de risco encobrir uma forma poderosa de alavancagem dos ganhos feitos sobre a economia real e absorvidos pelo mercado financeiro.

> Eles fizeram isso reunindo os empréstimos que haviam autorizado a vários clientes e vendendo-os como pacotes. Os fundos de investimento os adquiriram e, por sua vez, incluíram-nos em seus próprios pacotes e os revenderam a outros investidores. Os bancos argumentaram que isso distribuiria os riscos do sistema financeiro global mais amplamente. Caso um grande tomador explodisse, não mais afetaria o doador tão seriamente quanto antes (CENTER FOR RESPONSABLE LEADING, 2007).[11]

---

9. Financiamento – Operação bancária pela qual o banco antecipa numerário sobre créditos que o cliente (pessoa física ou jurídica) possa ter, com o objetivo de emprestar-lhe certa soma e proporcionar-lhe recursos necessários para a realização de certo negócio ou empreendimento. Portanto, no financiamento, ao contrário do empréstimo, o crédito é atribuído a um fim específico, relacionado contratualmente.

10. Refinanciamento – É o método pelo qual um banco ou uma financeira concede um novo financiamento, sob novas condições e novas taxas de juros. Normalmente, o refinanciamento visa a ampliar o prazo de pagamento e permitir o desembolso de prestações menores por parte do devedor.

O refinanciamento também pode ser visto como uma forma de obter dinheiro sem precisar se desfazer de um bem; nesse caso, é necessário ter a posse do bem, ou seja, o bem não pode estar alienado ou servindo de garantia para outro financiamento. Exemplo de Refinanciamento (1): pode-se obter até 70% do valor do bem em dinheiro vivo, sendo o valor concedido à vista, dividido em parcelas fixas com taxas de juros pré-fixadas e pós-fixadas. Exemplo de Refinanciamento (2): Supondo que se devam 30% de um bem para um banco ou uma financeira, pode-se procurar outra instituição e tentar refinanciar 70% do bem por ela. Dessa forma, 30% do valor serão utilizados para pagar a financeira original e 40% sobrarão como recurso à vista. Refinanciar implica, normalmente, em custos financeiros totais superiores.

11. *"They did this by bundling the loans they had issued to various customers and selling them as packages. Funds acquired them, put together their own packages and then sold them to other*

Ainda que não se considere a discussão referente ao controle do risco ou à ampliação desmedida dos ganhos associados às derivações constantes dos fluxos de crédito, o próprio sistema poderá apresentar suas limitações, especialmente relacionadas ao equilíbrio dos níveis de liquidez e à velocidade de circulação. Nesse sentido:

> Por um lado, deve haver um limite sobre o quanto um agente privado pode se comprometer de forma segura a amortizar alguém que oferece financiamento: ou seja, o grau de compromisso bilateral que um doador pode assumir perante o tomador inicial para atender a sua demanda. Por outro lado, deve haver limite para que o doador desse crédito possa revendê-lo no mercado secundário: por conseguinte, deve haver um limite sobre o grau do compromisso multilateral que o tomador pode assumir para amortizar sua dívida. O compromisso multilateral de amortizar uma dívida é, em geral, mais acionado judicialmente do que escalas bilaterais, uma vez que, como intermediário, o doador inicial pode se informar melhor sobre o tomador. Em termos gerais, o grau de compromisso bilateral em uma economia coloca um limite sobre o estoque de títulos privados, já o grau de compromisso multilateral determina quanto será o nível de circulação destes títulos (KIYOTAKI; MOORE, 2005, p. 701 e 703).[12]

É importante salientar que a liberação do crédito denominado *subprime*, assim conhecido como a concessão de empréstimo a tomadores cujo histórico de risco é insuficiente ou irregular, de forma alguma pode justificar uma alavancagem irreal de crescimento ou qualquer colapso no sistema.

---

investors. The banks argued that this would distribute the risks of the global financial system more broadly. If a major borrower went belly-up it would no longer affect the lender as seriously as before." (Tradução livre da autora.)

12. "On the one hand, there may be a limit on how much a private agent can credibly promise to repay someone who provides finance: that is, the degree of bilateral commitment a borrower can make to an initial lender when selling a paper claim. On the other hand, there may be a limit on the extent to which the initial lender can resell the paper to someone else in a secondary market: in effect, the degree of multilateral commitment the borrower can make to repay any bearer of the claim. Multilateral commitment to repay any bearer is generally more demanding than bilateral commitment to repay

Desde o sistema financeiro mais sofisticado ao mais simples, todos conhecem o mecanismo de concessão de crédito em cenários de provável inadimplência, através da elevação do prêmio pelo risco, ou seja, aumentando a *taxa de remuneração* para além do simples custo do capital concedido e/ou estendendo o prazo do financiamento ou do empréstimo.

Não cabem aos desprovidos de suficiente reputação financeira as causas dos desequilíbrios econômicos ou do crescimento irracional do mercado. Pelo contrário, a introdução destes no mercado cria dinâmica e volume aos sistemas econômicos quando bem administrados.

A formação de cenários exuberantes, cuja racionalidade foge ao controle do sistema, se faz através da permissividade atribuída a modelos de multiplicação artificial de valores.

Sobre a ampliação desmedida dos meios de pagamento, vale relembrar:

> Gira dinheiro que representa mercadorias há muito tempo expelidas da circulação. Circulam mercadorias cujo equivalente em dinheiro só vai aparecer no futuro. Além disso, os débitos contraídos cada dia e os pagamentos vencidos no mesmo dia são quantidades entre as quais não se podem fixar proporções. O dinheiro de crédito decorre diretamente da função do dinheiro como meio de pagamento, circulando certificados das dívidas relativas às mercadorias vendidas, com o dom de transferir a outros o direito de exigir o pagamento delas. À medida que se amplia o sistema de crédito, desenvolve-se a função do meio de pagamento exercida pelo dinheiro. Através desta função, adquire formas próprias de existência no domínio das grandes transações, ficando as moedas de ouro e prata geralmente relegadas para o comércio do retalho (MARX, 1984a, p. 154).

---

the initial lender because, as an insider, the initial lender may become better informed about (or develop greater leverage over) the borrower than an outsider. In broad terms, the degree of bilateral commitment in an economy places a bound on the entire stock of private paper, whereas the degree of multilateral commitment determines how much of this paper can circulate." (Tradução livre da autora.)

4.2 A PARTICIPAÇÃO DO MERCADO IMOBILIÁRIO NO DESENVOLVIMENTO DO SISTEMA DE CRÉDITO

Nesta parte da pesquisa, ressalta-se a importância dos mercados imobiliários e da construção civil na determinação das políticas monetárias, atuando tanto no controle de preços como na criação de empregos.

A enorme cadeia produtiva envolvida no mercado imobiliário é capaz de converter o social e o econômico, atendendo a interesses políticos e financeiros concomitantemente, conforme afirma Mishkin (2007, p. 1):

> O mercado imobiliário é, portanto, a preocupação central para os administradores da política monetária. A fim de atingir esses objetivos duplos de estabilidade nos preços e empregabilidade sustentável, esses administradores devem compreender o papel que o mercado imobiliário desempenha no mecanismo de transmissão monetária, caso queiram aplicar os instrumentos de política da forma apropriada.[13]

O envolvimento do mercado imobiliário no processo de alavancagem de renda do consumidor se fez presente, em especial, após a recessão de 1990, denominada *Save & Loan Crisis*. A partir daí, o mercado de letras hipotecárias,[14] chamado de *Mortgages Market Loans*,[15] começou a tomar proporções bastante ampliadas.

---

13. *"The housing market is of central concern to monetary policy makers. To achieve the dual goals of price stability and maximum sustainable employment, monetary policy makers must understand the role that housing plays in the monetary transmission mechanism if they are to set policy instruments appropriately."* (Tradução livre da autora.)

14. Letras hipotecárias – Instrumento financeiro utilizado para financiar certas linhas de crédito imobiliário. Portanto, só podem ser emitidas por instituições autorizadas para esse tipo de financiamento.

15. *Mortgages Market Loans* (Empréstimo hipotecário) – Empréstimo que financia a compra de um imóvel, normalmente com períodos de pagamento específicos e taxas de juros. O tomador (devedor hipotecário) confere ao concessor (credor hipotecário) um ônus sobre o bem como garantia para o empréstimo. O ônus do devedor sobre o bem expira quando a hipoteca é integralizada. (Fonte: Investorwords.com, 2009.)

Um sistema tradicional de créditos hipotecários, normalmente definidos como operações de financiamento lastreadas por ativos reais e asseguradas por instrumentos legais, executaria o fluxo simplificado descrito a seguir:

——Figura 1: ——
Fluxo do Sistema Tradicional de Crédito Hipotecário

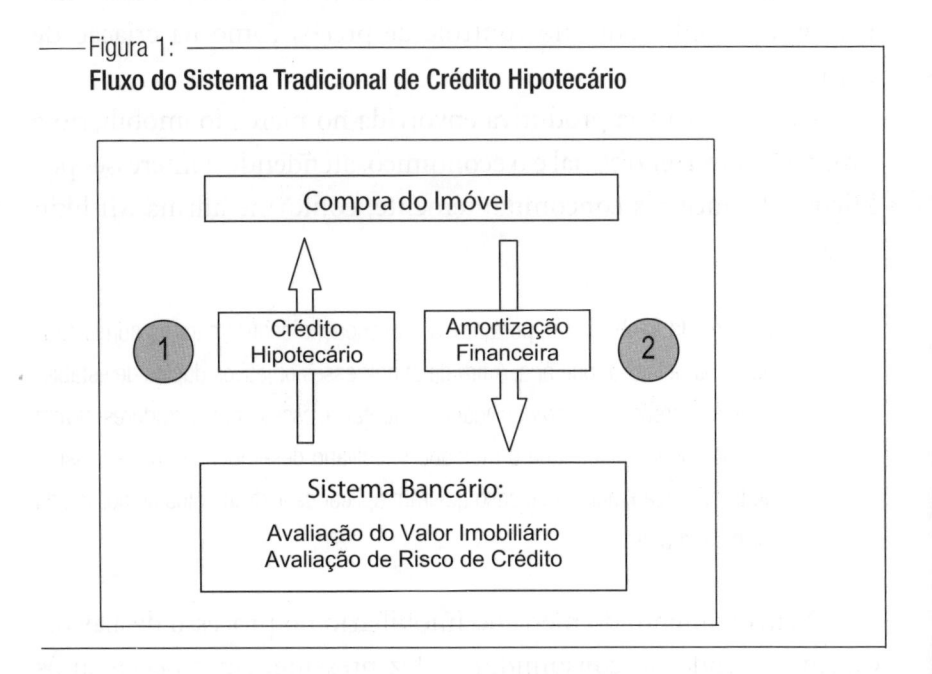

Conforme demonstrado da forma tradicionalmente conhecida, o banco financiaria os créditos hipotecários mediante a possibilidade de contrapartida por parte do investidor, e limitado à sua capacidade de emissão dessa categoria de empréstimo.

Sob o novo modelo, os bancos passaram a vender sua carteira de recebíveis ao mercado de títulos hipotecários, possibilitando a liberação de novas linhas de crédito, transferindo o risco de inadimplência e alterando seus registros contábeis.

No novo modelo, a alavancagem dos créditos hipotecários segue o fluxo descrito a seguir:

Figura 2:
Fluxo do Novo Sistema de Crédito Hipotecário

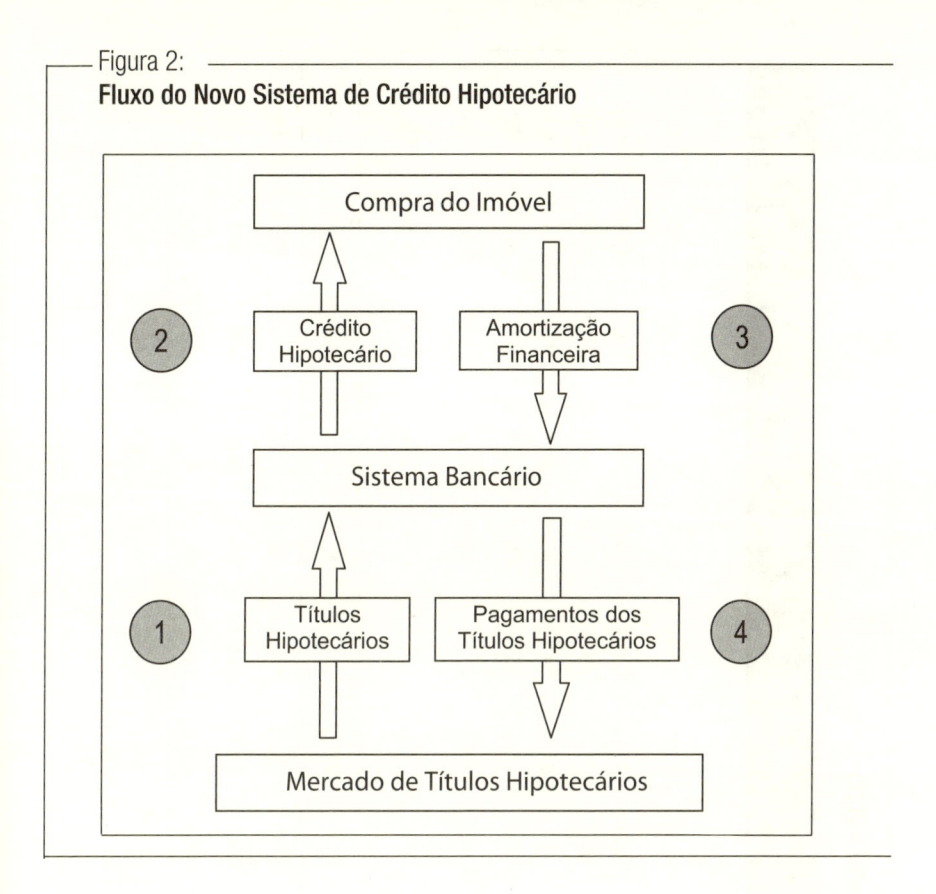

Os dados a seguir especificam os montantes envolvidos no mercado de títulos hipotecários, a partir de 1990.

Tão difícil quanto apreender as diversas formas de alavancagem do consumo e a relação com o crescimento econômico nos Estados Unidos ao final do século XX, é consolidar os dados que comprovam as ocorrências.

As informações dispostas na Tabela 4.3 procuram ressaltar não apenas o crescimento dos créditos hipotecários, mas sobretudo o distanciamento com relação à sua função principal.

Nesse sentido, os créditos perderam a proximidade com o lastro e passaram a ser utilizados como provedores de caixa para o consumo direto.

— Tabela 4.3: —

Estados Unidos – Variação do Crédito Hipotecário – 1990 a 2000

Valores em US$ Bilhões		1990	1991	1992	1993	1994	1995	1996	1997	1998	1999	2000
I. Crédito Hipotecário - Total												
	Crédito Hipotecário Total (A+C+D)	2.615	2.783	2.951	3.113	3.293	3.464	3.691	3.932	4.292	4.714	5.122
A	Crédito Imobiliário	2.331	2.506	2.686	2.855	3.016	3.170	3.361	3.561	3.884	4.255	4.563
B	Variação	155,6	174,8	180,3	169,5	160,5	154,2	191,3	199,3	323,1	371,5	307,8
C	Crédito para Construção	50,2	36,8	28,5	28,3	34,9	34,3	39,0	39,9	46,7	57,4	67,3
D	Outros Créditos	233,9	240,7	236,7	229,2	242,0	259,5	290,9	332,0	361,4	401,8	492,1
E	Amortização dos Créditos Imobiliários	280,5	437,9	776,0	928,9	557,0	417,1	576,0	611,8	1.101,7	916,7	750,6
	Taxa de Amortização (E/A)	12%	17%	29%	33%	18%	13%	17%	17%	28%	22%	16%
F	Fluxo Financeiro (B+E) Destinações	436,1	612,7	956,3	1.098,3	717,5	571,3	767,3	811,2	1.424,8	1.288,2	1.058,4
	Refinanciamento	100,2	241,8	598,4	729,1	293,5	179,8	286,9	319,6	843,5	572,5	300,6
	Taxa de Refinanciamento	23%	39%	63%	66%	41%	31%	37%	39%	59%	44%	28%
	Aquisição de Imóveis	335,9	370,9	357,9	369,2	424,0	391,5	480,4	491,6	581,2	715,7	757,8
II. Imóveis Próprios Convertidos em Caixa		116,5	118,6	109,2	107,4	121,4	157,8	178,6	286,1	316,0	297,1

Fonte: Greenspan e Kennedy (2005).

Os refinanciados foram ampliados, e imóveis livres de qualquer compromisso financeiro eram voluntariamente cedidos ao mercado de títulos hipotecários como forma de se obter maior liquidez.

Tradicionalmente, um refinanciamento é efetuado quando já se possui uma dívida financeira, que é renegociada com o objetivo de se obter melhores taxas, alongar os prazos ou até mesmo auxiliar na sua quitação.

Conforme disposto na Tabela 4.3, os volumes e as taxas de refinanciamento entre os anos de 1990 e 2000 oscilaram ao longo do período, mas em vários momentos ultrapassaram os volumes destinados originalmente à aquisição de imóveis.

A vasta disponibilização de recursos financeiros para o mercado imobiliário via títulos hipotecários levou à elevação do preço dos imóveis devido à explosão da demanda, incentivando os proprietários a levantar fundos a partir de garantias patrimoniais adquiridas e livres de qualquer dívida.

A seguir, as configurações gráficas demonstram as variações dos indicadores citados.

Gráfico 4.5:

Estados Unidos – Evolução dos Créditos Imobiliários – 1990 a 2000

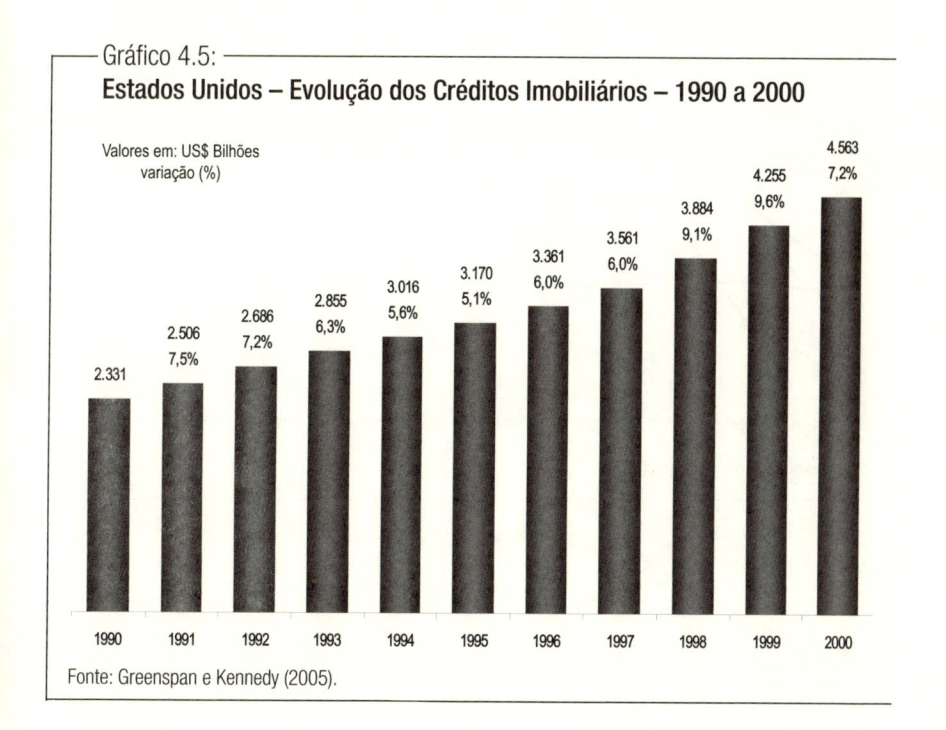

Fonte: Greenspan e Kennedy (2005).

Através da Tabela 4.3 (linha A) e da ilustração feita no Gráfico 4.6, é possível afirmar que as variações dos créditos imobiliários cresceram de forma razoavelmente constante no período analisado, mas não explicariam, por si, as alavancagens explosivas relacionadas ao mercado de títulos hipotecários.

No entanto, as configurações relativas aos refinanciamentos e à obtenção de caixa através da cessão de imobilizados ao crédito apresentaram variações anormais.

Assim sendo, o ônus sob descontroles financeiros caberia, provavelmente, à tentativa de multiplicação dos ganhos, no ponto em que os fluxos financeiros perdem a forma original e passam a ser renomeados e precificados a cada rodada de negociações.

—— Gráfico 4.6: ——

Estados Unidos – Créditos Imobiliários – Destinações – 1990 a 2000

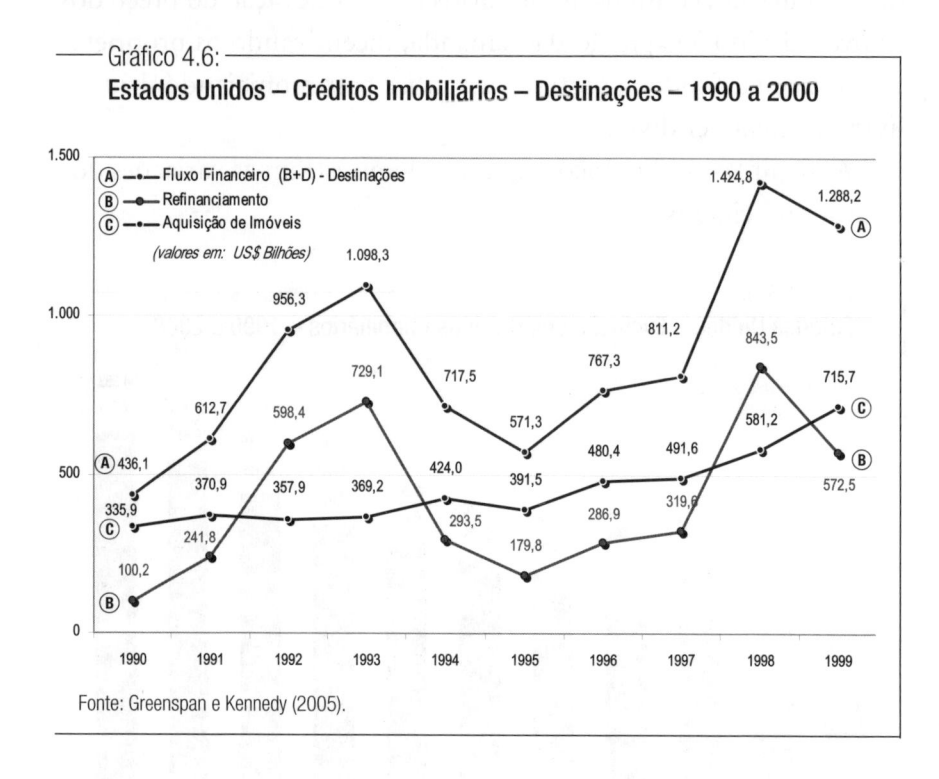

Fonte: Greenspan e Kennedy (2005).

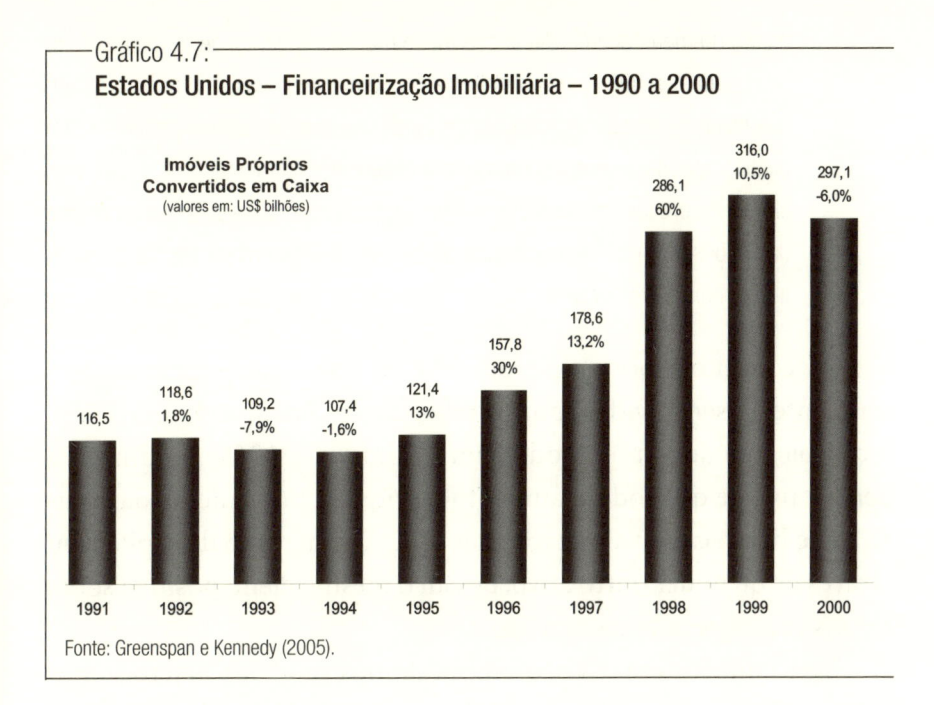

Gráfico 4.7:
Estados Unidos – Financeirização Imobiliária – 1990 a 2000

Imóveis Próprios
Convertidos em Caixa
(valores em: US$ bilhões)

Fonte: Greenspan e Kennedy (2005).

Sobre a importância do mercado imobiliário no fluxo de transmissão dos valores monetários na economia, vale ressaltar o entendimento de Mishkin (2007, p. 9):

> Conforme mencionei anteriormente, a política monetária expansionista de taxas de juros mais baixas estimulará a demanda por moradia, o que poderá levar ao aumento dos preços; por conseguinte, o aumento da renda total estimulará o consumo das famílias e a demanda agregada. Os efeitos-padrão do ciclo de vida próspero operado por meio dos preços dos ativos imobiliários são, então, um elemento importante no mecanismo de transmissão monetária.
>
> A visão do ciclo de vida financeiro que considera que os efeitos de prosperidade causados pela valorização de ativos mobiliários sejam os mesmos daqueles advindos do patrimônio imobiliário foi, todavia, contestada. Uma das colocações defende que o efeito do consumo derivado das mudanças na valorização dos bens imobiliários é mais extenso do que o derivado de outros bens, particularmente os valores mobiliários; os efeitos causados pelo cresci-

mento do mercado imobiliário são muito mais abrangente, de forma geral, do que os do mercado de ações. A teoria econômica e provas empíricas sugerem que níveis de crescimento e valorização do mercado imobiliário podem ter um efeito maior sobre o consumo do que expansões no mercado de ações pelo fato de os preços das moradias serem muito menos voláteis do que os preços das ações. As mudanças na valorização dos imóveis podem ser vistas como muito mais duradouras do que as mudanças no mercado de ações.[16]

Os conceitos sobre ciclo de vida do consumo/poupança, inicialmente desenvolvidos por Modigliani e Brumberg, em 1954, e complementados por Modigliani e Ando, em 1963, conduzem à perspectiva de que todo o aumento de riqueza proveniente da aquisição de imóveis, da valorização das ações no mercado de capitais ou através de qualquer outro ativo, possui o mesmo efeito positivo sobre o consumo agregado da família.

Essa também era a visão embutida nos modelos macroeconômicos utilizados pelo Comitê do Banco Central Norte-Americano, o Federal Reserve Board, ao final do século XX.

Contudo, o processo observado no mercado imobiliário norte--americano, a partir de meados de 1980, contrapõe a possibilidade de que qualquer outra categoria de riqueza agregada possa ter efeito semelhante sobre o crescimento econômico.

---

16. *"As I mentioned earlier, expansionary monetary policy in the form of lower interest rates will stimulate the demand for housing, which leads to higher house prices; the resulting increase in total wealth will then stimulate household consumption and aggregate demand. Standard life-cycle wealth effects operating through house prices are thus an important element in the monetary transmission mechanism.*

The life-cycle view that wealth effects are the same for all types of wealth has, however, been challenged. One objection is that the consumption effect derived from changes in housing wealth should be larger than that derived from other assets, particularly equities, because housing wealth is spread much more evenly over the population than is stock market wealth. If the marginal propensity to consume out of wealth is lower for the rich, as economic theory and empirical evidence suggest (Lusardi, 1996; and Souleles, 1999), then changes in housing wealth might have a larger effect on consumption than changes in stock market wealth. In addition, because house prices are much less volatile than stock prices, changes in housing wealth might be viewed as much longer lasting than changes in stock market wealth, another reason that housing wealth should have a greater effect on consumption than stock market wealth." (Tradução livre da autora.)

As pesquisas realizadas sobre os relatórios emitidos pelo Comitê do Banco Central Norte-Americano, relacionados às estratégias adotadas para o mercado imobiliário a partir da década de 1980, dão conta de que nada fugia à ciência dos responsáveis, tanto no propósito de estimular a economia como no que diz respeito à possibilidade de descontrole dos fluxos especulativos.

> As inovações do mercado de crédito expandiram oportunidades para muitas famílias. Os mercados podem se arriscar muito, mas, enfim, as forças do mercado também trabalham para frear os excessos. Para alguns, a correção articulada pelos mercados pode parecer muito tardia e severa. Mas eu acredito que, no longo prazo, os mercados são melhores na distribuição dos volumes de crédito do que os reguladores. Nós, no Federal Reserve, faremos tudo o que pudermos para impedir a fraude e o empréstimo abusivo, e para garantir que a atividade de concessão de crédito empregue práticas de subscrição sólidas e se comprometam em informar os clientes sobre os riscos. Ao mesmo tempo, devemos estar atentos para não restringir, inadvertidamente, a concessão responsável de crédito ou eliminar as oportunidades de refinanciamento para tomadores abaixo do nível prime. Através dos agentes reguladores e o Congresso, nosso sucesso no equilíbrio desses objetivos terá implicações significativas para o bem-estar financeiro, acesso ao crédito e acesso a moradia para muitos de nossos caros cidadãos (BERNANKE, 2007).[17]

Após a exposição das estratégias de alavancagem do crescimento econômico através da renda e do consumo, utilizadas pelos Estados Unidos ao final do século XX, seguem a descrição das ocorrências

---

17. *"Credit market innovations have expanded opportunities for many households. Markets can overshoot, but, ultimately, market forces also work to rein in excesses. For some, the self-correcting pullback may seem too late and too severe. But I believe that, in the long run, markets are better than regulators at allocating credit. We at the Federal Reserve will do all that we can to prevent fraud and abusive lending and to ensure that lenders employ sound underwriting practices and make effective disclosures to consumers. At the same time, we must be careful not to inadvertently suppress responsible lending or eliminate refinancing opportunities for subprime borrowers. Together with other regulators and the Congress, our success in balancing these objectives will have significant implications for the financial well-being, access to credit, and opportunities for homeownership of many of our fellow citizens."* (Tradução livre da autora.)

observadas no mercado de capitais e a análise dos seguidos fluxos de valorização no período.

4.3 A INFLUÊNCIA DO SISTEMA DE CRÉDITO SOBRE A ATIVIDADE ECONÔMICA AGREGADA E O MERCADO DE TRABALHO

Antes de iniciar a descrição das novas configurações assumidas pelo sistema de crédito junto à formação dos volumes de produção bruta e aos níveis de emprego da mão de obra, vale recordar algumas abordagens valiosas feitas por Keynes e Schumpeter sobre elementos relacionados ao mercado financeiro.

A importância da colocação de conceitos históricos atribuídos a tais economistas se deve não só ao seu valor conceitual, mas à retomada das discussões relacionadas às consequências atribuídas aos processos de desregulamentação econômica e aos ciclos de inovação tecnológica, especialmente a partir de 1980.

Conforme as definições keynesianas elaboradas no pós-guerra, os volumes atribuídos aos níveis de renda, poupança e investimento possuem uma relação entre si.

De acordo com a teoria keynesiana, a renda seria determinada pela somatória dos volumes de consumo e investimento, e a poupança, pelos níveis de renda menos o consumo; portanto: se Renda = Consumo + Investimentos, e Poupança = Renda - Consumo, tem-se que Poupança = Investimento.

> A opção pelo consumo ou não está no poder da pessoa; assim como a decisão de investir ou não. Os montantes de receita e poupança agregadas são os resultados de escolhas livres das pessoas, se consomem ou não, e se investem ou não; No entanto, a escolha entre consumir ou investir não ocorre de maneira independente. A escolha pela propensão em consumir irá, necessariamente, tomar o lugar da propensão ou disposição de economizar (KEYNES, 2002, p. 58).[18]

---

18. *"A decision to consume or not to consume truly lies within the power of the individual; so does a decision to invest or not to invest. The amounts of aggregate income and of aggregate saving are the results of the free choices of individuals whether or not to consume and whether or*

Nessa lógica, o volume de crédito concedido pelo sistema bancário também estaria em equilíbrio com o volume de poupança. A possibilidade de concessão de volumes de crédito adicionais seria dependente da alocação das receitas excedentes ao consumo, feita por consumidores e empreendedores.

No entanto, ao final do século XX, a ampliação do sistema financeiro e a diversificação dos instrumentos relacionados à concessão de crédito determinaram a possibilidade de dissociação entre os volumes de poupança e de investimento.

A partir de 1970, dados empíricos comprovam o desenvolvimento de mecanismos que possibilitaram a substituição de uma estrutura primária de crédito para uma estrutura derivada, na qual os volumes fnanceiros são concedidos sobre a expectativa de recebimentos futuros e não sobre a existência de um lastro real.

Dessa forma, as prerrogativas adotadas por pós-keynesianos consideraram a hipótese sobre a qual o sistema financeiro, ao final do século XX, passou a exercer uma representatividade superior na economia do que a simples intermediação entre os fluxos de captação e a alocação dos excedentes financeiros.

Conforme descrição gráfica, os volumes de crédito concedidos pelo mercado bancário e os volumes de crédito concedidos ao setor privado se mantiveram razoavelmente próximos aos níveis de evolução atribuídos ao Produto Interno Bruto norte-americano, entre os anos de 1970 e 1981. Portanto, se mantiveram em linha, em aproximadamente, 91% do PIB.

Entretanto, a partir de 1982, a curva de crescimento sofreu uma aceleração. Ao final do século XX, o volume de crédito doméstico alocado pelo sistema bancário superou 200% do PIB e o volume de crédito captado pelo setor privado ultrapassou 170% do PIB.

---

not to invest; but they are neither of them capable of assuming an independent value resulting from a separate set of decisions taken irrespective of the decisions concerning consumption and investment. In accordance with this principle, the conception of the propensity to consume will, in what follows, take the place of the propensity or disposition to save." (Tradução livre da autora.)

Gráfico 4.8:
Estados Unidos – Crédito e Poupança – 1970 a 2000

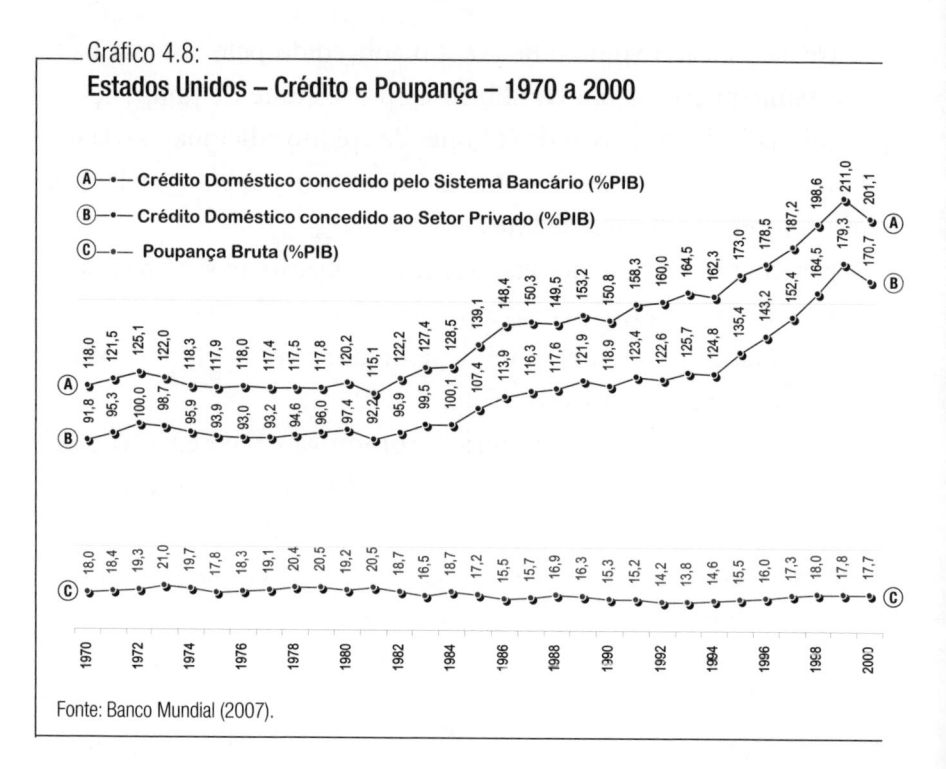

Fonte: Banco Mundial (2007).

Nota 1: O crédito doméstico concedido pelo sistema bancário inclui todo crédito aos diversos setores em base bruta, à exceção do crédito ao governo central, cuja base é líquida. O setor bancário inclui autoridades monetárias e caixas econômicas, assim como outras instituições bancárias cujos dados estão disponíveis (incluindo instituições que não aceitam depósitos por transferência, mas contraem obrigações como depósitos a termo e poupança). Exemplos de outras instituições bancárias são instituições de poupança e empréstimo hipotecário e associações de construção e empréstimo. Fonte: Fundo Monetário Internacional, Estatísticas Financeiras Internacionais e arquivos de dados, e estimativas de PIB do Banco Mundial e OCDE.

Nota 2: O crédito doméstico concedido ao setor privado se refere a recursos financeiros oferecidos ao setor privado, tais como empréstimos, compras de títulos não patrimoniais e créditos comerciais e outros recebíveis, que estabelecem uma demanda para pagamento. Em alguns países, essas demandas incluem o crédito a empreendimentos públicos. Fonte: Fundo Monetário Internacional, Estatísticas Financeiras Internacionais e arquivos de dados, e estimativas de PIB do Banco Mundial e OCDE.

Nota 3: A poupança bruta é calculada como a receita nacional bruta menos o consumo total, mais transferências líquidas. Fonte: Dados de contas nacionais do Banco Mundial e arquivos de dados de contas nacionais da OCDE.

Ainda quanto às argumentações pós-keynesianas sobre a ampliação e o aprofundamento da relação entre o sistema financeiro e os níveis de desenvolvimento econômico, cumpre ressaltar:

> A principal hipótese colocada nessa abordagem atribui ao sistema financeiro um novo papel. Para a economia contemporânea, o sistema financeiro teria se tornado mais do que um intermediário que assegura o fluxo ideal de transferência entre poupança e investimento, aumentando os níveis de poupança (por meio de financiamento), tanto quanto atribuindo sua alocação (por meio dos investimentos). No ponto de vista pós-keynesiano, a eficiência desse sistema é obtida SE houver o usufruto maior dos recursos disponíveis com pouco incremento do risco financeiro e de outros desequilíbrios que possam impedir o processo de desenvolvimento (ZINA; TRIGUI, 2003, p. 1).[19]

As posições mais abordadas sobre Joseph Schumpeter dizem respeito à teoria da "destruição criativa", através da qual se sustenta a hipótese da evolução do capitalismo pontuada por ciclos de inovação e de revolução constantes das estruturas econômicas.

Nessa abordagem, a sociedade viveria constantemente destruindo suas criações em processos cíclicos contínuos. O empreendedor exerce papel fundamental no sistema econômico dinâmico: a ele deve ser dado o prêmio financeiro pela inovação e pelo monopólio temporário do invento.

Embora a literatura trate, geralmente, das contribuições da teoria schumpeteriana com relação à importância atribuída a fatores

---

19. *"The main hypothesis on which this approach is based states that the financial system is more than an intermediary that insures the optimal allocation of savings to investment in that it creates saving (through finance) as much as it allocates it (through funding). In the Post-Keynesian viewpoint, the efficiency of such a system is achieved IF it makes greater use of the resources available for developement with as little increase as possible in financial fragility and other imbalances that may impede the developement process for merely financial reasons."* (Tradução livre da autora.)

reais, como tecnologia, é evidente a relevância imputada pelo autor ao sistema financeiro para o desenvolvimento do sistema capitalista.

Nesse sentido, os méritos de Schumpeter podem também ser atribuídos ao desenvolvimento de uma teoria adequada à natureza e à dinâmica do capitalismo, o que, por vezes, parece não ser compreendido pelos jovens partidários da estabilização, aos moldes propostos pela teoria keynesiana.

> Segundo Schumpeter, se um crédito bancário for difundido por toda a economia, os bancos comerciais poderão flexibilizar os limites monetários impostos sobre a economia e oferecer agentes econômicos com a dinâmica exigida, à medida que a economia se desenvolve, apoiando os processos de inovação. Conforme Schumpeter observa, ao autorizar outros meios de pagamento, os bancos assumem um papel central de forma direta. Entretanto, a história do dinheiro prova que a capacidade dos bancos em exercer papéis centrais abre a possibilidade de abuso. Por esse motivo, níveis apropriados de desregulamentação do setor bancário demandam da política monetária atuação sobre a disponibilidade de recursos no mercado, de acordo com a circunstância. Isso, então, é um motivo adicional pelo qual a administração central do sistema deve ser exercida por instituição externa ao sistema público de contabilidade e compensação (ARENA; DANGEL-HAGNAUER, 2002, p. 215). [20]

Sobre o aspecto revolucionário proposto por Schumpeter às inovações tecnológicas, cabe especular a respeito das características das evoluções tecnológicas obtidas pela sociedade ao final do século XX e como elas influenciaram a amplificação dos fluxos financeiros.

Os desenvolvimentos tecnológicos ao final do século XX modificaram não só as estruturas de produção e os níveis de produtividade,

---

20. "*According to Schumpeter, if bank credit is generalised throughout the economy, it creates a system akin to the pure system of accounting. Commercial Banks thus have the Power to relax the constraint money imposes on the economy, and to provide economic agents with the flexibility they require as the economy develops and undergoes innovation. As Schumpeter notes, by issuing additional means of payment, Banks manage the critical figure not indirectly, but directly. However, as the history of money and banking proves, their capacity to influence*

aos moldes do que o sistema estava acostumado a absorver em ciclos industriais de aproximadamente 18 a 21 anos. As novidades apresentadas à sociedade a partir de 1969 transformaram os fluxos de transmissão e de comunicação, permitiram que o ciclo de vida dos produtos fosse reduzido e, por consequência, que os ciclos de inovação fossem acelerados.

Essa dinâmica demandaria do sistema financeiro uma evolução que proporcionasse maior flexibilidade e agilidade, compatível com o ritmo adquirido pela economia.

O que foi observado ao final do século XX representou mais do que a atualização das estruturas ou a depreciação de algumas formas, foi a modificação das formas de relacionamento humano, que passou a se afastar dos bens tangíveis e aprofundar o acesso a figuras intangíveis.

Estruturas burocráticas de controle e regulamentação do sistema econômico mantiveram-se ligadas aos seus interesses e, dessa maneira, não apresentaram força suficiente para acompanhar os novos fluxos, ou mostraram-se satisfeitas pelas vantagens ou méritos adquiridos por estruturas mais ágeis de evolução.

Sob o ponto de vista desta pesquisa, aspectos ligados à participação do Estado na economia, aos moldes daqueles desenhados pela teoria keynesiana, não têm mais sentido nessa nova dinâmica.

A economia, ao final do século XX, precisou ocupar horizontes maiores não pela sua maior eficiência ou competividade, mas principalmente para viabilizar um sistema econômico baseado na aceleração constante dos ciclos de investimento e compensar as perdas do valor agregado a produtos e serviços.

---

the critical figure invests Banks with such Power as is open to the possibility of abuse. Therefore, some sort of regulation of the banking sector is required, and monetary police will tighten or loosen the money according to circumstance. This, then, in an additional reason why the agency in charge of managing the critical figure must be an institution external to the social accounting and clearing system." (Tradução livre da autora.)

No entanto, a necessidade de formas de regulamentação que ajuízem o funcionamento do sistema ainda persiste, e não deve mais se confundir com o cerceamento das liberdades de mercado.

A partir das análises realizadas, é possível derivar fatores importantes ligados às variações ocorridas no mercado de trabalho em meio ao processo de aceleração do ciclo de criação e destruição dos investimentos ocorridos ao final do século XX.

Considerando-se o ciclo de vida de um empreendimento decomposto nas seguintes etapas: financiamento, quando empreendedores procuram o sistema financeiro em busca de linhas de crédito que viabilizem os custos de implantação de novos projetos em troca da expectativa sobre receitas futuras adicionais; recrutamento, estágio em que o empreendedor teria obtido as formas de financiamento do novo projeto e estaria à procura de trabalhadores que viabilizem a implantanção e o início da operação; criação, etapa em que o empreendedor estaria produzindo e gerando receitas adicionais obtidas pelo novo projeto, que seriam, em parte, utilizadas para remunerar os trabalhadores e restituir os créditos captados junto ao sistema financeiro; e destruição, quando o projeto entra na fase de obsolescência e a relação estabelecida anteriormente para o atendimento dessa obra, entre empreendedor e trabalhador, é destruída.

Conforme descrito acima, quanto mais ágil o período entre a criação e a obsolecência de um projeto, mais volátil se tornam as relações de trabalho e mais efetiva se mostra a dependência do sistema em busca de créditos adicionais junto ao sistema financeiro, que viabilizem a criação de emprego e de renda.

O fato relevante dessa abordagem a ser considerado diz respeito à constatação de que as mudanças nas relações de produção e trabalho se devem, em parte, a aspectos relacionados às características das inovações tecnológicas ocorridas ao final do século XX e ao seu aspecto revolucionário, mas, fundamentalmente, a ampliação e o desenvolvimento do sistema financeiro exerceram papel preponderante e definitivo na configuração de uma nova organização social.

Nesse sentido, concluem Bordo e Jonung (1989, p. 1-2):

> Grande parte da literatura recente considera a inovação do sistema financeiro e sua influência no ritmo da economia como se fosse um fenômeno dos anos 1970. Acreditamos que tal perspectiva de curto prazo é enganosa. Os eventos dos últimos quinze a vinte anos podem, proveitosamente, ser entendidos no contexto de longo prazo. A partir dos dados disponíveis, consideramos o desenvolvimento do sistema financeiro e, de maneira geral, fatores institucionais determinantes na alteração do comportamento dos ciclos.[21]

---

21. *"Much of the recent literature has treated financial innovation and its affects on velocity as if it were a phenomenon of the 1970's. We believe that such a short-run perspective is misleading. The events of the past 15 to 20 years may fruitfully be understood within the context of long-run picture. We make the case that financial development and more generally, institutional factors have been important determinant of the long-run behavior of velocity for as far backin history as data can be found."* (Tradução livre da autora.)

O MERCADO NORTE-AMERICANO E SUAS ESTRATÉGIAS

O MERCADO DE CAPITAIS E A MULTIPLICAÇÃO DO VALOR DOS ATIVOS

O quinto capítulo segue com o aprofundamento das informações e análises relativas ao processo de alavancagem dos fluxos financeiros no mercado, agora especialmente relacionadas à determinação dos valores mobiliários, expressos através das ações de companhias abertas negociadas no mercado de capitais entre os anos de 1970 e 2000.

Consequentemente, no transcorrrer desta abordagem, há pesquisas relacionadas ao nível e à confiabilidade das informações disponibilizadas aos investidores como parâmetro de precificação.

Entre outras avaliações, o leitor poderá analisar o nível de capitalização bursátil, assim entendido como a relação entre os valores considerados no mercado aberto e aqueles obtidos através da economia real.

Em complemento, são apresentadas as variações ocorridas no orçamento públi-co norte-americano entre os anos de 1970 e 2000, destacada a mobilidade dos volumes entre períodos de déficits históricos e superávits vigorosos, dentro de um perfil de volatilidade próximo daqueles níveis permitidos apenas em fluxos líquidos de baixo comprometimento com o longo prazo.

Por fim, são apresentados os argumentos que buscam sustentar a hipótese defen-dida nesta pesquisa, fundamentalmente relacionada à necessidade e à irreversibi-lidade do processo de aprofundamento dos mecanismos financeiros na promoção do desenvolvimento econômico aos moldes dos desafios propostos ao final do século XX, resguardados os padrões éticos de intermediação dos interesses.

5.1 OS CICLOS DE OPORTUNISMO NO MERCADO DE CAPITAIS: DA EXUBERÂNCIA À ORGIA ESPECULATIVA

O crescimento econômico observado no mercado norte-americano ao final do século XX, assim como a sua configuração extraordinária, teve razões que possivelmente extrapolam o simples aumento da eficiência do sistema produtivo.

De outra forma, se o economista considerar a Bolsa de Valores um dos termômetros do mercado, diria que o final do século XX nos Estados Unidos foi um dos períodos de maior prosperidade de sua história.

O índice *Dow Jones Composite Average*,[1] formado a partir do desempenho em mercado aberto das ações de 65 companhias dos setores industrial, de transportes e serviços, variou de 238,3 pontos, registrados ao final de 1979, para 3.214,4 pontos ao final do ano 2000. A variação positiva de 977,5% do índice *Dow Jones* contrapõe a elevação de 109% do índice de preços ao consumidor no período.

O Gráfico 5.1 ilustra as variações alcançadas pelo índice *Dow Jones Composite Averages* entre os anos de 1949 e 1999.

---

1. *Dow Jones Composite Average* (Média de Composição Dow Jones): As médias dos índices Dow Jones da Indústria, Transporte e Serviços Públicos são mantidas e revistas pelos editores do *Wall Street Journal*. Para fins de continuidade, as mudanças na composição são raras e, no geral, ocorrem apenas após aquisições corporativas ou outras mudanças drásticas no negócio central de um componente. Quando um evento necessita que um componente seja substituído, todo o índice é revisto. Como resultado, mudanças múltiplas em componentes são muitas vezes implementadas simultaneamente. Enquanto não há regras para a seleção de um componente, uma ação normalmente é adicionada apenas se tiver excelente reputação, demonstrar crescimento sustentável, for de interesse para um grande número de investidores e precisamente representar o(s) setor(es) abrangido(s) pela média. Cálculo: As médias da Dow Jones são únicas, uma vez que são ponderadas ao preço e não à capitalização de mercado. Os pesos de seus componentes são, portanto, afetados apenas por mudanças nos preços das ações, em contraste aos outros pesos de índices que são afetados por mudanças no preço e mudanças no número de ações em circulação. Quando as médias foram inicialmente criadas, seus valores eram calculados simplesmente adicionando-se os preços das ações dos componentes e dividindo pelo número de componentes. Posteriormente, a prática de ajuste do divisor foi iniciada para facilitar os efeitos das cisões de ações e outras ações sociais. (Fonte: Dow Jones Indexes, 2008a.)

Gráfico 5.1:
Mercado de Ações Norte-Americano – *Dow Jones Composite Averages* (DJCA) – 1950 a 2000

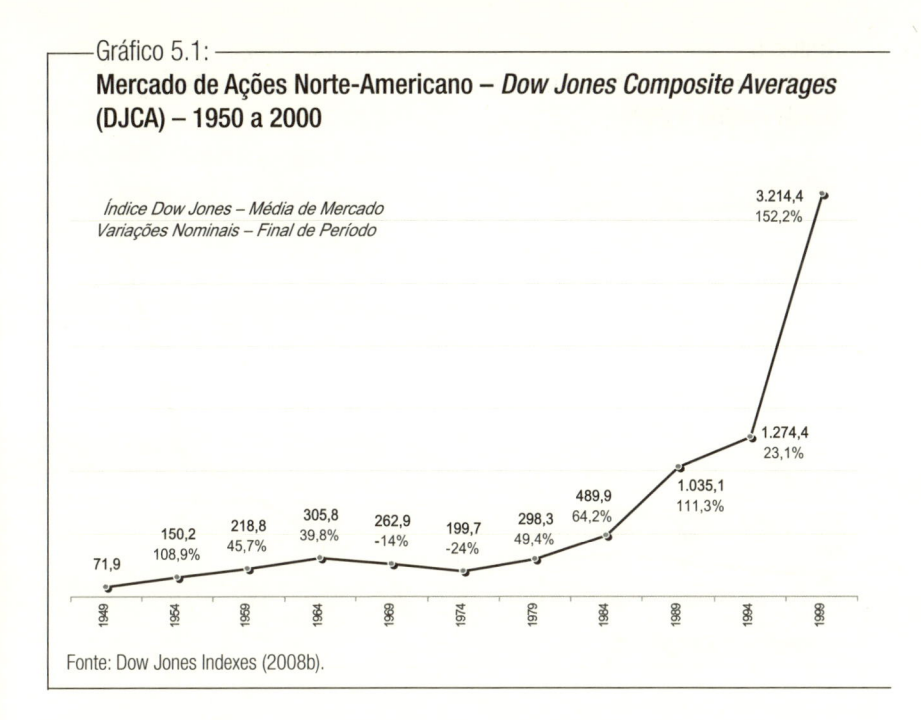

Índice Dow Jones – Média de Mercado
Variações Nominais – Final de Período

Fonte: Dow Jones Indexes (2008b).

A considerar o esgotamento dos processos de acumulação industrial, reconhecido a partir da década de 1970, ele deveria encontrar reflexo na valorização específica das ações envolvidas no setor.

No entanto, segregada a representação industrial do *Dow Jones Composite Average*, representada pelo *Dow Jones Industrial Average*,[2] tem-se a impressão de um período de plena expansão industrial. Na década de 1980, a variação do *Dow Jones Industrial Average* foi de 228,3% e na década de 1990, de 317,6%.

---

2. *Dow Jones Industrial Averages* (Média Industrial Dow Jones): É um índice das 30 ações mais valiosas norte-americanas. Em um pouco mais de cem anos, é o índice de mercado contínuo norte-americano mais antigo. É chamado de "média" porque originalmente era calculado adicionando-se os preços das ações e dividindo-se pelo número de ações – o primeiro preço médio de ações da indústria, em 26 de maio de 1896, foi de 40,94. A metodologia permanece a mesma hoje, mas o divisor foi alterado para preservar a continuidade histórica. (Fonte: Dow Jones Indexes, 2008a.)

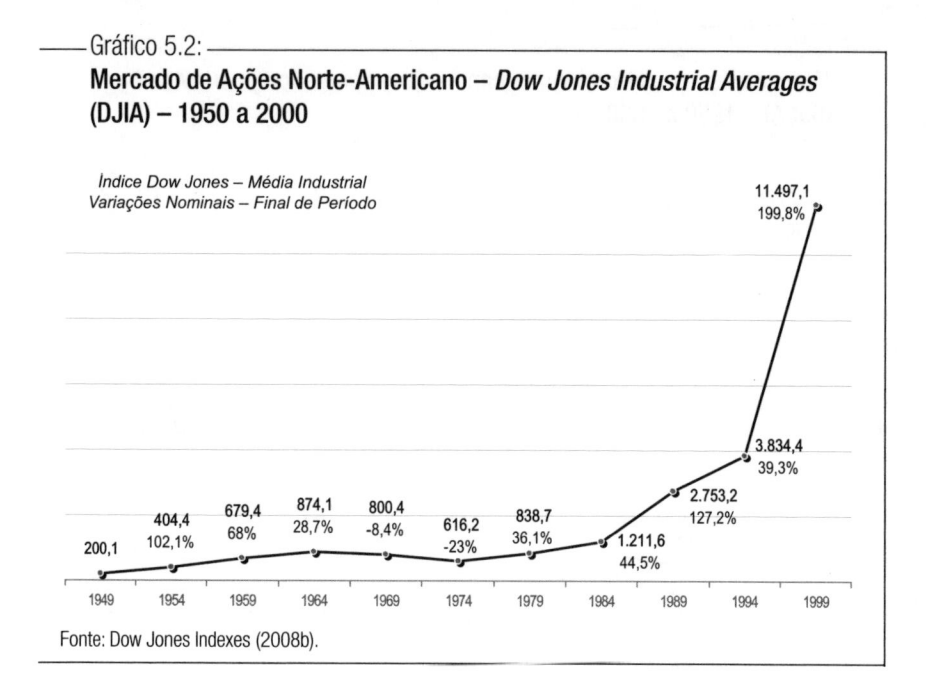

—— Gráfico 5.2: ——

Mercado de Ações Norte-Americano – *Dow Jones Industrial Averages* (DJIA) – 1950 a 2000

Indice Dow Jones – Média Industrial
Variações Nominais – Final de Período

11.497,1
199,8%

3.834,4
39,3%

2.753,2
127,2%

874,1
28,7%

800,4
-8,4%

679,4
68%

404,4
102,1%

838,7
36,1%

616,2
-23%

200,1

1.211,6
44,5%

| 1949 | 1954 | 1959 | 1964 | 1969 | 1974 | 1979 | 1984 | 1989 | 1994 | 1999 |

Fonte: Dow Jones Indexes (2008b).

Como parâmetro de comparação, as mesmas representações expressas através do *Dow Jones Industrial Average* variaram 239,5% na década de 1950; 17,8% na década de 1960; e 4,8% na década de 1970.[3]

Contudo, assim como nos meios produtivos, o crescimento extraordinário do mercado de capitais norte-americano não ocorreu de forma constante, mas acompanhou um ritmo frenético de volatilidade, conforme demonstrado a seguir, pelos valores dispostos no Gráfico 5.3.

As variações apresentadas pelo mercado de capitais entre os anos de 1970 e 2000 não puderam ser justificadas ou relacionadas às ocorrências históricas ou a fatores econômicos descritos anteriormente.

Outros instrumentos se prestaram à formação de ciclos contínuos de alavancagem e desvalorização no mercado de capitais, envolvendo

---

3. As bases históricas relativas ao *Dow Jones Industrial, Transportation and Utility Averages* são mantidas e revisadas pelo *Wall Street Journal*.

Gráfico 5.3:

Mercado de Ações Norte-Americano – *Dow Jones Industrial Averages* (DJIA) – 1970 a 2000

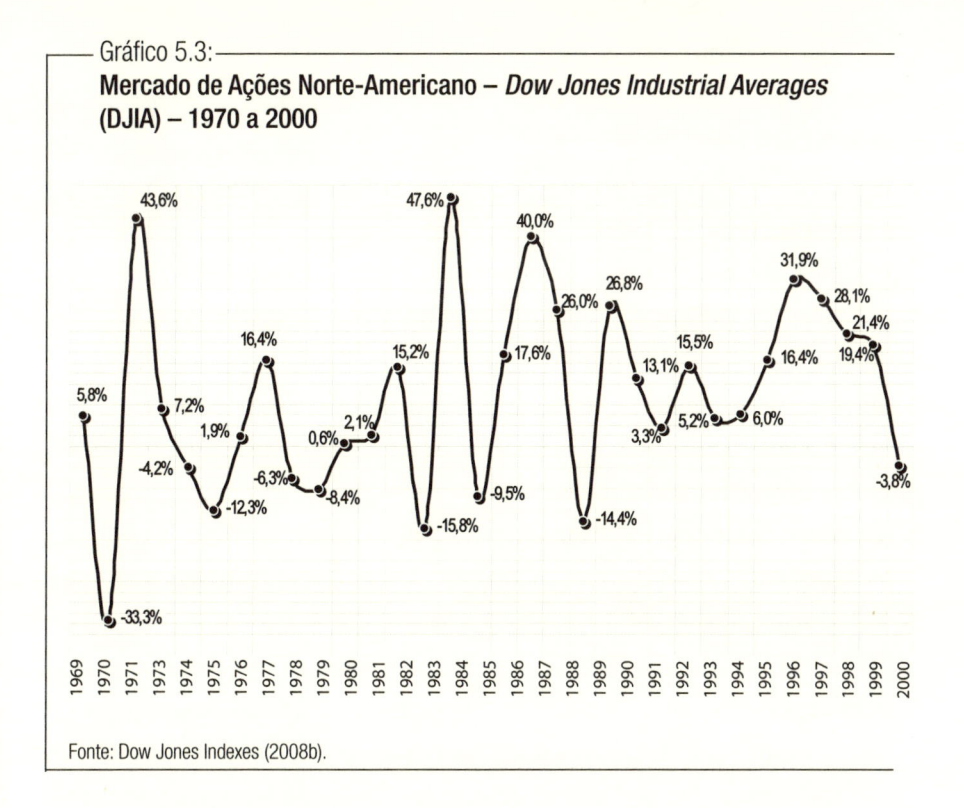

Fonte: Dow Jones Indexes (2008b).

tanto a sociedade comum, incentivada a depositar suas economias, como as corporações, sob possibilidade de ganhos extraordinários junto às Bolsas de Valores.

Do ponto de vista social, cidadãos comuns passaram a se relacionar com o mercado de capitais como se, em meio a um quadro de orgia especulativa, pudessem ser resguardadas as suas economias ou confiados os seus planos de aposentaria.

Em verdade, as fortes variações com as quais o mercado de capitais norte-americano se viu habituado a lidar ao final do século XX, envolvendo curtos períodos de fortes altas e baixas, foram alimentadas basicamente pela desinformação e pelo mascaramento dos resultados econômicos.

Dessa forma, discursos e justificativas imprecisas eram dados nos períodos de queda dos preços, assim como técnicas de análise cada vez mais sofisticadas se prestavam a garantir o controle sobre possíveis excessos especulativos.

Nas fases de queda dos preços dos ativos no mercado de capitais, burocratas, economistas e técnicos se mostravam tão surpreendidos quanto um leigo. Na incerteza, assumiam o papel de "pregadores do Apocalipse", sempre prontos a comparar os momentos de depressão à histórica crise de 1929.[4]

Nos momentos de euforia especulativa no mercado de capitais, eles se valiam de "*scripts*" tecnicamente sofisticados, capazes de assegurar teoricamente o controle sobre flutuações excessivas de preços ou mesmo ocultar o tamanho do risco embutido nas operações.

O óbvio descasamento entre a riqueza possível e a riqueza apressada, de roldão, pode ser observado com nitidez, sem grandes derivações técnicas. Duas dessas formas incongruentes serão demonstradas a seguir.

A primeira se estabelece quando o volume monetário negociado nas Bolsas de Valores é comparado ao volume monetário gerado pela economia real. Dito em outras palavras, quando se estabelece a relação entre o PIB e o valor de mercado de todas as ações que são cotizadas na Bolsa de Valores de um determinado mercado, denominado capitalização bursátil.

Historicamente, o valor de mercado de todas as empresas cotadas nas Bolsas de Valores ficaria em um patamar entre 35% e 55%

---

4. Crise de 1929 – Considerada o mais profundo e extenso processo de recessão econômica da era moderna. A data de 24 de outubro de 1929 ficou marcada como o início da Grande Depressão, quando valores de ações na Bolsa de Valores de Nova York (NYSE) caíram drasticamente, desencadeando seguidos períodos de colapso, entre eles, a Quinta-Feira Negra (24/10/1929), seguida da Segunda-Feira Negra (28/10/1929) e da Terça-Feira Negra (29/10/1929). O quadro de depressão econômica se prolongaria por toda a década de 1930, com reflexos profundos sobre o desaquecimento da economia mundial. "Alguns anos, assim como alguns poetas, políticos e mulheres adoráveis, recebem destaque por sua fama muito além do que a média comum, e 1929 foi claramente um ano dessa sorte. Assim como 1066, 1776 e 1914, é um ano do qual todos se lembram. Alguém entrou na universidade antes de 1929, casou-se após 1929 ou nem era nascido em 1929, o que indica total inocência. O ano de 1929 tornou-se uma referência rápida para os eventos daquele outono. Por uma década, sempre que os norte-americanos ficavam aflitos com a dúvida quanto à durabilidade de seu estado atual de prosperidade, eles se perguntavam se 1929 voltaria com tudo novamente...

do PIB. Supondo que, em tempos de tecnologia avançada, em que as operações possam ser transitadas com uma velocidade inédita, a relação citada autorizasse a elevação do patamar para níveis de 70% a 80% do PIB.

Conforme disposto na Tabela 5.1, comparando os volumes totais operados nas Bolsas de Valores norte-americanas aos valores agregados de produção obtidos entre os anos de 1988 e 2000, o nível de capitalização bursátil caminha de forma crescente até superar a totalidade do PIB nacional ao final do século XX.

A primeira coluna da Tabela 5.1 relaciona os volumes de produção agregada bruta. Considerado o período entre 1988 e 2000, o PIB norte-americano cresceu 92,8%, uma variação monetária equivalente a US$ 4,70 bilhões.

A segunda coluna apresenta os volumes monetários totais negociados nas Bolsas de Valores norte-americanas. No período, o montante financeiro negociado aumentou 1.753%, uma variação no volume de circulação equivalente a US$ 30.143 bilhões.

E mesmo após um quarto de século, esse ainda é um ano com personalidade política singular. Entre 1925 e 1929, o número de estabelecimentos fabris aumentou de 183.900 para 206.000; o valor da produção subiu de US$ 60 bilhões para US$ 68,9 bilhões. A produção industrial do índice do *Federal Reserve*, que ficou na média dos 67 em 1921 (1923-5 = 100), subiu para 110 em julho de 1928, atingindo os 126 em junho de 1929. Em 1926, foram produzidos 4.301.000 automóveis. Três anos depois, em 1929, a produção havia crescido mais de 1 milhão, para 5.700.000 registros de novos carros do opulento ano de 1953. O lucro comercial crescia rapidamente e era um bom tempo para estar no negócio. De fato, mesmo as histórias mais pessimistas da era reconheciam, tacitamente, que os tempos eram bons, pois quase todos eles se uniram para acusar o presidente Coolidge por esse insucesso para ver que era muito bom para durar. Essa noção de uma remuneração legal de ferro – a noção de que os dez bons anos da década de vinte tinham de ser pagos com dez anos ruins na década de trinta – é a que será vantajosa para retornar. Após a Grande Quebra veio a Grande Depressão, que durou, com gravidade variada, por outros dez anos. Em 1933, o Produto Interno Bruto (produção total da economia) foi quase um terço inferior ao PIB de 1929. Não até 1937, quando o volume físico da produção se recuperou aos níveis de 1929, e então, abruptamente, decaiu mais uma vez. Até 1941, o valor em dólares da produção permaneceu inferior ao de 1929. Entre 1930 e 1940, apenas uma vez, em 1937, a média de desemprego durante o ano caiu para menos dos oito milhões. Em 1933, quase treze milhões ainda estavam desempregados ou cerca de um a cada quatro na força de trabalho. Em 1938, uma a cada cinco pessoas ainda estava sem emprego." (GALBRAITH, 1992, p. 25, 31 e 186.)

Os dados fornecidos em seguida discriminam a relação entre a produção bruta e a quantidade de trabalho disponível (representada pela divisão entre PIB e PEA), e a relação entre a produção agregada e os volumes negociados no mercado de capitais.[5]

A relação entre PIB e PEA no período variou em torno de 65%, enquanto os volumes de capitalização bursátil evoluíram de 34% em 1988, para 326% em 2000.

Embora o volume de produção agregada atribuída à quantidade de trabalhadores ativos (PIB por PEA) não encontre relação direta com os níveis de capitalização bursátil, a contraposição desses indicadores pretende apenas comparar os níveis de eficiência econômica atribuídos pela quantidade de trabalho disponível e os níveis de eficiência presumidos pelo capital aberto.[6]

---

5. Mercado de capitais – Conjunto de sistemas autorizados para a realização de negociação de compra e venda de títulos e valores mobiliários. Entre os principais valores mobiliários negociados no mercado de capitais estão as ações (títulos nominativos negociáveis que representam, para quem as possui, uma fração do capital social de uma empresa); os bônus de subscrição (títulos nominativos negociáveis que conferem ao seu proprietário o direito de subscrever ações do capital social da companhia emissora, nas condições previamente definidas); e as debêntures (títulos nominativos negociáveis representativos de dívida de médio/longo prazos contraída pela companhia perante o credor, nesse caso chamado de debenturista).

6. Capital aberto – Empresa de capital aberto é aquela cujo capital social é representado em ações livremente transacionáveis, sem necessidade de escritura pública, estando cotadas em uma Bolsa de Valores.

— Tabela 5.1:

Estados Unidos – Capitalização Bursátil – 1988 a 2000

	PIB - (a)	Volume Total Negociado no Mercado de Capitais - (b)	PEA - (c)	PIB e PEA - (a/c)	PIB e PEA - (a/c)	Capitalização Bursátil - (b/a)
	(US$ corrente)	(US$ corrente)	Quantidade Total	(US$ corrente)	variação %	
1988	5.063.900.135.424	1.719.730.962.432	126.257.264	40.108		34,0%
1989	5.441.699.971.072	2.015.543.951.360	128.343.499	42.399	5,7%	37,0%
1990	5.757.200.236.544	1.751.251.943.424	129.302.014	44.525	5,0%	30,4%
1991	5.946.900.217.856	2.183.909.998.592	130.114.464	45.705	2,7%	36,7%
1992	6.286.799.798.272	2.081.657.978.880	132.181.567	47.562	4,1%	33,1%
1993	6.604.300.222.464	3.354.961.117.184	133.595.000	49.435	3,9%	50,8%
1994	7.017.499.983.872	3.564.315.082.752	135.767.582	51.688	4,6%	50,8%
1995	7.342.300.069.888	5.108.591.000.000	137.581.897	53.367	3,2%	69,6%
1996	7.762.299.846.656	7.121.487.000.000	139.675.370	55.574	4,1%	91,7%
1997	8.250.900.086.784	10.216.074.000.000	141.933.823	58.132	4,6%	123,8%
1998	8.694.599.778.304	13.148.480.000.000	144.016.956	60.372	3,9%	151,2%
1999	9.216.199.753.728	18.574.100.000.000	145.921.492	63.159	4,6%	201,5%
2000	9.764.800.036.864	31.862.485.224.522	147.830.609	66.054	4,6%	326,3%

Fonte: Banco Mundial (2007).

As configurações gráficas apresentadas a seguir procuram representar os desequilíbrios entre os níveis de produção agregada e o diferencial especulado no mercado de capitais.

—— Gráfico 5.4: ——

Estados Unidos – Capitalização Bursátil – 1988 a 2000

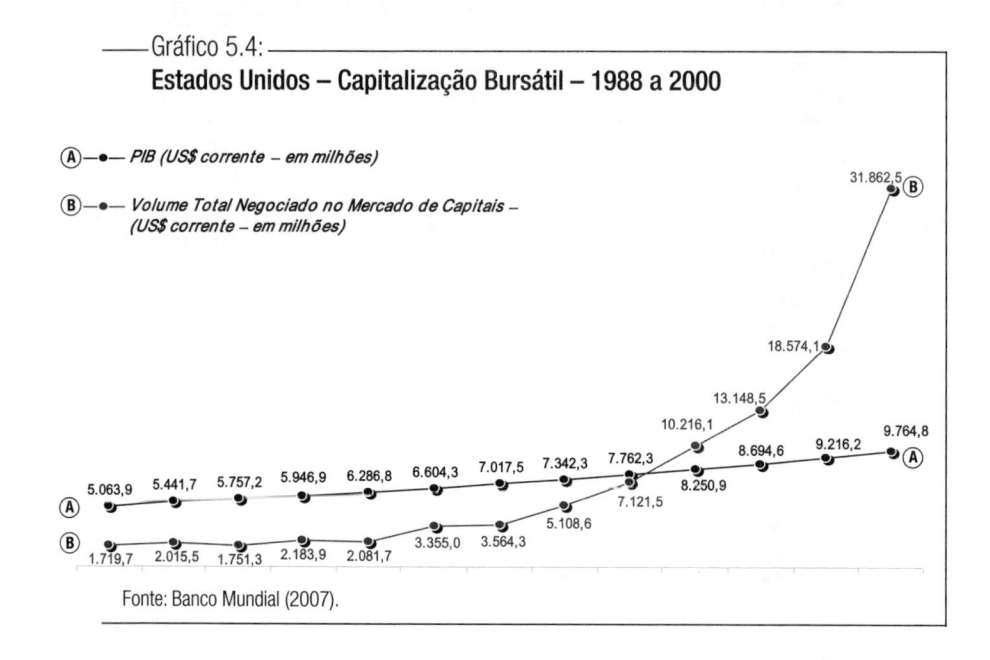

Fonte: Banco Mundial (2007).

—— Gráfico 5.5: ——

Estados Unidos – Capitalização Bursátil – 1988 a 2000

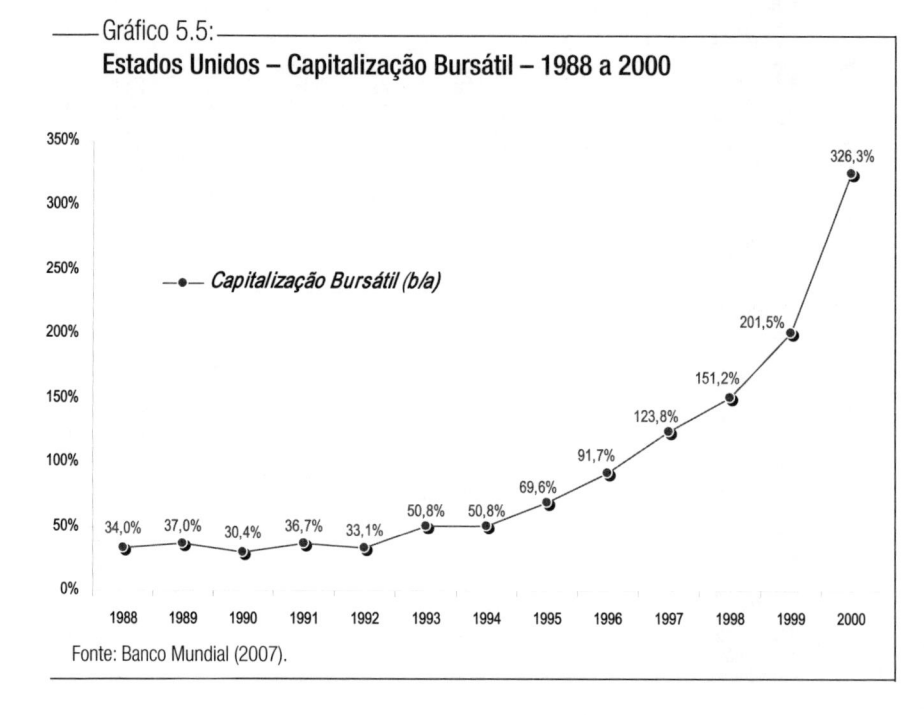

Fonte: Banco Mundial (2007).

A segunda forma de verificação dos níveis de descasamento entre a riqueza possível e a riqueza apressada, obtida por fluxos especulativos junto ao mercado de capitais, pode ser através do método de verificação utilizado por Shiller (2005).

Nesse caso, é comparado o preço dos ativos nas Bolsas de Valores norte-americanas, no período entre 1970 e 2000, com os respectivos resultados financeiros obtidos pelas empresas de capital aberto no mesmo período.

A comparação desses fatores será feita pela utilização dos seguintes indicadores: *Real S&P Composite Stock Price Index*[7] e *Real S&P Composite Earnings.*[8]

Elaborado pela empresa norte-americana Standard & Poor's (uma das principais provedoras de dados, avaliações e análises sobre investimentos do mercado de capitais), o *Real S&P Composite Stock Price Index* é um índice relacionado ao desempenho das Bolsas de Valores, que aborda em sua composição as 500 maiores indústrias da economia norte-americana.

O índice *Real S&P Composite Earnings,* por sua vez, é obtido pela divisão do resultado líquido apresentado pela empresa e o respectivo número de ações negociado em Bolsa de Valores.[9]

---

7. Metodologia – O S&P 500 é um índice de mercado norte-americano que propicia aos investidores uma ideia da oscilação geral do mercado de títulos nos Estados Unidos. O valor do S&P 500 muda constantemente com base na oscilação das 500 ações que o compõe. O índice é calculado pela capitalização média ponderada do mercado. Essa metodologia calcula a capitalização de mercado de cada componente do índice. É obtido considerando o número de ações em circulação de cada empresa e multiplicando esse número pelo preço atual da ação da empresa ou pelo valor de mercado. (Fonte: Standard & Poor's, 2008.)

8. *S&P Composite Earnings* – Expressa pela P/E (*price by total earnings ratio*), ou seja, o lucro total da empresa dividido pelo número de ações negociadas no mercado de capitais.

9. Bolsas de Valores – São locais que oferecem condições e sistemas necessários para a realização de negociação de compra e venda de títulos e valores mobiliários. Possui a atividade de autorregulação, que visa a preservar elevados padrões autorizados de negociação e divulgar ao mercado as operações executadas.

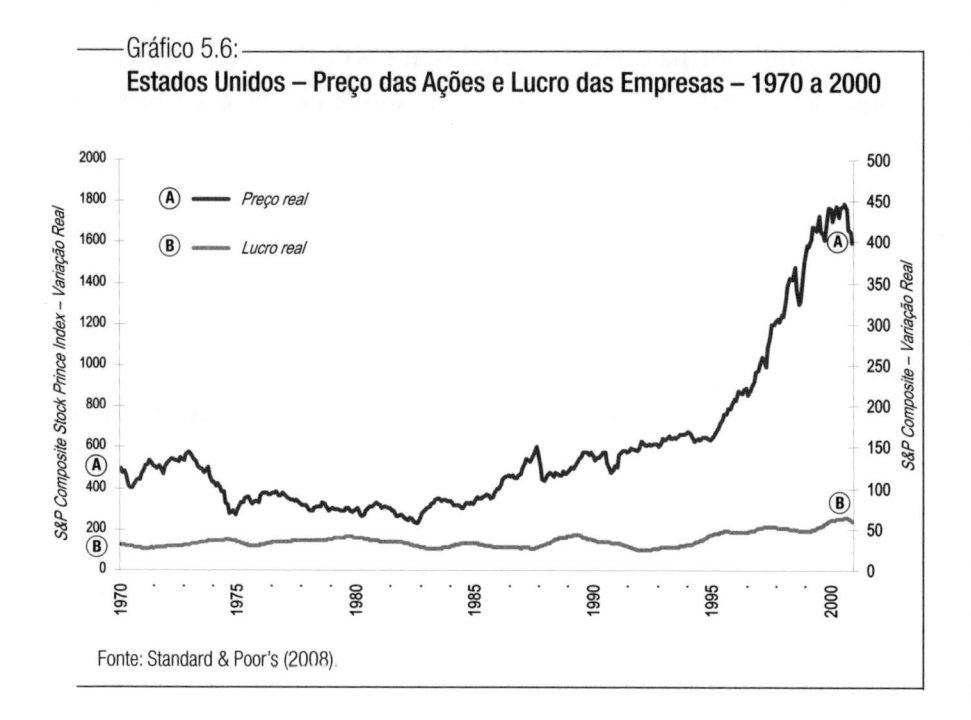

Gráfico 5.6:
Estados Unidos – Preço das Ações e Lucro das Empresas – 1970 a 2000

Fonte: Standard & Poor's (2008).

As linhas dispostas no Gráfico 5.6 apresentam o distanciamento entre os resultados financeiros obtidos pelas principais empresas de capital aberto negociadas no mercado norte-americano e os respectivos preços de mercado atribuídos a elas nas Bolsas de Valores.

Ainda que especialistas possam ressaltar as peculiaridades relacionadas aos preços das ações que, por ventura, possam embutir a estimativa de resultados futuros positivos, crescimentos econômicos excepcionais ou valores imputados como *prêmio pelo risco* assumido pelo investidor, mesmo assim tornaram-se claramente excessivos os distanciamentos assumidos entre os valores econômicos e os preços atribuídos.

Em seu livro *Irrational exuberance*, Shiller (2005, p. 2) também ressalta o fator psicológico relacionado à euforia contagiante pela qual os investidores são tomados de forma crescente, conforme descrito a seguir:

> Exuberância irracional é a base psicológica de uma bolha especulativa. Defino bolha especulativa como uma situação na qual as notícias sobre preço aumen-

tam e trazem uma classe cada vez maior de investidores. Estes, apesar das dúvidas sobre o valor de um investimento, se sentem atraídos, parte por cobiça ao sucesso alheio e parte pela excitação dos jogadores. [10]

As pesquisas comportamentais sobre o mercado financeiro tanto abordam a importância dos ciclos de euforia, que envolvem os investidores em determinados períodos de altas constantes no mercado de capitais, como também procuram descrever os procedimentos de melancólicos observadores que insistem em desconfiar de tamanha abundância.

O Gráfico 5.7 compõe uma extensão da análise anterior, remontando a taxa Preço e Lucro Real *(Price per Real Earnings Ratio)*, ao longo de todo o século XX:

Gráfico 5.7:

Estados Unidos – Índice Stand & Poor's Histórico – Preço/Lucro Real – 1900 a 2000

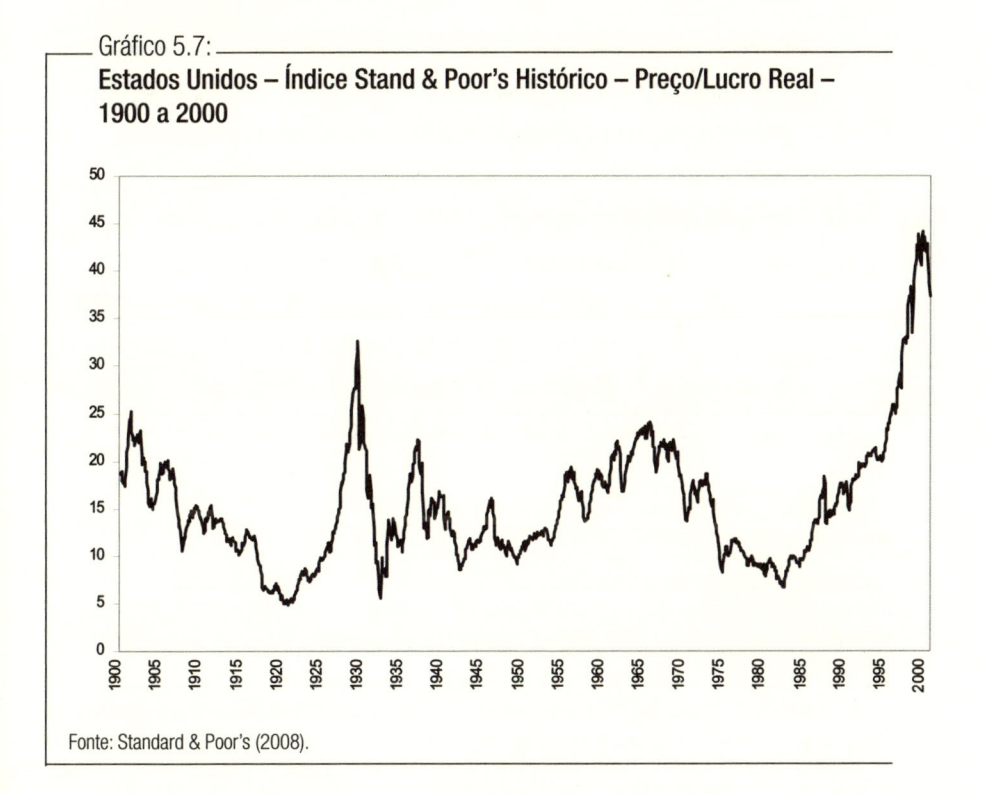

Fonte: Standard & Poor's (2008).

---

10. *"Irrational exuberance is the psychological basis of a speculative bubble. I define a speculative bubble as a situation in which news of price increases and bringing in a larger and larger class of*

Conforme descrito graficamente, a alavancagem assumida pelo mercado de capitais norte-americano, a partir da década de 1980, alcançou níveis superiores aos observados ao longo da crise de 1929.

As constantes valorizações ocorridas no mercado de capitais durante as décadas de 1980 e 1990 causaram em muitos a sensação de enriquecimento, como se fosse possível acumular fortunas além das fronteiras do trabalho e além daquilo que pudesse ser visto ou contabilizado como material.

> No final dos anos 1980, começo dos anos 1990, os downsizings empresariais tiveram o efeito de reduzir a percepção de segurança dos trabalhadores e geraram uma mudança no modo como viam suas vidas. A experiência de ser demitido ou, ao menos, saber que outros eram dispensados, foi muitas vezes vista como uma violação de um pacto de lealdade implícito entre empregado e empregador. Essa experiência incentivou trabalhadores a assumirem o controle de suas próprias vidas e a confiarem menos nos empregadores, para se tornarem, em efeito, entidades econômicas deles próprios em vez de partes de uma organização econômica maior. As pessoas passaram a perceber que, buscando investimentos especulativos, poderiam, de fato, constituir para si mesmas um novo negócio – eram, enfim, o seu próprio chefe. Um trabalho que parece prover renda derivada da interação com o mundo livre, e não de sua dependência para com uma organização (SHILLER, 2005, p. 34).[11]

---

investors. Who, despite doubts about the value of an investment, are drawn to it party through envy of others successes and party through a gambler's excitement." (Tradução livre da autora.)

11. *"In the late 1980s and early 1990s, corporate downsizings had the effect of reducing workers sense of job security and led to change in the way they viewed their lives. The experience of being laid off, or at least of knowing others who had been, was often viewed as a violation of an implicit pact of loyalty between employee and employer. Such an experience encouraged workers to take control of their own lives and to rely less on employers, to become in effect economic entities into themselves rather than parts of a larger economic organization. People came to see that by pursuing speculative investments, they can in effect create for themselves a second job – one where they are, at last, their own boss. And in many cases it is a job that seems to provide income derived from their direct interaction with world at large, not from their dependence on an organization."* (Tradução livre da autora.)

Em meio ao deslumbramento, a informação foi desprezada pelos investidores, a verdade foi ocultada pelo mercado e os líderes ensurdeceram diante do mérito que lhes era imputado. Como se a história já não lhes tivesse advertido das consequências causadas pela omissão e pela trapaça: "Podeis enganar toda a gente durante certo tempo; podeis mesmo enganar algumas pessoas todo o tempo; mas não vos será possível enganar sempre toda a gente".[12]

A seguir, são analisadas as estratégias adotadas pela "única superpotência do planeta ao fim da 'Guerra Fria', tanto do ponto de vista econômico, quanto do ponto de vista militar".[13]

5.2 GESTÃO ORÇAMENTÁRIA E O CRESCIMENTO ECONÔMICO NOS ESTADOS UNIDOS: O ILUSIONISMO FISCAL

A política de *"laissez-faire"* apregoada ao final do século XX pelos Estados Unidos, em substituição à doutrina keynesiana do pós-guerra, prestou-se muito menos à defesa de um mercado livre nas trocas comerciais ou à dispensa do protecionismo alfandegário, e muito mais à tolerância com práticas econômicas de curto prazo, apoiadas especialmente pelos endividamentos público e privado.

Durante as gestões republicanas de Ronald Reagan, entre os anos de 1981 e 1989, o déficit norte-americano foi ampliado de US$ 73,8 bilhões para US$ 155,2 bilhões, variação equivalente a 110%.

Na gestão seguinte, de George H. W. Bush, entre os anos de 1989 e 1993, o déficit das contas públicas cresceu e foi ampliado de US$ 155,2 bilhões para US$ 290,4 bilhões, variação equivalente a 87%.

---

12. Primeira citação registrada em 29 de outubro de 1886, no jornal *Daily Milwaukee*. Texto original, em inglês: *"You can fool some of the people all of the time, and all of the people some of the time, but you can not fool all of the people all of the time"*. Essa frase teria sido pronunciada por Abraham Lincoln, não se sabe exatamente em que data, mas existem muitas dúvidas sobre a sua real autoria. (Fonte: Abraham Lincoln Art Gallery.com, 2009.)

13. Frase dita por Joseph E. Stiglitz, prêmio Nobel de Economia em 2001, em entrevista concedida à BBC Brasil, em 15 de outubro de 2003. (STIGLITZ, 2003b.)

Portanto, durante o longo período de prevalência das gestões republicanas, entre os anos de 1981 e 1993, a política de endividamento público foi amplamente utilizada, aprofundando o déficit público norte-americano de US$ 73,8 bilhões para US$ 290,4 bilhões, no intervalo de 12 anos.

Notadamente durante os três primeiros anos da gestão Reagan, a política de aprofundamento do déficit público como estratégia para retomada do ritmo de prosperidade foi mais contundente, com aumento da relação Dívida Pública e PIB, de 2,6% para 6%.

Tão fantástica quanto a volumosa elevação do déficit norte-americano ao longo da década de 1980, foi a sua capacidade de recuperação durante os cinco primeiros anos de gestão do democrata Bill Clinton.

O déficit orçamentário de US$ 290,4 milhões registrado em 1993 se transformara em superávit de US$ 69,2 bilhões em 1998 e, até o ano 2000, alcançaria US$ 236,4 bilhões.

Assim sendo, se no período da administração republicana, entre janeiro de 1981 e janeiro de 1993, os saldos orçamentários norte-americanos foram reduzidos em 293,5%, chegando ao maior déficit mundial à época, de US$ 290,4 bilhões, durante a gestão republicana, entre janeiro de 1993 e janeiro de 2001, os saldos orçamentários foram elevados em 181,4%, alcançando o superávit de US$ 236,4 bilhões.

Tamanha volatilidade dos valores relacionados ao déficit orçamentário norte-americano no período entre 1980 e 2000 pode ser observada nos gráficos 5.8 e 5.9.

Através do Gráfico 5.8 é possível verificar a política de endividamento orçamentário adotada por cada gestão no período considerado. No Gráfico 5.9, é possível relacionar os valores específicos de receita e despesa orçamentária, assim como os respectivos saldos anuais.

Gráfico 5.8:

Orçamento Norte-Americano – Déficits e Superávits – 1980 a 2000

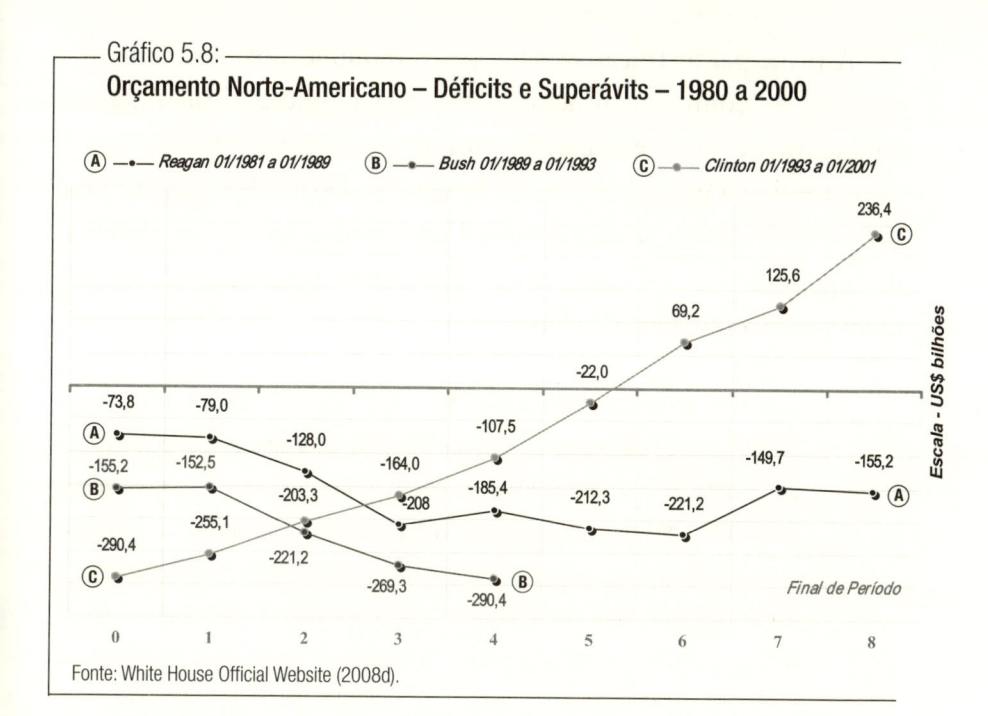

Fonte: White House Official Website (2008d).

Gráfico 5.9:

Orçamento Norte-Americano – Déficits e Superávits (% do PIB) – 1980 a 2000

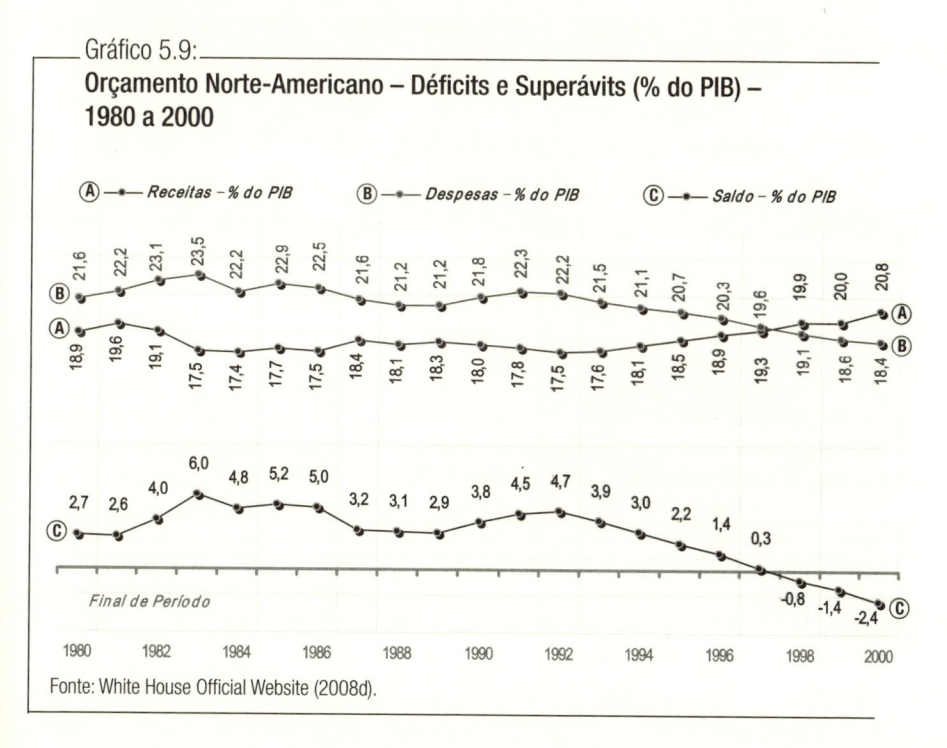

Fonte: White House Official Website (2008d).

A principal justificativa dada pelos republicanos para tamanha elevação no comprometimento das contas públicas norte-americanas baseou-se na necessidade de promover gastos militares.

Durante a gestão de Ronald Reagan, a alegação de que era preciso investir em segurança nacional com o objetivo de "combater o inimigo soviético" foi vastamente incluída nos diversos discursos políticos, conforme descrito abaixo:

> Caso todo endividamento assumido nos anos 1980 fosse para financiar a política de defesa de Reagan, a principal questão seria se era lícito apropriar-se da quantia para custear aqueles imensos gastos militares. A administração Reagan se justificou compensando esse aumento nos gastos com o "investimento público" com redução de impostos? Colocando de outra maneira, era apropriado pedir que nossos filhos e netos ajudassem a custear a derrota da ameaça soviética? A resposta para esta questão se encontra na comprovação da efetiva contribuição exercida pelo aumento dos gastos com os sistema de defesa para o colapso da União Soviética, e no custo do valor presente para nossos filhos e netos de não terem mais o "Império do Mal" como ameaça à segurança do planeta. Facilmente, os cálculos destes custos chegariam a trilhões de dólares[14] (MOORE; NISKANEN, 1996).[15]

---

14. "*If the entire accumulation of debt in the 1980s went to finance the Reagan defense build-up, the key policy question would shift to whether it was appropriate to borrow for those large military expenditures. Was the Reagan administration justified in paying for this one-time increase in 'public investment' spending through debt rather than taxes? Or, put another way, was it appropriate to have asked our children and grandchildren to help defray the cost of defeating the Soviet menace? The answer to that question rests to some extent on the issue of whether the defense build-up materially contributed to the collapse of the Soviet Union and, if so, on the discounted present value to our children and grandchildren of no longer having the 'Evil Empire' imperiling the security of the planet. The figure could easily be in the trillions of dollars.*" (Tradução livre da autora.)

15. Willian A. Niskanen: Membro do Council of Economic Advisors da presidência de Ronald Reagan (20/1/1981 a 20/1/1989). Stephen Moore: Economista, membro do Club for Growth e colaborador do Budget Office, durante a gestão Ronald Reagan (20/1/1981 a 20/1/1989). (Tradução livre da autora.)

Nesse contexto da análise, os custos financeiros atribuídos à elevação do déficit público ao longo da década de 1980, nos Estados Unidos, teriam sido plenamente justificados e inadiáveis.

Era preciso confirmar a soberania norte-americana e, consequentemente, reforçar a assertividade de seus procedimentos.

> É nesse ponto que fica difícil avaliar a situação apenas pelo lado econômico. Ronald Reagan desempenhou um papel primordial na derrocada do comunismo e preparou a vitória na Guerra Fria, que acabou acontecendo pouco tempo depois que saiu do governo. O reaparelhamento das Forças Armadas americanas e o início das pesquisas de um sistema de defesa antimísseis foram demais para os soviéticos. A economia da URSS não tinha como acompanhar a vitalidade da economia dos EUA, e acabou praticamente entrando em colapso (LEITE, 2004).

São inúmeros os pronunciamentos que reduzem o fato histórico de vasta complexidade e abrangência, como deve ser designada a queda do bloco soviético, à atuação heroica da oposição norte-americana.

O jornal *The Daily Republican* publicou, em janeiro de 1997, matéria de autoria de Howard Hobbs, intitulada *"Final Tribute to a Cold War Hero"*, na qual foram transcritos alguns trechos de discursos de Ronald Reagan, invariavelmente caracterizados pelo tom vitorioso: "Os anos seguintes serão excelentes para o nosso país. No Ocidente, não mais haverá o Comunismo, ele transcenderá o Comunismo. Não nos importaremos em denunciá-lo, nós o repudiaremos como um capítulo bizarro da história do ser humano[...]" (HOBBS, 1997).[16]

Embora o exame das contas públicas norte-americanas ao final do século XX indique a utilização do chamado *keynesianismo*

---

16. *"The years ahead will be great ones for our country. The west will not contain Communism, it will transcend Communism. We will not bother to denounce it, we'll dismiss it as a bizarre chapter in human history [...]."* (Tradução livre da autora.)

militar,[17] assim como demonstra o crescimento dos gastos públicos relacionados à defesa nacional durante a gestão de Ronald Reagan, a escalada do endividamento público na época não pode ser justificada por esse aspecto.

A elevação do déficit orçamentário norte-americano ao final do século XX deve ser atribuída à estratégia de retomada do crescimento econômico através dos fluxos de endividamento financiados a baixo custo.

Através da Tabela 5.2, a seguir, é possível comparar os gastos orçamentários totais desde 1940, discriminados entre as aplicações realizadas com defesa nacional e com despesas diversas, programas sociais e serviço da dívida, e o volume total de endividamento público.

Como demonstrado, a importância imputada à variação dos gastos com defesa nacional pode ser atribuída, em parte, ao contexto do discurso político, e não à realidade dos fatos.

Os dados apresentados na Tabela 5.2 determinam que os gastos absolutos com defesa nacional cresceram, entre 1970 e 2000, cerca de 260,5% (de US$ 81,7 bilhões em 1970, para US$ 294,5 bilhões em 2000).

No entanto, analisada a representatividade com relação às despesas orçamentárias totais, os gastos militares nos Estados Unidos foram reduzidos consideravelmente no início da década de 1970 (de 41,8% em 1970, para 26% em 1975). Foram mantidos em níveis médios de 25% dos gastos totais entre os anos de 1975 a 1995, sendo reduzidos, em seguida, até 16,5% em 2000.

Comparados aos volumes de riqueza agregada produzida nos Estados Unidos entre 1970 e 2000, os gastos com defesa nacional recuaram de 8,1% do PIB em 1970, para 3,0% do PIB em 2000.

_____

17. Como afirma Brenner (2003, p. 89).

Tabela 5.2:

Estados Unidos – Gastos e Despesas Orçamentárias em US$ bilhões – 1970 a 2000

	Despesas Totais	% do PIB	Defesa Nacional	(b/a)	Infraestrutura e Desenvovimento	(c/a)	Programas / Serviços Públicos	(d/a)	Serviço da Dívida (Juros Líquidos)	(e/a)	Dívida Bruta Federal	% do PIB	Dívida Pública Federal	(g/f)	Dívida Federal	(h/f)	PIB
	(a)		(b)	(b/a)	(c)	(c/a)	(d)	(d/a)	(e)	(e/a)	(f)	% do PIB	(g)	(g/f)	(h)	(h/f)	(i)
1970	195,6	19,3%	81,7	41,8%	34,8	17,8%	64,8	33,12%	14,4	7,35%	380,9	37,6%	283,2	74,3%	97,7	25,7%	1013,7
1972	230,7	19,5%	79,2	34,3%	43,0	18,6%	93,1	40,34%	15,5	6,71%	435,9	36,9%	322,4	74,0%	113,6	26,0%	1183,0
1974	269,4	18,7%	79,3	29,5%	48,2	17,9%	120,4	44,70%	21,4	7,96%	483,9	33,6%	343,7	71,0%	140,2	29,0%	1440,4
1976	371,8	21,4%	89,6	24,1%	74,8	20,1%	180,6	48,58%	26,7	7,19%	629,0	36,2%	477,4	75,9%	151,6	24,1%	1737,3
1978	458,7	20,7%	104,5	22,8%	107,0	23,3%	211,8	46,16%	35,5	7,73%	776,6	35,0%	607,1	78,2%	169,5	21,8%	2216,2
1980	590,9	21,6%	134,0	22,7%	125,9	21,3%	278,5	47,13%	52,5	8,89%	909,0	33,2%	711,9	78,3%	197,1	21,7%	2735,8
1982	745,7	23,1%	185,3	24,8%	117,1	15,7%	358,3	48,05%	85,0	11,40%	1137,3	35,2%	924,6	81,3%	212,7	18,7%	3228,3
1984	851,9	22,2%	227,4	26,7%	111,5	13,1%	401,9	47,18%	111,1	13,04%	1564,6	40,8%	1.307,0	83,5%	257,6	16,5%	3837,2

	Despesas Totais	% do PIB	Defesa Nacional		Infraestrutura e Desenvovimento		Programas / Serviços Públicos		Serviço da Dívida (Juros Líquidos)		Dívida Bruta Federal	% do PIB	Dívida Pública Federal		Dívida Federal		PIB
1986	990,4	22,5%	273,4	27,6%	129,0	13,0%	452,1	45,64%	136,0	13,73%	2120,5	48,2%	1.740,6	82,1%	379,9	17,9%	4401,9
1988	1.064,5	21,2%	290,4	27,3%	120,6	11,3%	501,7	47,13%	151,8	14,26%	2601,1	51,8%	2.051,6	78,9%	549,5	21,1%	5021,0
1990	1.253,2	21,8%	299,3	23,9%	183,8	14,7%	585,7	46,74%	184,3	14,71%	3206,3	55,8%	2.411,6	75,2%	794,7	24,8%	5748,5
1992	1.381,7	22,2%	298,4	21,6%	154,2	11,2%	729,8	52,82%	199,3	14,43%	4001,8	64,3%	2.999,7	75,0%	1002,1	25,0%	6223,7
1994	1.461,9	21,1%	281,6	19,3%	152,5	10,4%	824,8	56,42%	202,9	13,88%	4643,3	67,0%	3.433,1	73,9%	1210,2	26,1%	6928,3
1996	1.560,5	20,3%	265,8	17,0%	141,0	9,0%	912,7	58,49%	241,1	15,45%	5181,5	67,4%	3.734,1	72,1%	1447,4	27,9%	7687,4
1998	1.652,6	19,1%	268,5	16,2%	161,4	9,8%	981,6	59,40%	241,1	14,59%	5478,2	63,3%	3.721,1	67,9%	1757,1	32,1%	8652,3
2000	1.788,8	18,4%	294,5	16,5%	217,0	12,1%	1054,3	58,94%	223,0	12,46%	5628,7	57,9%	3.409,8	60,6%	2218,9	39,4%	9721,6
	15.291,8	,0	3.492,6	,0	1.987,1	,0	7.841,1	,0	1.970,9	,0	40.633,5	,0	29.700,1	,0	10.933,4	,0	71.778,9

Fonte: White House Official Website (2008d).

Nota 1: Conceitos Orçamentários – Sob o conceito orçamentário unificado, todas as importâncias federais são incluídas em um único orçamento. Essas importâncias abrangem os fundos federais e os fundos de truste. Os fundos federais são derivados, principalmente, dos impostos e empréstimos, e não são restritos por lei para nenhuma finalidade governamental específica. Os fundos de truste, tal como o *Unemployment Trust Fund,* destinado ao seguro-desemprego, cobram certos impostos e outros recebimentos para finalidades ou programas específicos, conforme termos do acordo do fundo ou de seu estatuto.

Nota 2: Defesa Nacional – Pessoal Militar; Operações e Manutenção; Compras; Pesquisa e Desenvolvimento, Testes e Avaliação; Construção Militar; Moradia; Financiamento Antecipado de Guerra Mundial contra o Terror; Outras atividades de defesa de energia atômica; Atividades relacionadas à defesa.

Nota 3: Infraestrutura e Desenvolvimento – Não destinado à defesa: Assuntos internacionais; Ciência geral, espacial e tecnologia; Energia; Recursos naturais e meio ambiente; Agricultura; Comércio e crédito imobiliário; Transporte; Desenvolvimento social e regional; Educação, treinamento, emprego e serviços sociais; Saúde.

Nota 4: Programas e Serviços Sociais – Pagamentos a Pessoas Físicas: Assistência Médica; Seguridade Social; Garantia de Renda, Benefícios e serviços a veteranos de guerra; Administração da Justiça; Governo Geral.

Nota 5: Serviços da Dívida (Juros Líquidos) – Juros líquidos: Juros sobre os títulos de dívida do Tesouro (bruto); Juros recebidos por fundos de truste dentro do orçamento; Juros recebidos por fundos de truste fora do orçamento; Outros juros; Outra receita de investimento.

Nota 6: Dívida Bruta Federal – A Dívida Bruta Federal é composta pela dívida federal mantida (própria) pelo público e a dívida federal mantida pelas contas do governo federal, em sua maior parte, mantidas pelos fundos de truste. A dívida federal mantida pelo público consiste em toda a dívida federal mantida fora das contas do governo federal. Por exemplo, inclui a dívida mantida por pessoas físicas, bancos privados e seguradoras, os bancos do *Federal Reserve* e bancos centrais estrangeiros. A venda (ou amortização) da dívida federal ao público é o meio principal de financiar um déficit orçamentário federal (ou alienar um superávit orçamentário federal).

Nota 7: PIB norte-americano entre 1970 e 2000 – em dólares, valores correntes.

──── Gráfico 5.10: ────

Estados Unidos – Gastos e Despesas Orçamentárias – 1970 a 2000

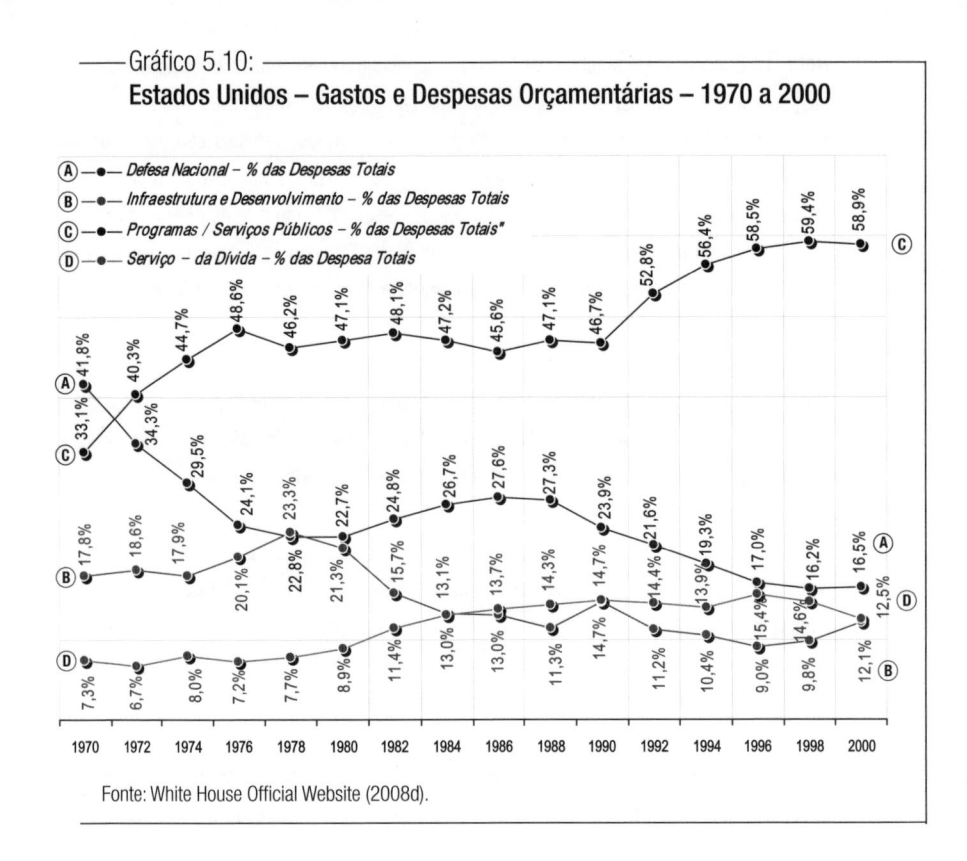

Ⓐ —•— *Defesa Nacional – % das Despesas Totais*
Ⓑ —•— *Infraestrutura e Desenvolvimento – % das Despesas Totais*
Ⓒ —•— *Programas / Serviços Públicos – % das Despesas Totais"*
Ⓓ —•— *Serviço – da Dívida – % das Despesa Totais*

Fonte: White House Official Website (2008d).

Conforme a demonstração gráfica, a redução dos gastos com defesa nacional entre os anos de 1970 e 2000 se opôs à considerável elevação dos gastos com programas e serviços públicos no período, especialmente no que diz respeito às despesas com seguro-saúde e aposentadoria.

As despesas com seguro-saúde variaram de US$ 6,21 bilhões em 1970, para US$ 197,1 bilhões em 2000 (elevação de 3.073%), e as despesas com aposentadoria aumentaram de US$ 30,3 bilhões em 1970, para US$ 409,4 bilhões em 2000 (elevação de 1.252%).

O aumento das despesas com serviço da dívida entre os anos de 1970 e 2000 equiparou os gastos do governo norte-americano destinados ao pagamento dos juros com o total aplicado em infraestrutura e desenvolvimento.

Assim sendo, as despesas com serviço da dívida variaram de US$ 14,4 bilhões em 1970, para US$ 222,9 bilhões em 2000 (elevação de 1.450%) e as despesas totais aumentaram de US$ 34,8 bilhões em 1970, para US$ 217,0 bilhões em 2000 (elevação de 524%).

O volume total de empréstimos captados pelo Tesouro norte-americano, a dívida bruta federal, entre 1970 e 2000, variou de US$ 380,9 bilhões para US$ 5.628,7 bilhões (elevação de 1.377%).

Relacionado à produção agregada norte-americana no período, o nível de endividamento federal variou de 37,6% para 57,9% do PIB, no período analisado.

Tabela 5.3:
Estados Unidos – Gastos e Despesas Orçamentárias em US$ milhões – 1969 a 2000

Gestão Política	Richard M. Nixon	Gerald R. Ford Jr.	Jimmy E. Carter Jr.	Ronald W. Reagan	George H. W. Bush	William J. Clinton
Período de Gestão	20/01/1969 a 09/08/1974	09/08/1974 a 20/01/1977	20/01/1977 a 20/01/1981	20/01/1981 a 20/01/1989	20/01/1989 a 20/01/1993	20/01/1993 a 20/01/2001
Partido Político	republicano	democrata	republicano	republicano	republicano	democrata
PIB Acumulado (US$, corrente)	6.978.943	3.297.590	9.426.998	31.764.673	23.305.566	64.187.634
Despesas Totais	1.335.208	704.124	1.962.933	7.089.602	5.102.939	12.693.164
% do PIB	19,1%	21,4%	20,8%	22,3%	21,9%	19,8%
Defesa Nacional	478.263	176.128	452.073	1.878.621	1.174.532	2.218.876
% das Despesas Totais	35,8%	25,0%	23,0%	26,5%	23,0%	17,5%
% do PIB	6,9%	5,3%	4,8%	5,9%	5,0%	3,5%
Departamento de Defesa Nacional	468.933	172.769	441.923	1.826.144	1.133.706	2.116.339
% das Despesas Totais	35,12%	24,54%	22,51%	25,76%	22,22%	16,67%
Energia Atômica	8.457	3.071	9.425	48.905	37.718	93.189
% das Despesas Totais	0,63%	0,44%	0,48%	0,69%	0,74%	0,73%
Atividades Relacionadas	874	288	726	3.568	3.108	9.348
% das Despesas Totais	0,07%	0,04%	0,04%	0,05%	0,06%	0,07%
Outras Despesas	856.939	527.998	1.510.860	5.210.988	3.928.408	10.474.284

Gestão Política	Richard M. Nixon	Gerald R. Ford Jr.	Jimmy E. Carter Jr.	Ronald W. Reagan	George H. W. Bush	William J. Clinton
% das Despesas Totais	64,2%	75,0%	77,0%	73,5%	77,0%	6.545.876
% do PIB	12,3%	16,0%	16,0%	16,4%	16,9%	16,3%
Infraestrutura e Desenvolvimento	239.947	143.557	429.229	964.152	676.428	1.270.502
% das Despesas Totais	18,0%	20,4%	21,9%	13,6%	13,3%	10,0%
Programas e Serviços Sociais	520.796	334.470	921.106	3.336.219	2.504.860	7.391.140
% das Despesas Totais	39,0%	47,5%	46,9%	47,1%	49,1%	58,2%
Juros Líquidos	96.196	49.971	160.525	910.617	747.120	1.812.638
% das Despesas Totais	7,2%	7,1%	8,2%	12,8%	14,6%	14,3%
Dívida Bruta Federal	483.893	628.970	909.041	2.601.104	4.001.787	5.628.700
Variação %		30%	45%	186%	54%	41%
% do PIB	6,9%	19,1%	9,6%	8,2%	17,2%	8,8%

Fonte 1: White House Official Website (2008d).
Fonte 2: United States Department of Treasury (2008).

----Gráfico 5.11: ----

Estados Unidos – Gastos e Despesas Orçamentárias por Categoria – 1969 a 2000

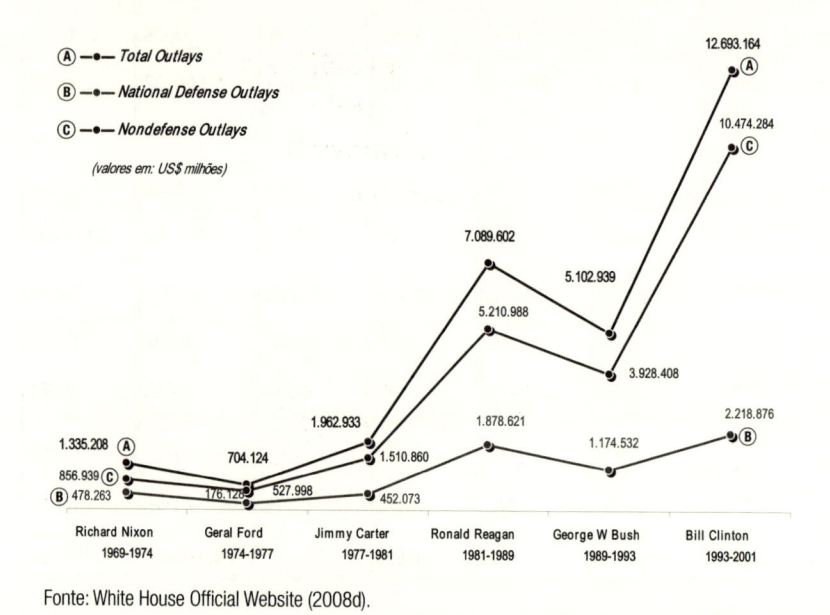

Fonte: White House Official Website (2008d).

O discurso de posse de Ronald Reagan chamava a atenção dos eleitores para o perigo relacionado à elevação da dívida federal, conforme enunciado: "Por volta de 1960, nossa dívida nacional era de US$ 284 bilhões. Hoje, a dívida é de US$ 934 bilhões. Podemos deixar nossas crianças com uma enorme dívida, impossível de pagar, e uma economia destroçada. O orçamento federal está fora de controle" (REAGAN, 1981).[18] No entanto, ao final do seu mandato, em 1988, a dívida pública alcançava US$ 2,60 trilhões, e os Estados Unidos tornaram-se o maior devedor mundial.

Embora a gestão Clinton tenha sido marcada pela disciplina orçamentária, a dívida pública manteve-se em crescimento, alcançando 67,4% do PIB no final de 1997. Só a partir do segundo mandato de Clinton, mais especificamente em 1998, é que a estratégia de financiamento da economia via déficit público foi revertida.

Sobre o endividamento público norte-americano na década de 1990, Stiglitz (2003a, p. 46) elabora algumas observações fundamentais:

> A compreensão que começamos a ter dos anos 1990 requer que admitamos, para nós mesmos e para o mundo, que estávamos enganados em uma tentativa equivocada de conseguir crescimento a baixo custo; [...] por meio da espuma da economia da bolha. Em vez de reduzir o consumo para financiar nosso *boom*, os Estados Unidos contraíram grandes empréstimos do exterior, ano após ano, a um ritmo de mais de 1 bilhão de dólares ao dia. Fizemos isso para preencher a enorme diferença entre poupança e o que estávamos investindo – uma diferença que começou convictamente com Ronald Reagan, mas cresceu com George W. Bush e Bill Clinton, e atingiu novas dimensões com o novo presidente Bush. Fizemos bons investimentos de longo prazo – tanto no setor privado como no setor público, mas muito do nosso investimento foi gasto em desperdícios privados – as "ponto-com" que não deram certo, os cabos de fibra óptica que não eram necessários. Isso foi apenas parte da dis-

---

18. Trecho do discurso de posse de Ronald Reagan à Presidência dos Estados Unidos da América (janeiro de 1981): *"By 1960 our national debt stood at $284 billion. Today the debt is $934 billion. We can leave our children with an unrepayable massive debt and a shattered economy. Federal budget is out of control."* (Tradução livre da autora.)

puta das empresas de telecomunicações para obter dominância rapidamente e poder de monopólio que, supunha-se, viria junto.

Com relação ao mercado "ponto.com", citado por Stiglitz, vale lembrar sobre a estreia do índice Nasdaq,[19] a partir de 1971, na Bolsa de Valores norte-americana.

Para que se possa dimensionar o movimento especulativo em torno desse novo mercado, específico à aplicação no mercado de telecomunicações, alta tecnologia em eletrônica, informática e biotecnologia, pode-se relacioná-lo às vigorosas oscilações ocorridas entre março de 1991, quando o índice Nasdaq registrava 501,62 pontos, e setembro de 2000, quando atingiu 5.046,86 pontos.

Portanto, entre 1991 e 2000, o índice Nasdaq valorizou cerca de 906%, conforme demonstrado no Gráfico 5.12.

—— Gráfico 5.12:——

Mercado de Ações Norte-Americano – NASDAQ – 1970 a 2000

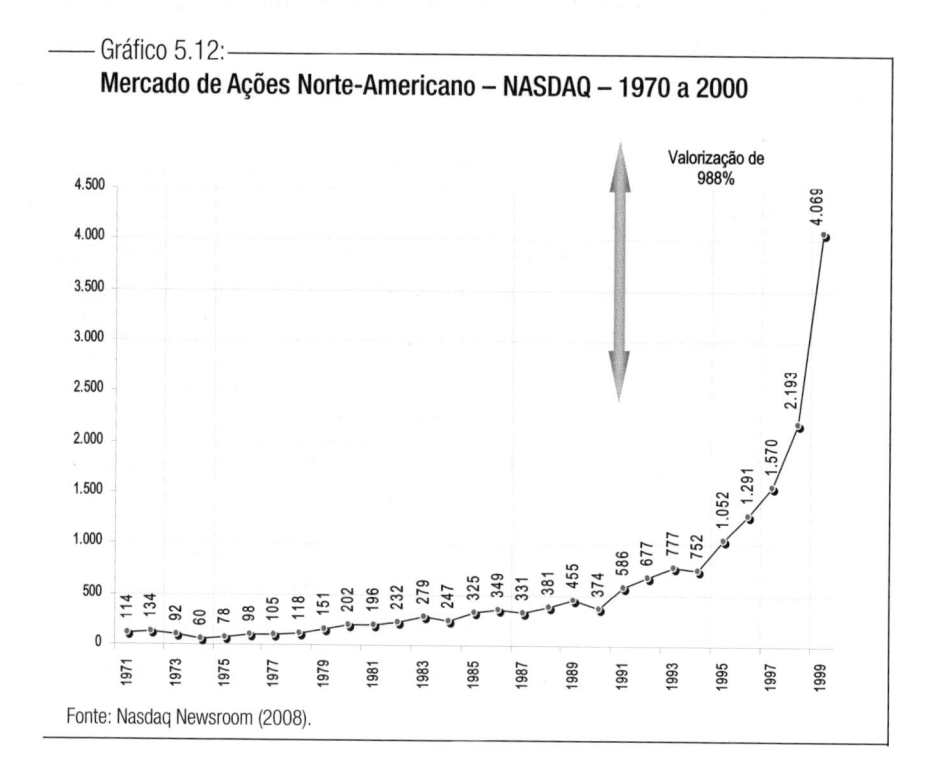

Fonte: Nasdaq Newsroom (2008).

---

19. NASDAQ: *North American Securities Dealers Automated Quotation System.*

Independentemente de outras práticas econômicas utilizadas no período, como as políticas de expansão e contração fiscal ou períodos de constantes reduções das taxas de juros, o objetivo primordial dos dados apresentados é demonstrar a utilização do risco e da alavancagem financeira como elementos preponderantes na economia norte-americana, ao final do século XX.

5.3 A MANIPULAÇÃO DA INFORMAÇÃO E O PRIVILÉGIO DA DESREGULAMENTAÇÃO

> Gira o mundo em torno dos inventores de novos valores; e gira de maneira invisível. Mas em torno dos comediantes giram o povo e a fama: é este o "caminho do mundo". Tem espírito, o comediante, mas escassa consciência do espírito. Sempre acredita naquilo com que mais firmemente faz os outros acreditarem – acreditarem nele! Amanhã, terá uma nova crença e depois de amanhã, outra, também nova. Possui sentidos rápidos, tal como o povo, e faro de caminheiro. Derrubar – isto, para ele, significa demonstrar. Fazer delirar – isto, para ele, significa persuadir. E o sangue é para ele a melhor de todas as razões (NIETZSCHE, 1995, p. 68).

Desde 1925, já se tinha em mãos boa parte das normas e práticas contábeis até hoje utilizadas, assim como não é absolutamente contemporâneo o hábito de fraudá-las no intuito de informar ao mercado resultados irreais que viabilizem o financiamento do capital ou a alavancagem do valor econômico das empresas junto ao mercado aberto.

Em 1933, o presidente Franklin D. Roosevelt estabeleceu instrumentos contábeis e regras para a alocação dos custos, através do programa denominado *National Industrial Recovery Act* (Nira).

As regras de gestão contábil estabelecidas no pós-guerra resistiram no cenário norte-americano até meados de 1970.

Entre as décadas de 1970 e 1980, os problemas envolvendo fraudes contábeis se tornaram novamente evidentes. As tentativas do governo norte-americano em estabelecer um papel regulador pareciam apenas ensaios, como a implantação da *Committee of Sponsoring Organizations of the Treadway Commission* (Coso), cujo resultado fora inexistente na medida em que não estabelecia condutas ou atribuição de responsabilidades pelas incongruências contábeis apresentadas ao mercado.

Nesse sentido, ao longo do século XX, existiram dois momentos diferentes das relações entre mercado e gestão contábil nos Estados Unidos. O primeiro foi estabelecido após a crise de 1929, quando o conflito de interesses entre o capital e os limites da operação contábil passou a ser mediado pelo governo; e o segundo instaurou-se após 1970, quando o governo delegou ao mercado a responsabilidade sobre a divulgação das informações financeiras.

Dessa forma, nascem as grandes empresas de contabilidade, e dentre elas destacam-se atualmente: Pricewaterhouse and Coopers, KPMG, Ernst & Young, Arthur Andersen, Deloitte and Touche (apelidadas no mercado de *Big Five* – Cinco Grandes).

A importância assumida por esses grandes conglomerados na economia mundial é algo que não pode ser desprezado. Essas empresas tornaram-se responsáveis por realizar os processos de auditoria independente, endossando ao mercado as informações armazenadas nos registros contábeis das corporações.

A possibilidade de qualquer conflito de interesses advindo da equivalência entre aquele que contrata e aquele que é auditado não foi considerada pelo mercado, como sustenta Serwer (2002, p. 78):

> No final dos anos 1970, o governo federal investiu no ofício de contador para abandonar um código de conduta que impedia que as empresas de contabilidade rebaixassem o preço ou mesmo solicitassem os serviços de outra empresa pertencente ao grupo das Oito Grandes (agora Cinco Grandes). A FTC afirmou que isso era anticoncorrência (e realmente era), mas também protegeu as firmas de contabilidade dos diretores financeiros que não gostavam de dizer não. Sob essas novas regras, se o auditor não se comunicasse com um diretor financeiro agressivo, seria muito mais fácil para a empresa dizer tchau para o

auditor. Mas o único grande motivo atrás da recente torrente atroz da contabilidade foi a ascensão do culto ao acionista. Simples assim, com o tempo, muito enfoque foi colocado nos altos preços das ações das empresas, de modo que muitos executivos farão tudo o que for legal ou de outra forma – para tornar possível.[20]

A seguir, estão descritas algumas das formas utilizadas para se encobrir resultados desfavoráveis e majorar resultados inexistentes ou inferiores à expectativa de mercado. Todas consideradas lícitas pelas normas contábeis norte-americanas, denominadas *Generally Accepted Accounting Principles* (US GAAP), e pela Comissão de Valores Mobiliários – Securities and Exchange Commission (SEC).

1. Algumas companhias não incluem, porque o GAAP não a exige: o custo de opção de compra de ações.

2. As empresas não enfatizam os lucros GAAP, mas os lucros "pro-forma" ou "Ebitda".[21] Os lucros "pro-forma", tipicamente, excluem as baixas e despesas de reestruturação como "não correntes". As companhias que usam "Ebitda", entre elas as gigantes de condutores de cabos, como a AT&T, Viacom e a AOL Timer Warner (empresa-mãe da editora Fortune), não só expurgam as despesas como tributos e juros, mas também excluem a depreciação, ocultando assim grandes investimentos de caixa necessários à manutenção de seus sistemas competitivos de condutores de cabos;

---

20. "*In the late 1970's the federal government pushed the accounting profession to abandon a code of conduct that prevented accounting firms from undercutting one another on price or even soliciting a company that used another of the Big Eight (now Big Five) firms. The FTC said this was anticompetitive (which it was), but it also protected accounting firms from CFO's who didn't like being told no. Under the new rules, if the auditor doesn't play ball with an aggressive CFO, it is much easier for the company to tell the auditor bye-bye. But the single biggest reason behind the recent spate of God-awful accounting has got to be rise the cult of the shareholder. Simple put, over time so much focus has been placed on levitating companies' stock prices that many executives will do almost anything legal or otherwise – to make it happen.*" (Tradução livre da autora.)

21. Ebitda: *Earning Before Income Tax, Depreciation and Amortization*. Em português: Lucros Antes de Juros, Impostos, Depreciação e Amortização (Lajida).

3. As frequentes despesas de reestruturação e redução (baixa) de valores nos livros. Ao concentrar os custos em um só período contábil, a companhia realiza ganhos futuros que aparecem mais altos do que são realmente.

4. As companhias geralmente estabelecem reservas para cobertura de custos de reestruturação: essas reservas convidam ao abuso, camuflavam imensos problemas por reverterem as reservas (SHAWN, 2002, p. 89).

Uma das estratégias utilizadas para a manipulação dos resultados financeiros, largamente executada a partir da abertura dos mercados e da internacionalização do capital,[22] no final do século XX, diz respeito ao registro contábil de supostos investimentos no exterior, regularizados através de empresas criadas em *paraísos fiscais,* denominadas *"off-shores"*. As *off-shores* se tornaram uma espécie de cartórios para registros contábeis, onde nenhum investimento real é efetuado e nada é produzido, mas resultados são ampliados, tributos são reduzidos e informações irregulares são normatizadas.

A proliferação dos paraísos fiscais se deu através da política de redução de impostos aos lucros obtidos no exterior, adotada na gestão de Ronald Reagan. A partir daí, empresas passaram a subfaturar as exportações e superfaturar as importações, de forma a transferir seus resultados, contabilizando não só os lucros, mas também seus investimentos a partir de paraísos fiscais.

Para que se possa dimensionar como a banalidade de um delito pôde assumir a forma de operações sofisticadas e deliberadamente regularizadas, grandes empresa s passaram a transferir parques industriais depreciados e obsoletos às filiais em países subdesenvolvidos, por valores exorbitantes.

---

22. Esta pesquisa restringe, na medida do possível, a utilização do termo *globalização,* a favor de uma denominação específica e uma conceituação individualizada de cada processo, cujos fluxos e logística ultrapassaram os espaços nacionais. Dessa forma, pretende-se evitar a homogeneização de conceitos diversos, os quais, resumidos como tendência contemporânea, se valem do sentido original de integralidade e de conjunto, quando a apresentação real dos cenários e fluxos de relacionamento demonstra a possibilidade de aprofundamento das exclusões e das diferenças.

A sobrevalorização dos ativos adquiridos pelas filiais é contabilizada em um paraíso fiscal e posteriormente incorporada ao balanço patrimonial da matriz, através dos fluxos contábeis denominados *equivalência patrimonial.*[23] Dessa maneira, aquilo que não possuía valor reaparece como algo valioso.

5.4 O VALOR DA FORÇA DE TRABALHO DETERMINADO NO MERCADO DE CAPITAIS

Outra fraude revelada ao final do século XX nos Estados Unidos diz respeito à remuneração variável concedida aos executivos norte-americanos via emissão das opções sobre ações (*stock options*).[24]

O que parecia ser uma forma avançada e justa de convergência entre os interesses dos acionistas e da administração, através da substituição das remunerações fixas por gratificações variáveis, conforme o desempenho e proporcionalizadas de acordo com a adição de valor ao capital, passou a representar mais um modo de falsificar informações sobre as quais o mercado alocaria erroneamente seus recursos.

---

23. Instrução nº 247, de 27 de março de 1996, da Comissão de Valores Mobiliários (CVM) sobre equivalência patrimonial: "Art. 1º. O investimento permanente de companhia aberta em coligadas, suas equiparadas e em controladas, localizadas no país e no exterior, deve ser avaliado pelo método da equivalência patrimonial, observadas as disposições desta Instrução. Parágrafo único. Equivalência patrimonial corresponde ao valor do investimento determinado mediante a aplicação da percentagem de participação no capital social sobre o patrimônio líquido de cada coligada, sua equiparada e controlada". (Fonte: Comissão de Valores Mobiliários, 1996.)

24. "No mercado de 'Opções de Ações' não se negociam ações, mas direitos sobre as mesmas. São direitos de uma parte comprar ou vender à outra, até determinada data, uma quantidade de ações a um preço preestabelecido. Neste mercado podem ser negociadas Opções de Compra de Ações ou de Venda de Ações" (BESSADA, 1994, p. 239). "Opção de Compra de Ações: direito outorgado ao titular da opção de, se assim desejar, comprar do lançador, exigindo que este lhe venda um lote-padrão de determinada ação, a um preço previamente estipulado e até uma data prefixada (BESSADA, 1994, p. 239). "Opções de Venda de Ações: direito outorgado ao titular da opção de, se assim o desejar, vender ao lançador, exigindo que este lhe compre um lote-padrão de determinada ação, a um preço por ação previamente estipulado e até a data prefixada" (BESSADA, 1994, p. 240).

O esquema se baseou na distribuição de *opções de compra de ações* aos executivos como forma de remuneração variável, de acordo com a avaliação de itens de desempenho selecionados.

Atingidos os objetivos esperados pelo conselho de acionistas, os executivos responsáveis se tornam *titulares de uma opção*. Nesse sentido, empregados em cargos de gestão passaram a deter o direito (e não a obrigação) de comprar ações da empresa para a qual prestavam serviço.

Em um processo de concessão do direito sobre a titularidade do ativo financeiro, nenhuma ação é emitida até que seja *exercido o direito*,[25] o que pode levar um tempo indeterminado.

Do mesmo modo, na remuneração feita através das *stock options*, nenhum volume de caixa era desembolsado, nem mesmo um registro contábil qualquer se tornava obrigatório ou evidente, a não ser nas pequenas notas de rodapé.

Portanto, passava despercebida aos investidores a diluição do preço das ações no mercado através da remuneração variável por desempenhos via *stock options*. Como explica Stiglitz (2003a, p. 142):

> Suponha-se um caso em que existe 1 milhão de ações no mercado, cada uma valendo US$ 30; isto faria com que o valor da empresa [...] fosse de US$ 30 milhões. Se seus executivos obtêm, digamos, outro milhão de ações sem gastar nada, então os antigos acionistas terão que compartilhar a riqueza da empresa – e os lucros futuros – com esses "novos" acionistas, e o valor de cada ação cairá para US$ 15.

No exemplo a seguir, é suposto que uma empresa possa distribuir a seus executivos direitos futuros, na mesma quantidade dos já adquiridos pelo mercado, dobrando a quantidade de ações.

---

25. Exercício da opção sobre ações – "É a operação através da qual o titular da opção exerce o seu direito de comprar ou de vender a totalidade das ações objeto da opção, ao preço de exercício". (BESSADA, 1994, p. 241.)

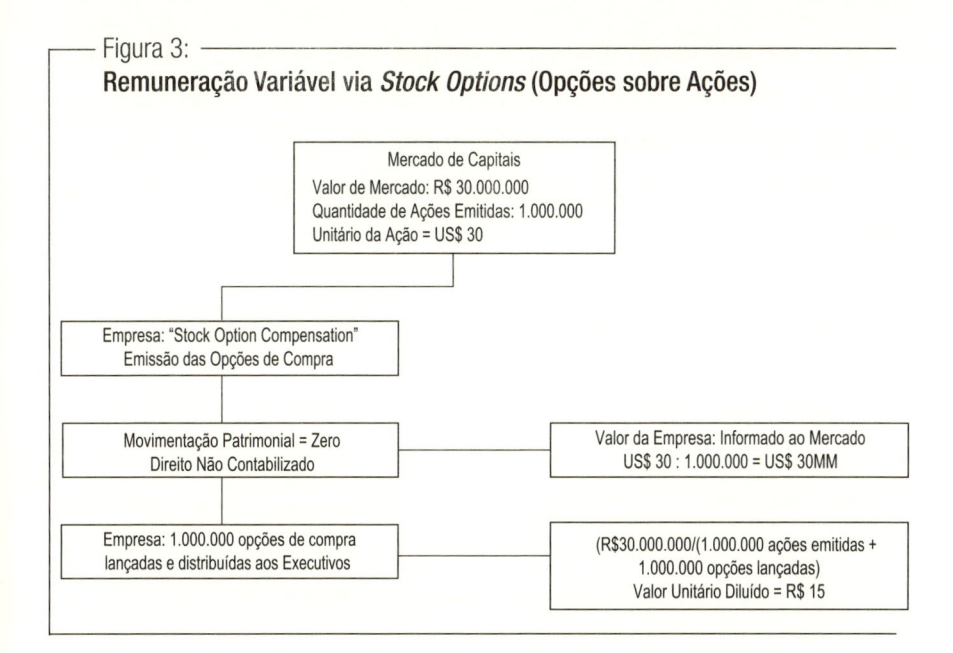

Figura 3:
Remuneração Variável via *Stock Options* (Opções sobre Ações)

Tal hipótese pode parecer um exagero. No entanto, ao final do século XX, empresas ligadas ao setor de telecomunicações chegaram a duplicar os resultados anunciados através desse artifício.

Tratava-se do *jogo do contente*.[26] O acionista estava satisfeito porque eliminava registros de despesa, débito em caixa e tributos. Além disso, flexibilizava as maiores remunerações conforme seus interesses.

Por sua vez, os executivos saíam da posição de trabalhadores e assumiam ares de proprietários, sugerindo a abolição do regime de assalariamento, além de se valerem de ganhos extraordinários.

E investidores desavisados compartilhavam de um posicionamento aparentemente mais agressivo, diante das políticas de gratificação por desempenho.

---

26. Expressão criada a partir da obra *Polyanna*, de 1912, escrita pela autora norte-americana Eleanor Hodman Porter. Na história descrita, "Jogo do Contente" é uma brincadeira inventada pelo pai de Polyanna, na qual qualquer situação adversa só será vista sob uma perspectiva otimista, ainda que, aparentemente, falsa e enganosa.

A permissividade do poder público quanto às fraudes contábeis e à desregulamentação de mercado norte-americano alimentou fluxos especulativos, cujas dimensões normalmente não se conseguem estimar... Até que algum desavisado revele a falta de sustentação.

Assim sendo, os que possuíam domínio e arbítrio se isentaram da obrigação de operar as bases reguladoras do equilíbrio monetário e dos fluxos financeiros, questionando a si próprios quanto ao limite da artificialidade, quando, na realidade, deveriam estar respondendo a essa questão.

Justificavam-se, com assombro e comoção, como se não fosse deles a responsabilidade de ajuizar o mercado, conforme se nota no discurso de Alan Greenspan, em 5 de dezembro de 1996:

> Mas, à medida que o século chega ao fim, a simples noção de preço se tornou categoricamente ambígua. Qual é o preço de uma unidade de software ou de um parecer jurídico? Como se avalia a mudança de preço de uma operação de catarata em um período de dez anos, uma vez que a natureza do procedimento e seu impacto no paciente mudam tão drasticamente? De fato, como mediremos a inflação e as implicações financeiras e reais associadas no século XXI, quando nossos dados – utilizando-se as técnicas atuais – se tornarão mais adequados para rastrear as tendências de preço com o tempo? [...]
>
> Mas onde serão traçados os limites na questão dos preços? Certamente os preços dos bens e serviços produzidos – parâmetros básicos de inflação – importam.
>
> Mas e sobre os preços futuros ou, mais importantes, os preços futuros atribuídos às demandas sobre bens e serviços, como bens, imóveis ou outros ativos rentáveis? A estabilidade desses preços é essencial para a estabilidade da economia?
>
> Mas como saberemos quando a exuberância irracional tiver alavancado gradativa e indevidamente os valores dos bens a ponto de se tornaram vulneráveis a contrações inesperadas e prolongadas [...] Nós, como bancos centrais, não precisamos nos preocupar enquanto o colapso advindo da formação de bo-

Ihas na valorização de ativos financeiros não ameaçar a economia real, sua produção, emprego e estabilidade nos preços. Decerto, a acentuada quebra dos mercados de ações de 1987 gerou poucas consequências negativas para a economia.

Mas não devemos subestimar ou nos tornar complacentes com a complexidade das interações entre os mercados de ativos e a economia (GREENSPAN, 1996).[27]

Pode-se considerar a história do saque tão antiga quanto à da própria guerra; pode-se, ainda, recordar a epopeia sangrenta que dominou os mares da época do corso e da pirataria. Tudo para re-lembrarmos as tantas vezes que processos ilícitos e criminosos foram encorajados pelo poder.

No entanto, raramente na história da humanidade a "pilhagem" foi uma prática tão autorizada como ao final do século XX. Em um primeiro momento, concebida e implementada nos Estados Unidos, mas rapidamente estendida a outros mares.

---

27. *"But as the century draws to a close, the simple notion of price has turned decidedly ambiguous.*

What is the price of a unit of software or a legal opinion? Haw does one evaluate the price change of a cataract operation over a ten-year period when the nature of the procedure and its impact on the patient changes so radically. Indeed, how will we measure inflation, and the associated financial and real implications, in the twenty-first century when our data – using current techniques – could became increasingly less adequate to trace price trends over time? [...]

But where do we draw line on what prices matter? Certainly of goods and services now being produced – our basic measure of inflation – matter.

But what about futures prices or more importantly prices of claims on future goods and services, like equities, real state, or other earning assets? Are stability of these prices essential to the stability of the economy?

But how do we know when irrational exuberance has unduly escalated asset values, which then become subject to unexpected and prolonged contractions [...] We as central bankers need not be concerned if a collapsing financial asset bubble does not threaten to impair the real economy, its production, jobs, and price stability. Indeed, the sharp stock markets break of 1987 had few negative consequences for the economy.

But we should not underestimate or become complacent about the complexity of the interactions of asset markets and the economy." (Tradução livre da autora.)

5.5 ADVENTO DE UMA NOVA ORGANIZAÇÃO SOCIAL E FINANCEIRA AO FINAL DO SÉCULO XX: UMA EVOLUÇÃO DEFINITIVA

Os aspectos relacionados ao longo deste capítulo procuraram demonstrar alguns fatores excepcionais que conduziram a economia norte-americana a reafirmar sua soberania econômica ao final do século XX, em detrimento do processo de readequação das formas de produção industrial e do encolhimento das margens de rentabilidade obtidas no processo de troca das mercadorias.

Como fatores excepcionais, entendem-se as práticas de curto prazo baseadas na alavancagem dos fluxos financeiros, que pudessem complementar os volumes monetários adequados à manutenção do crescimento econômico.

Tanto a história como a observação das últimas crises econômicas reafirmam a dificuldade em se manter o equilíbrio entre riqueza gerada pela economia real e os volumes financeiros disponibilizados ao mercado, sejam estes expressos sob a forma de *moeda* ou de *quase-moeda*.[28]

As formas de recuperação adotadas no âmbito da economia norte-americana ao final do século XX também não se mantiveram res-

---

28. Quase-Moeda (*Near Money*) – Ativos financeiros que se aproximam de ser efetivamente moeda, devido à rapidez e à facilidade com que são convertidos em dinheiro; entre eles estão os títulos do tesouro e os depósitos de poupança. A quase-moeda não pode ser usada como meio de troca para todas as compras. Contudo, o fato de poderem ser convertidos em meio de pagamento rapidamente e sem perda de valor torna esses ativos em formas de quase-moeda. Agregados Monetários: 1. M1, ou moeda para transações, papel-moeda em poder do público + depósitos à vista. 2. M2, ou moeda em sentido lato (além da moeda para transações, inclui a quase-moeda). M2 = M1 + depósitos especiais remunerados + depósitos de poupança + títulos emitidos por instituições depositárias. 3. M3 = M2 + cotas de fundos de renda fixa + operações compromissadas registradas no Selic (Sistema Especial de Liquidação e de Custódia, é um sistema eletrônico de teleprocessamento, administrado pelo Banco Central do Brasil e operado em parceria com a Andima — Associação Nacional das Instituições do Mercado Financeiro —, por força de Convênio de Cooperação Operacional firmado entre as duas entidades. O sistema efetua a custódia e o registro de operações realizadas pelas instituições que dele participam com títulos públicos federais emitidos pelo Tesouro Nacional). 4. M4 = M3 + títulos públicos de alta liquidez. (Fonte: Banco Central do Brasil, 2009.)

tritas aos Estados Unidos. Mas foram implementadas e disseminadas internacionalmente entre seus aliados e não aliados.

As análises feitas neste trabalho com relação aos excessos e às distorções de algumas formas não determinam, necessariamente, a existência de problemas estruturais ou de deformidades inerentes ao sistema liberal e às políticas de mercado.

Pelo contrário, a demonstração da velocidade e do vigor com que ciclos de depressão e de recuperação econômica puderam ser alternados ao final do século XX indicam a irreversibilidade desse novo contexto, caracterizado principalmente pelo incremento das condições de liquidez no mercado e pela ampliação e disponibilização dos serviços financeiros para os diversos níveis da sociedade de consumo.

> A composição deste livro foi, para o autor, uma longa batalha em busca da liberdade, portanto, a sua leitura deve ser, para a maioria — caso a investida do autor tenha êxito —, uma luta para se libertar dos moldes habituais de pensamento e expressão. As ideias aqui arduamente expressas são extremamente simples e deveriam ser óbvias. A dificuldade jaz não nas novas ideias, mas em se desvencilhar das antigas, que ramificam, entre aqueles que surgem, em cada esquina de nossas mentes (KEYNES, 2002, prefácio).[29]

---

29. *"The composition of this book has been for the author a long struggle of escape, and so must the reading of it be for most readers if the author's assault upon them is to be successful, – a struggle of escape from habitual modes of thought and expression. The ideas which are here expressed so laboriously are extremely simple and should be obvious. The difficulty lies, not in the new ideas, but in escaping from the old ones, which ramify, for those brought up as most of us have been, into every corner of our minds."* (Tradução livre da autora.)

CONSIDERAÇÕES FINAIS

Neste ponto, torna-se fundamental que sejam elaboradas algumas justificativas sobre certos caminhos adotados ao longo desta pesquisa.

O núcleo da pesquisa sempre esteve orientado na descrição dos movimentos observados na sociedade do trabalho ao final do século XX, discriminando alguns aspectos conjunturais ou estruturais da nova forma.

O estudo foi aprofundado entre os países mais desenvolvidos, como se dessa amostra pudessem se derivar modelos que iriam, necessariamente, ser exportados ou complementados junto às periferias.

Nesse sentido, os dados apresentados sobre o mercado de trabalho norte-americano no período entre 1970 e 2000 chamaram a atenção pela agilidade com que se movimentaram entre tempos de crise e de recuperação. É sobre eles que toda a curiosidade da procura foi orientada.

Para a compreensão das flutuações sofridas pelo mercado de trabalho norte-americano ao final do século XX, foi obrigatória a análise de alguns mecanismos de intervenção na economia, que afetaram de forma preponderante o nível de crescimento, especialmente relacionados às políticas monetárias e às derivações financeiras orientadas ao crescimento do consumo.

Dessa forma, a pesquisa transitou por temas que, por vezes, se distanciaram dos conceitos relacionados ao mercado de trabalho, como forma possível de explicar suas flutuações e o novo cenário no qual estaria inserido.

A conclusão desta pesquisa endossa as políticas adotadas pelo sistema econômico norte-americano ao final do século XX. Tanto a eficiência de seus resultados quanto a contemporaneidade de suas formas, atribuindo a sua falta de sustentação não à qualidade dos instrumentos utilizados, mas ao descontrole e a sobreposição de níveis de risco.

Igualmente, como resultado de tal desdobramento, não caberá ao Estado o controle sobre os fluxos financeiros, mas ao próprio mercado, e aos seus representantes competirá buscar a consolidação de novas rotinas capazes de informar a toda a sociedade sobre os níveis de exposição de cada ativo.

O que parece um conflito de interesses, quando aos interessados na operação é atribuída a responsabilidade de fiscalização, tende a se tornar, na realidade, uma necessidade e um desafio frente às inovações sofridas pelo mercado após 1970.

As inovações financeiras impostas ao final do século XX alteraram significativamente a liquidez e a velocidade do sistema financeiro. Determinaram novas técnicas de pagamento e outras formas de poupança e investimento, alterando a elasticidade da demanda, e tornaram o papel-moeda algo acessório em transações de pequeno porte.

Sob essa velocidade e liquidez, organizações burocráticas não possuem o montante de acesso ou o controle requerido devido a questões estruturais. Estarão sempre vulneráveis a procedimentos ilícitos ou se mostrando surpresas diante da irracionalidade dos processos econômicos.

Embora economistas sustentem a relação entre o desenvolvimento financeiro e o econômico, são poucas as literaturas dedicadas à construção dos respectivos modelos de relacionamento. Dessa forma, pode-se tornar complexo ao pesquisador integrar os fluxos de intermediação financeira da atualidade à dinâmica do crescimento e à estrutura de equilíbrio macroeconômico.

Esta pesquisa não teve a intenção de determinar os níveis de relacionamento e equilíbrio entre as atividades macroeconômicas e financeiras. Mas o estudo buscou expor, através da variação dos respectivos indicadores, as estratégias mais comuns adotadas pelo mercado norte-americano para a recuperação dos níveis de crescimento e emprego, utilizando aceleradores financeiros, especialmente aqueles ligados à ampliação dos canais de crédito e investimento.

A fim de encerrar as especulações sobre a economia norte-americana ao final do século XX, deve-se concluir a análise retornando ao conceito básico: não existe motivo para se negar o significativo aumento da vitalidade econômica norte-americana no final do século XX.

A possibilidade de melhora nas taxas de lucro no mercado norte-americano se deu, de forma *aparente*, através da junção de uma série de ocorrências, entre elas: a diminuição dos custos absolutos e relativos, a obstrução do crescimento salarial, a ampliação da base de crédito, a diminuição das taxas de juros, a redução dos impostos corporativos e o declínio do valor do dólar, propiciando o aumento do grau de competitividade do produto norte-americano no mercado internacional e, principalmente, o endividamento público.

Entre as orientações econômicas citadas, cabe especial destaque à redução dos custos dos empréstimos e à expansão da base de crédito, entre os principais elementos que propiciaram a recuperação dos níveis de emprego nos Estados Unidos, no período de 1980 a 2000.

De forma *não aparente*, a excepcional *magnitude* dos resultados financeiros norte-americanos ao final do século XX foi de várias formas artificialmente produzida.

O acentuado descolamento entre o volume de riqueza produzida e a geração de emprego deu-se como se o trabalho já não fosse mais a fonte de responsabilidade pela criação de valor.[1] Assim também a valoração artificial dos resultados econômicos vem determinando a possibilidade de vínculos entre capitalistas, sem a participação do trabalho.

Essa dinâmica que não se opõe, mas também não inclui o trabalho nas *devidas proporções*, adiciona ao quadro certa falta de sustentação, na medida em que nunca provou ao mercado sua condição de perpetuidade e sua capacidade de se apresentar de forma íntegra e transparente.

Ainda assim, para as pessoas das gerações vigentes, a nova organização social e financeira, inaugurada a partir da crise de 1973, parece insustentável. E para cada um dos vários ciclos de recessão vivenciados ao final do século XX, há quem alimente a esperança de retorno a tempos mais organizados e parametrizados sob normas e regulamentações. Vale ressaltar: do ponto de vista desta pesquisa, parece que não há retorno possível.

Trabalhadores deverão se manter, cada vez mais, à procura de alternativas que lhes garantam o sustento e a conservação do padrão de consumo, além das esferas do trabalho tradicionalmente organizadas sob o regime de assalariamento, sem, contudo, poder excluí-lo.

De todas as maneiras, o trabalho continuará existindo, seja sob argumentos filosóficos, considerado como estado ontológico fundamental, ou de forma mais simples e objetiva, considerado um fator superior e independente ao capital.

Em tempos de alavancagem financeira, princípios básicos e lógicos podem ser, por vezes, esquecidos ou desprezados. Nesse sentido, é importante relembrar: o capital é fruto do trabalho, estando subordinado ou escravizado a este até o limite de sua existência.

O objetivo das colocações finais nesta pesquisa não está em elaborar juízo de valor sobre as melhores formas econômicas e sociais,

---

1.   "Como se medir o valor? Por meio da quantidade de 'substância criadora de valor' nele contida, o trabalho" (MARX, 1984a, p. 45).

mas em endossar a perspectiva de mudanças definitivas que deverão ser tratadas e resolvidas de maneira peculiar e específica conforme os novos desafios.

De outra forma, as mudanças na economia ao final do século XX, baseadas em boa parte na ênfase em sistemas de alta tecnologia e melhores fluxos de comunicação, podem indicar como utópica a possibilidade de que sistemas políticos e institucionais burocratizados, como governos e sindicatos, tenham a capacidade de exercer qualquer controle real e duradouro sobre a nova dinâmica do mercado.

Nenhuma das estruturas citadas é capaz de suportar os custos e a agilidade dos atuais processos econômicos, se não através de formas corrompidas e obscuras. Às instituições políticas e às sociedades de classe caberá a importante tarefa de se relacionar com os membros do mercado, a fim de garantir a subsistência de estruturas fundamentais, envolvendo educação, saúde, segurança e gestão dos direitos previdenciários.

Em épocas de bancos centrais independentes, atribuir aos orgãos reguladores governamentais a tarefa de disciplinar os mercados poderá servir apenas ao aparecimento de outros desavisados e à eleição de novos falsos heróis.

O final do século XX propôs novamente à sociedade o desafio de viver sob formas econômicas liberais, cabendo ao mercado, dentro do novo cenário, impor as restrições necessárias para a sua própria sobrevivência.

Com alguma esperança e um pouco de sorte, pode-se imaginar que as formas atuais de liberalismo econômico, embora tenham sido deixadas a cargo de saqueadores em um primeiro momento, têm evoluído a ponto de nos libertar de estruturas que impõem uma subordinação política e corporativa, e que não só imobilizam o distanciamento entre classes, como também perpetuam formas ultrapassadas de relacionamento entre líderes e comandados.

REFERÊNCIAS

Bibliografia

ABOLAFIA, Mitchel Y. *Making markets:* oportunism and restraint on Wall Street. Cambridge: Harvard University Press, 1996.

ANTUNES, Ricardo L. *Adeus ao trabalho?* Ensaio sobre as metamorfoses e a centralidade do mundo do trabalho. 11. ed. Campinas: Cortez, 2006a.

_____ (Org.). *Riqueza e miséria do trabalho no Brasil.* São Paulo: Boitempo, 2006b.

ARENA, Richard; FESTRÉ, Agnès. *Joseph A. Schumpeter:* historian of economics. Perspectives on the history of economic thought. Nova York: Harcourt, Brace and Company, 1996.

_____; DANGEL-HAGNAUER. *The contribution of Joseph Schumpeter to Economics:* economic development and institutional change. Nova York: Harcourt, Brace and Company, 2002.

BALLET, René et al. *Estruturalismo e marxismo.* Rio de Janeiro: Zahar, 1968.

BARBUT, Marc et al. *Problemas do estruturalismo.* Rio de Janeiro: Zahar, 1968.

BESSADA, Octavio. *O mercado futuro e de opções:* os fundamentos teórico-operacionais para a montagem de estratégias de investimentos nos mercados derivativos. Rio de Janeiro: Record, 1994.

BEWLEY, Truman F. *Why wages don't fall:* during the recession. Cambridge: Harvard University Press, 1999.

BIHR, Alain. *Da grande noite à alternativa:* o movimento operário europeu em crise. São Paulo: Jinkings, 1998.

BREALEY, R. A.; MYERS, S. *Princípios de finanças empresariais.* 5. ed. Lisboa: McGraw-Hill, 1998.

BRENNER, Robert. *O boom e a bolha:* os Estados Unidos na economia mundial. Rio de Janeiro: Record, 2003.

BURCHELL, Brendan; LAFIPO, David; WILKINSON, Frank (Orgs.). *Job insecurity and work intensification:* routledge studies in employment relations. Londres: Routledge-Taylor and Francis Group, 2002.

CHOSSUDOVSKY, Michel. *A globalização da pobreza:* impactos das reformas do FMI e Banco Mundial. São Paulo: Moderna, 1999.

DEDECCA, Cláudio Salvadori. *Racionalização econômica e trabalho no capitalismo avançado.* Campinas: Instituto de Economia da Unicamp, 1997.

DEMAZIÈRE, Didier. *Sociologie des chômeurs.* 9. ed. Paris: La Découverte, 2006.

FIGUEIRAS, Claudio. *Manual de contabilidade bancária.* São Paulo: Elsevier, 1999.

FIORI, José Luís. *60 lições dos 90:* uma década do neoliberalismo. Rio de Janeiro: Record, 2001.

FLORESTAN, Fernandes (Coord.); SZMRECSÁNYI, Tamás (Org.). *John Mayard Keynes.* São Paulo: Ática, 1984.

FRENCH, John D. *Afogados em leis:* a CLT e a cultura política dos trabalhadores brasileiros. São Paulo: Fundação Perseu Abramo, 1996.

FREYSSINET, Jacques. *Le chômage.* 11. ed. Paris: La Découverte, 2004.

FURTADO, Celso. *Formação econômica do Brasil.* 32. ed. São Paulo: Companhia Editora Nacional, 2003.

GALBRAITH, John Kenneth. *The great crash 1929:* the classic study of the disaster. Londres: Penguin, 1992.

GALLIE, Duncan; PAUGAN, Serge (Orgs.). *Welfare regimes and the experience of unemployment in Europe*. Londres: Oxford University Press, 2004.

GORZ, André (Org.). *Divisão social do trabalho e modo de produção capitalista*. São Paulo: Escorpião, 1976.

_____. *Misérias do presente, riqueza do possível*. São Paulo: Annablume, 2004.

GRESPAN, Jorge. *Capital e crise:* os desafios da teoria. São Paulo: Boitempo, 2005.

GRUPO KRISIS. *Manifesto contra o trabalho*. São Paulo: Conrad do Brasil, 2003.

HALL, Stuart. *The hard road to renewal:* thatcherism and the crisis of the left. Londres: Verso-New Left, 1988.

HOBSBAWM, Eric John Blair. *Era dos extremos:* o breve século XX, 1914-1991. 2. ed. São Paulo: Companhia das Letras, 2006.

KEYNES, John Maynard. *The general theory of employment, interest and money*. Nova York: Harcourt, Brace and Company, 2002.

KISHLANSKY, Mark A. *Sources of world history*. Nova York: Harper Collins, 1995.

KUCZYNSKI, Pedro Paulo; WILLIAMSON, John (Orgs.). *Depois do consenso de Washington:* crescimento e reforma da América Latina. São Paulo: Saraiva, 2003.

KURZ, Robert. *Com todo vapor ao colapso*. Juiz de Fora: Universidade Federal de Juiz de Fora/Pazulin, 2004.

_____. *O colapso da modernização:* da derrota do socialismo de caserna à crise da economia mundial. 2. ed. Rio de Janeiro: Paz e Terra, 1992.

_____. *O retorno de Potemkin:* capitalismo de fachada e conflito distributivo na Alemanha. Rio de Janeiro: Paz e Terra, 1993.

_____. *Os últimos combates*. 2. ed. Rio de Janeiro: Vozes, 1997.

LEPARGNEUR, Hubert. *Introdução aos estruturalismos*. São Paulo: Herder, 1972.

MARTINS, Regina dos Santos Alegre. "Mudanças tecnológicas e transformações sociais no Brasil: o caso da implantação da robótica em setores manufatureiros (1981-1992)." 1996. Dissertação (Mestrado em História Econômica) – Universidade de São Paulo, São Paulo, 1996.

MARTINS, Regina dos Santos Alegre. "O Brasil na terceira revolução industrial: automação na base da microeletrônica em setores manufatureiros (1985-2000)." 2003. Tese (Doutorado em História Econômica) – Universidade de São Paulo, São Paulo, 2003.

MARX, Karl. *O capital:* crítica à economia política. Livro I: o processo de produção do capital – v. 1. 9. ed. São Paulo: Difel Difusão Editorial, 1984a.

_____. _____. Livro I: o processo de produção do capital – v. II. 9. ed. São Paulo: Difel Difusão Editorial, 1984b.

_____. _____. Livro II: o processo de circulação do capital – v. III. 4. ed. São Paulo: Difel Difusão Editorial, 1983a.

_____. _____. Livro III: o processo global de produção capitalista – v. IV. 4. ed. São Paulo: Difel Difusão Editorial, 1983b.

_____. _____. Livro III: o processo global de produção capitalista – v. V. 3. ed. Rio de Janeiro: Civilização Brasileira, 1981a.

_____. _____. Livro III: o processo global de produção capitalista – v. VI. 3. ed. Rio de Janeiro: Civilização Brasileira, 1981b.

_____; ENGELS, Friedrich. *Manifesto do partido comunista.* Petrópolis: Vozes, 1988.

NIETZSCHE, Friedrich W. *Assim falou Zaratustra:* um livro para todos e para ninguém. 8. ed. Rio de Janeiro: Bertrand Brasil, 1995.

OLIVEIRA, Carlos A. Barbosa de et al. (Orgs.). *O mundo do trabalho:* crise e mudança no final do século. São Paulo: Página Aberta, 1994.

OVERBEEK, Henk (Org.). *Restructuring hegemony in the global political economy:* The rise of transnational neo-liberalism in the 1980's. Londres: T. J. Press, 1993.

PEREIRA, Josué da Silva; RODRIGUES, Iram Jácome (Orgs.). *André Gorz e seus críticos.* São Paulo: Annablume, 2004.

POCHMANN, Márcio. *O emprego na globalização:* a nova divisão internacional do trabalho e os caminhos que o Brasil escolheu. São Paulo: Boitempo, 2001.

PRADO JÚNIOR, Caio. *Formação do Brasil contemporâneo.* 23. ed. São Paulo: Brasiliense, 2004.

RIFKIN, Jeremy. *The end of work:* the decline of the global labor force and the drawn of the post-market era. Nova York: Peguin, 1995.

_____. *A era do acesso:* a transição de mercados convencionais para networks e o nascimento de uma nova economia. São Paulo: Pearson, 2001.

SANCHEZ, Inaiê. *Para entender a internacionalização da economia.* São Paulo: Senac, 1999.

SCHUMPETER, Joseph A. *Business cycles:* a theoretical, historical and statistical analysis of the capitalist process. Londres: McGraw-Hill, 1939.

_____. *Teorias econômicas:* de Marx a Keynes. Rio de Janeiro: Zahar, 1970.

SHAW, Eric. *The labour party since* 1979: crisis and transformation. Londres: Routledge, 1994.

SHILLER, Robert J. *Irrational exuberance.* Nova York: Doubleday, 2005.

STIGLITZ , Joseph E. *A globalização e seus malefícios:* a promessa não cumprida de benefícios locais. São Paulo: Futura, 2002.

_____. *Os exuberantes anos 90:* uma nova interpretação da década mais próspera da história. São Paulo: Companhia das Letras, 2003a.

VERGOPOULOS, Kostas. *Globalização:* o fim de um ciclo. Rio de Janeiro: Contraponto, 2005.

UNDERHILL, Geoffrey R. D. *The new world order in international finance.* Nova York: St. Martin's Press, 1997.

Fontes

ABRAHAM LINCOLN ART GALLERY.COM. Lincoln Papers. Colorado, 2009. Disponível em: <http://www.abrahamlincolnartgalley.com/linklincolnpapers. htm>. Acesso em: 2 ago. 2009.

BANCO CENTRAL DO BRASIL. Página Principal *(Home Page).* Brasília, 2009. Disponível em: <http://www.bcb.gov.br>. Acesso em: 5 maio 2009.

BANCO INTERAMERICANO DE DESENVOLVIMENTO (BID). Página Principal *(Home Page).* Washington, 2009. Disponível em: <www.iadb.org>. Acesso em: 2 ago. 2009.

BANCO MUNDIAL. Página Principal *(Home Page).* Washington, 2009. Disponível em: <www.worldbank.org>. Acesso em: 2 ago. 2009.

BANK OF JAPAN. *Institute for Monetary and Economic Studies*. Tóquio, 2009. Disponível em: <http://www.imes.boj.or.jp/english/index.html>. Acesso em: 2 ago. 2009.

BOARD OF GOVERNORS OF THE FEDERAL RESERVE SYSTEM (FED). *About the FED*. Washington, 2008a. Disponível em: <http://www.federalreserve.gov/aboutthefed/default.htm>. Acesso em: 30 jul. 2008.

BOARD OF GOVERNORS OF THE FEDERAL RESERVE SYSTEM (FED). *Federal Reserve Board Statistical Releases*. Washington, 2008b. Disponível em: <http://www.federalreserve.gov/datadownload/>. Acesso em: 20 set. 2008.

BOLSA DE VALORES DE SÃO PAULO (BOVESPA). Página Principal *(Home Page)*. São Paulo, 2007. Disponível em: <http://www.bovespa.com.br/Principal.asp>. Acesso em: 3 dez. 2007.

COMISSÃO DE VALORES MOBILIÁRIOS (CVM). Instrução Normativa nº 247, de 27 de março de 1996. Rio de Janeiro, 1996. Disponível em: <http://www.cvm.gov.br/>. Acesso em: 2 ago. 2009.

COMISSÃO ECONÔMICA PARA AMÉRICA LATINA E CARIBE (CEPAL). Página Principal *(Home Page)*. Santiago do Chile, 2009a. Disponível em: <www.eclac.org>. Acesso em: 2 ago. 2009.

_____. *Series Estadísticas Económicas y Sociales*. Santiago do Chile, 2009b. Disponível em: <http://www.eclac.org/estadisticas>. Acesso em: 2 ago. 2009.

DIRECTORY OF DEVELOPMENT ORGANIZATIONS. *Resource Guide to Development Organizations and the Internet*. [S.l.], 2009. Disponível em: <http://www.devdir.org/#top>. Acesso em: 2 ago. 2009.

DOW JONES INDEXES. Página Principal *(Home Page)*. Nova York, 2008a. Disponível em: <http://www.djindexes.com>. Acesso em: 5 jul. 2008.

_____. *Index History for Dow Jones Averages*. Nova York, 2008b. Disponível em: <http://www.djindexes.com/mdsidx/index.cfm?event=showavgIndexData>. Acesso em: 4 set. 2008.

ECONOMIC POLICY INSTITUTE (EPI). Página Principal *(Home Page)*. Nova York, 2009a. Disponível em: <http://www.epi.org>. Acesso em: 2 ago. 2009.

_____. *The State of Working America*. Nova York, 2009b. Disponível em: <http://www.stateofworkingamerica.org>. Acesso em: 2 ago. 2009.

ENERGY INFORMATION ADMINISTRATION. *Annual Oil Market Chrono-logy.* Washington, 2009a. Disponível em: <http://www.eia.doe.gov/emeu/cabs/AOMC/Overview.html>. Acesso em: 2 ago. 2009.

_____. *Official Energy Statistics from the U.S. Government.* Washington, 2009b. Disponível em: <http://www.eia.doe.gov>. Acesso em: 26 abr. 2009.

EUROSTAT. *Euro-Indicators. Luxemburgo,* 2009a. Disponível em: <http://ec.europa.eu/employment_social/employment_analysis>. Acesso em: 2 ago. 2009.

_____. *Statistical Office of the European Communities.* Luxemburgo, 2009b. Disponível em: <http://epp.eurostat.ec.europa.eu>. Último acesso em: 2 ago. 2009.

FUNDO MONETÁRIO INTERNACIONAL (FMI). Página Principal *(Home Page).* Washington, 2009a. Disponível em: <www.imf.org>. Último acesso em: 2 ago. 2009.

_____. *International Financial Statistics and Data Files.* Washington, 2009b. Disponível em: <http://www.imf.org/external/fin.htm>. Acesso em: 5 maio 2009.

INVESTORWORDS.COM. *Mortgage Loan.* Virgínia, 2009. Disponível em: <http://www.investorwords.com/3137/mortgage_loan.html>. Acesso em: 2 fev. 2009.

JAPAN STATISTICS BUREAU – MINISTRY OF INTERNAL AFFAIRS AND COMMUNICATIONS. Página Principal *(Home Page).* Tóquio, 2009. Disponível em: <http://www.stat.go.jp/english/index.htm>. Acesso em: 2 ago. 2009.

_____. *Historical Statistics of Japan.* Tóquio, 2007. Disponível em: <http://www.stat.go.jp/english/data>. Acesso em: 28 nov. 2007.

NASDAQ NEWSROOM. *Statistical Milestones.* Nova York, 2008. Disponível em: <http://quotes.nasdaq.com/aspx/StatisticalMilestones.aspx>. Acesso em: 28 out. 2008.

NATIONAL ASSOCIATION FOR BUSINESS ECONOMICS (NABE). Página Principal *(Home Page).* Washington, 2009. Disponível: <http://www.nabe.com/publib/links/thinklink.htm>. Acesso em: 2 ago. 2009.

ORGANIZAÇÃO DAS NAÇÕES UNIDAS (ONU). Página Principal *(Home Page)*. Nova York, 2009a. Disponível em: <http://www.un.org>. Acesso em: 2 ago. 2009.

_____. *United Nations Statistics Division*. Nova York, 2009b. Disponível em: <http://unstats.un.org>. Acesso em: 2 ago. 2009.

ORGANIZAÇÃO INTERNACIONAL DO TRABALHO (OIT) – LABORSTA INTERNET. *Key Indicators of the Labor Market*. Genebra, 2009a. Disponível em: <http://laborsta.ilo.org/>. Último acesso em: 2 ago. 2009.

_____. *List of Employment Strategy Papers*. Genebra, 2009b. Disponível em: <http://www.ilo.org/public/english/employment/strat/espapers.htm>. Acesso em: 2 ago. 2009.

_____. *Yearly Statistics*. Genebra, 2009c. Disponível em: <http://laborsta.ilo.org/>. Acesso em: 2 ago. 2009.

ORGANIZAÇÃO PARA A COOPERAÇÃO E DESENVOLVIMENTO ECONÔMICO (OCDE). Página Principal *(Home Page)*. Paris, 2009a. Disponível em: <http://www.oecd.org>. Acesso em: 2 ago. 2009.

_____. *Statistiques Rétrospectives de l'OCDE: 1970/1999 - Edition 2000*. Paris, 2009b. Disponível em: <http://www.oecd.org/document>. Acesso em: 2 ago. 2009.

PORTAL SÃO FRANCISCO. Biografias – Winston Churchill. [S.l.], 2007. Disponível em: <http://www.portalsaofrancisco.com.br/alfa/winston-churchil/winston-churchill-2.php>. Acesso em: 19 set. 2007.

STANDARD & POOR'S. Página Principal *(Home Page)*. Nova York, 2008. Disponível em: <http://www2.standardandpoors.com>. Acesso em: 13 out. 2008.

THE ROBINSON LIBRARY. *Conservative and Unionist Party 2007*. [S.l.], 2007. Disponível em: <http://www.robinsonlibrary.com>. Acesso em: 30 ago. 2007.

THE WALL STREET JOURNAL. *Historical Index Data – Markets Data Center*. Nova York, 2009. Disponível em: <http://online.wsj.com/mdc/public/page/2_3047-djia_alltime.html>. Acesso em: 2 ago. 2009.

TOKYO STOCK EXCHANGE GROUP. Página Principal *(Home Page)*. Tóquio, 2007. Disponível em: <http://www.tse.or.jp/english/market/topix/data/index.html>. Acesso em: 2 dez. 2007.

UNITED KINGDOM NATIONAL STATISTICS. Página Principal *(Home Page)*. Reino Unido, 2009. Disponível em: <http://www.statistics.gov.uk/>. Acesso em: 2 ago. 2009.

UNITED STATES DEPARTMENT OF COMMERCE – BUREAU OF ECONOMIC ANALYSIS (BEA). Página Principal *(Home Page)*. Washington, 2007. Disponível em: <http://www.bea.gov/>. Acesso em: 22 ago. 2007.

UNITED STATES DEPARTMENT OF LABOR – BUREAU OF LABOR STATISTICS (BLS). Página Principal *(Home Page)*. Washington, 2009a. Disponível em: <www.bls.gov>. Acesso em: 2 ago. 2009.

_____. *A Chart Book of International Labour Comparisons: The Americas, Asia, Europe*. Washington, jan. 2007a. Disponível em: <http://www.bls.gov/fls/chartbook2009.pdf>. Acesso em: 2 ago. 2009.

_____. *Internacional Comparisons*. Washington, 2007b. Disponível em: <http://data.bls.gov/PDQ/outside.jsp?survey=in>. Acesso em: 13 set. a 22 out. 2007.

_____. *Overview of BLS Statistics on Employment*. Washington, 2009b. Disponível em: <http://www.bls.gov/bls/employment.htm>. Acesso em: 2 ago. 2009.

_____. *Why is Japanese unemployment so low?* International Comparisons, Washington, Bureau of Labor Statistics, 2009c. Disponível em: <http://www.bls.gov/fls/flsfaqs.htm>. Acesso em: 29 mar. 2009.

_____. *Federal Government Finances and Employment – 2006 Census Report*. Washington, 2008. Disponível em: <http://www.census.gov/prod/2006pubs/07statab/fedgov.pdf>. Acesso em: 4 a 8 jul. 2008.

UNITED STATES DEPARTMENT OF TREASURY. Página Principal *(Home Page)*. Washington, 2009. Disponível em: <http://www.ustreas.gov/>. Acesso em: 2 ago. 2009.

WHITE HOUSE OFFICIAL WEBSITE. *U.S. Office of Management and Budget, Budget of the United States Government, Historical Tables*. Washington, 2008a. Disponível em: <http://www.whitehouse.gov/omb/budget/fy2007/>. Acesso em: 30 jul. 2008.

WHITE HOUSE OFFICIAL WEBSITE. *Presidents – George Bush.* Washington, 2008b. Disponível em: <http://www.whitehouse.gov/about/presidents/george-bush/>. Acesso em: 30 jul. 2008.

_____. *Presidents – Ronald Reagan.* Washington, 2008c. Disponível em: <http://www.whitehouse.gov/about/presidents/ronaldreagan/>. Acesso em: 30 jul. 2008.

_____. *Receipts and Outlays 1900 to 2003.* Washington, 2008d. Disponível em: <http://www.whitehouse.gov/omb/budget/fy2004/pdf/hist.pdf>. Acesso em: 4 a 8 jul. 2008.

Periódicos e publicações especializadas

BARBOSA, Wilson. Teoria e empiria. In: *Simpósio de História Econômica.* São Paulo, Universidade de São Paulo, 1992.

BORDO, Michael D.; JONUNG, Lars. The long-run behavior of velocity: the institutional approach revisited. *National Bureau of Economic Reasearch (NBER),* Cambridge, Working Paper n. 3.204, dez. 1989.

BRAGA, Julia; SERRANO, Franklin. O mito da contração fiscal expansionista nos EUA durante o governo Clinton. *Revista Economia e Sociedade,* Campinas, São Paulo, v. 15, n. 2 (27), p. 213-239, ago.1996.

DAVIS, Steven J.; HALTIWANGER, John. Sectorial Job Creation and Destruction Responses to Oil Price Changes. National Bureau of Economic Reasearch (NBER), Cambridge, Working Paper n. 7.095, abr. 1999.

KEYNES, John Mayard. *The end of laissez faire – Panphlet.* Oxford: Hogarth Press, 1926. (Panfleto).

KIYOTAKI, Nobuhiro; MOORE, John. Financial Deepening. *Journal of the European Economic Association,* Milão, p. 701-713, abr./maio 2005.

_____; _____. Evil is the Root of All Money (Claredon Lectures – Lecture 1). *ESE Discussion Papers,* Edimburgo, n. 110, 2004.

LADERMAN, Elizabeth. Subprime Mortgage Lending and the Capital Markets. *FRBSF Economic Letter,* São Francisco, n. 2001-38, 28 dez. 2001.

PRADO JÚNIOR, Caio. História quantitativa e método de historiografia. *Revista Debate e Crítica,* São Paulo, v. 6, p. 1-20, jul. 1975.

SERVA, Maurício. A análise das empresas privatizadas: o desafio da multidimensionalidade. Civitas, *Revista de Ciências Sociais,* Porto Alegre, v. 3, n. 2, p. 349- 373, jul./dez. 2003.

THATCHER'S Big European Family. *The Economist,* Londres, v. 308, p. 25, 24 set. 1988.

WASMER, Etienne; WEIL, Philippe. The Macroeconomics of Labor and Credit Market Imperfections. *American Economy Review,* Pittsburgh, v. 94, p. 944-968, maio 1999.

YAMAGAMI, Toshihiko. Labor Resources in Japan and the U.S. *Monthly Labor Review,* Washington, Bureau of Labor Statistics, v. 125, n. 4, p. 25-43, abr. 2002.

Webgrafia

BARSKY, Robert; KILIAN, Lutz. Oil and the Macroeconomy since the 1970s. *National Bureau of Economic Resarch (NBER),* Cambridge, Working Paper n. 10.855, out. 2004. Disponível em: <http://www.nber.org/papers/w10855>. Acesso em: 2 ago. 2009.

BARWELL, Richard. *Age Structure and the UK Unemployment Rate.* Londres, Structural Economic Analysis Division – Bank of London, 2000. Disponível em: <http://www.bankofengland.co.uk>. Acesso em: 2 ago. 2009.

BARWELL, Richard; BELL,Venetia; BUNN, Philip; GUITIÉRREZ-DOMÈNE-CH, Maria. *Potential Employment in the UK.* Londres, Bank's Monetary Analysis Division - Quarterly Bulletin, 2007. Disponível em: <http://www.bankofengland. co.uk/publications/quarterlybulletin/unemp.htm>. Acesso em: 2 ago. 2009.

BELLUZZO, Luiz Gonzaga. O dólar e os desequilíbrios globais. *Revista de Economia e Política,* São Paulo, v. 25, n. 3, p. 224-234, jul./set. 2005. Disponível em: <http://www.scielo.br/pdf/rep/v25n3/a04v25n3.pdf>. Acesso em: 2 ago. 2009.

BERNANKE, Ben S. The Subprime Mortgage Market (Speech). In: *Federal Reserve Bank of Chicago's 43rd Annual Conference on Bank Structure and Competition.* Chicago, 17 maio 2007. Disponível em: <http://www.federalreserve.gov/ newsevents/speech/bernanke20070517a.htm>. Acesso em: 20 out. 2008.

BROWN, Gordon; DARLING, Alistair. *The Changing Welfare State: Employment Opportunity for All.* Londres, HM Treasury - Department for Work and

Pension, nov. 2001. Disponível em: <http://www.hm-treasury.gov.uk/d/Inactivity.pdf>. Acesso em: 2 ago. 2009.

CARVALHO, Pedro. Globalização: a ofensiva do capital e a crise estrutural do capitalismo. *O Militante*, revista do Partido Comunista português. Lisboa, n. 284, set./out. 2006. Disponível em: <http://www.omilitante.pcp.pt>. Acesso em: 2 ago. 2009.

CARVALHO, Ruy de Quadros. Projeto de Primeiro Mundo com conhecimento e trabalho do Terceiro. *Estudos Avançados*, São Paulo, v. 7, n. 17, jan./abr. 1993. Disponível em: <http://www.scielo.br/scielo.php?script=sci_arttext&pid=S0103-40141993000100003>. Acesso em: 2 ago. 2009.

CENTER FOR RESPONSABLE LEADING. Subprime Leading: A Net Drain on Homeownership. *CRL Issue Paper*, Washington, n. 14, mar. 2007. Disponível em: <http://www.responsiblelending.org/mortgage-lending/research-analysis/Net-Drain-in-Home-Ownership.pdf>. Acesso em: 20 jul. 2008.

CIESIN THEMATIC GUIDES. *General Agreement on Tariffs and Trade.* Nova York, [s.d.]. Disponível em: <http://www.ciesin.columbia.edu/TG/PI/TRADE/gatt.html>. Acesso em: 2 ago. 2009.

DAILY KOS. *Bush's Booming Tax Revenues are Not Extraordinary.* [S.l.], fev. 2007. Disponível em: <http://www.dailykos.com>. Acesso em: 2 ago. 2009.

DEDECCA, Cláudio Salvadori. Flexibilização e regulação de um mercado de trabalho precário: a experiência brasileira. In: *Colóquio internacional: novas formas do trabalho e do desemprego – Brasil, Japão, França em uma perspectiva comparada.* São Paulo, set. 2006. (Organizado pelo Centro Brasileiro de Análise e Planejamento, Faculdade de Filosofia, Letras e Ciências Humanas da Universidade de São Paulo e Centro de Estudos da Metrópole.) Disponível em: <http://www.centrodametropole.org.br/textos_nadya/Dedecca.pdf>. Acesso em: 2 ago. 2009.

FERRAZ, Cristiano Lima. Os EUA e o bloco histórico americanista: hegemonia, crises e estratégias de recomposição. *Politeia - História e Sociologia.* Vitória da Conquista, v. 4, p. 183-210, 2004. Disponível em: <www.uesb.br/politeia/v4/artigo_06.pdf>. Acesso em: 2 ago. 2009.

FURTADO, João; VALLE, Maurício Ribeiro do. Globalização, estabilização e o colapso da empresa nacional. *Revista Economia e Sociedade,* Campinas, p. 83-104, jun./2001. Disponível em: <http://www.eco.unicamp.br/docdownload/

publicacoes/instituto/revistas/economia-e-sociedade/V10-F1-S16/05-Furta-doValle.pdf>. Acesso em: 2 ago. 2009.

GRAMLICH, Edward M. The Federal Reserve Board: Remarks by Governor. In: *Financial Services Roundtable Annual Housing Policy Meeting.* Chicago, 21 maio 2004. Disponível em: <http://www.federalreserve.gov>. Acesso em: 10 fev. 2008.

GREENSPAN, Alan. The Challenge of Central Banking in a Democratic Society. In: *Annual Dinner and Francis Boyer Lecture of the American Institute for Public Policy Research* (Discurso realizado em 5 de dezembro de 1996). Washington, 1996. Disponível em: <http://www.geocities.com/ecocorner>. Acesso em: 2 ago. 2009.

GREENSPAN, Alan; KENNEDY James. *Estimated of Home Mortgage Origina-tions, Repayments, and Debt on One-to-Four-Family Residences.* Washington, Federal Reserve – Board Finance and Economics Discussion Series, Divisions of Research & Statistics and Monetary Affairs, 2005. Disponível em: <http://www.federalreserve.gov/econresdata/default.htm>. Acesso em: 2 ago. 2009.

_____; _____. *Sources and Uses of Equity Extracted from Homes.* Washington, Federal Reserve – Board Finance and Economics Discussion Series, Divisions of Research & Statistics and Monetary Affairs, 2007. Disponível em: <http://www.federalreserve.gov/econresdata/default.htm>. Acesso em: 2 ago. 2009.

HOBBS, Howard. Final Tribute to a Cold War Hero. *The Daily Republican,* Washington, v. 176, jan. 1997. Disponível em: <http://www.dailyrepublican.com>. Acesso em: 2 ago. 2009.

ITSKEVISH, Jennifer. What Caused the Stock Market Crash of 1987? *History News Network,* Seattle, George Manson University, jul. 2002. Disponível em: <http://hnn.us/articles/895.html>. Acesso em: 2 ago. 2009.

JONES, Jerry; JOYCE, Michael; THOMAS, Jonathan. *Non-employment and Labour Availability.* Londres, Structural Economic Analysis Division – Bank of London, 2000. Disponível em: <http://www.bankofengland.co.uk>. Acesso em: 2 ago. 2009.

KAPSOS, Steven (Org.). The Employment Intensity of Growth: Trends and Macroeconomic Determinants. *Employment Strategy Papers,* Genebra, Inter-national Labor Office, n. 12, 2005. Disponível em: <www.ilo.org/public/en-glish/employment/strat/download/esp2005-12.pdf>. Acesso em: 2 ago. 2009.

KURZ, Robert. As luzes do mercado se apagam: as falsas promessas do neo-liberalismo ao término de um século em crise. *Estudos Avançados,* São Paulo, v. 7, n. 18, maio/ago. 1993. Disponível em: <http://www.scielo.br/scielo. php?script=sci_arttext&pid=S0103-40141993000200002&lng=en&nrm=i so>. Acesso em: 2 ago. 2009.

LEITE, Paulo. A economia sob Ronald Reagan. *Mídia Sem Máscara,* [s.l.], 16 fev. 2004. Disponível em: <http://www.midiasemmascara.com.br/artigo. php?sid=1492>. Acesso em: 20 jul. 2007.

MENDONÇA, Rosane; REIS, Maurício Cortez. *Poverty, Inequality and Macroeconomic Instability.* Rio de Janeiro, Instituto de Pesquisa Aplicada (IPEA), 2000. Disponível em: <www.undp-povertycentre.org/publications/ipeapublications/td_0750.pdf>. Acesso em: 2 ago. 2009.

MISHEL, Lawrence. When Wage Rates Grow Unequaly. *Economic Snapshots,* Washington, Economy Police Institute, set. 2007. Disponível em: <http://www. epi.org/economic_snapshots/entry/webfeatures_snapshots_20070927/>. Acesso em: 2 ago. 2009.

MISHKIN, Frederic S. Housing and the Monetary Transmission Mechanism. *Finance and Economics Discussion Series,* Washington, Federal Reserve Board, n. 40, ago. 2007. Disponível em: http://www.federalreserve.gov/pubs/ feds/2007/200740/200740pap.pdf>. Acesso em: 8 fev. 2008.

MOORE, Stephen; NISKANEN, Willian A. Supply Tax Cuts and the Truth about the Reagan Economic Record. Policy Analysis, Washington, Cato Institute, v. 261, out. 1996. Disponível em: <http://www.cato.org/pub_display. php?pub_id=1120>. Acesso em: 2 ago. 2009.

NAÍM, Moisés. O Consenso de Washington ou a confusão de Washington? *Revista Brasileira de Comércio Exterior,* Rio de Janeiro, 2000. Disponível em: <www.funcex.com.br/bases/64-Consenso%20de%20Wash-MN.PDF>. Acesso em: 2 ago. 2009.

NICKELL, Stephen; NUNZIATA, Luca; OCHEL, Wolfgang. Unemployment in the OECD since 1960's: What Do We Know? *The Economic Journal,* Oxford, n. 115, p. 1-27, jan. 2005. Disponível em: <www.res.org.uk/economic/freearticles/january05.pdf>. Acesso em: 2 ago. 2009.

OLIVEIRA, Giuliano Contento de. Liberalização, desregulamentação e *currency board:* a experiência Argentina na década de 1990. *Revista da FAE,* Curitiba, v. 6, p. 39-51, 2003. Disponível em: <http://www.fae.edu/publicacoes/pdf/revista_da_fae/fae_v6_n2/04_Giuliano.pdf>. Acesso em: 2 ago. 2009.

PORTUGAL, Marcelo S.; MADALOZZO, Regina C.; HILLBRECHT, Ronald O. Inflation, Unemployment and Monetary Police in Brazil. In: *IMF Inflation Targeting Seminar.* Rio de Janeiro, 3 a 5 maio 1999. Disponível em: <http://servicos.capes.gov.br/arquivos/avaliacao/estudos/dados/1999/42001013/028/1999_028_42001013013P3_Prod_Tec.pdf>. Acesso em: 2 ago. 2009.

REAGAN, Ronald. *Address to the Nation on the Economy.* Discurso realizado no Salão Oval da Casa Branca, Washington, 5 fev. 1981. Disponível em: <http://www.whitehouse.gov/about/presidents/ronaldreagan/>. Acesso em: 2 ago. 2009.

SERWER, Andy. Dirty Rotten Numbers. *Fortune,* Nova York, v. 145, p. 74-82, 18 fev. 2002. Disponível em: <http://proquest.umi.com/pqdlink?did=106123787&sid=1&Fmt=3&clientId=61611&RQT=309&VName=PQD>. Acesso em: 2 ago. 2009.

SHAWN, Tully. Don't Get Burned. *Fortune,* Nova York, v. 145, p. 88-91, 18 fev. 2002. Disponível em: <http://proquest.umi.com/pqdlink?did=106124003&sid=1&Fmt=3&clientId=61611&RQT=309&VName=PQD>. Acesso em: 2 ago. 2009.

STIGLITZ, Joseph. *Brasil: limites para assinar acordo com FMI.* Entrevista concedida à BBC Brasil. Nova York, 15 out. 2003b. Disponível em: <http://www.bbc.co.uk/portuguese/economia/story/2003/10/031015_stiglitzms.shtml>. Acesso em: 2 ago. 2009.

STOCK MARKET CRASH. *Black Monday: The Stock Market Crash of 1987.* [S.l.], 2008. Disponível em: <http://www.stock-market-crash.net/1987.htm>. Acesso em: 2 ago. 2009.

TAVARES, Maria Conceição. O desafio japonês. *Folha de S. Paulo,* São Paulo, Coluna Lições Contemporâneas, 15 dez. 1996. Disponível em: <www.eco.unicamp.br/artigos/tavares/artigo31.htm>. Acesso em: 2 ago. 2009.

THATCHER, Margareth. *Speech to the College of Europe – The Bruges Speech.* Discurso realizado em Bruges, 20 set. 1988. Disponível em: <http://www.margaretthatcher.org/speeches/displaydocument.asp?docid=107332>. Acesso em: 19 out. 2007.

WEISMAN, Jonathan. Reagan Policies Gave Green Light to Red Ink. *Washington Post,* Washington, p. A11, 9 jun. 2004. Disponível em: <http://www.

washingtonpost.com/wp-dyn/articles/A26402-2004Jun8.html>. Acesso em: 2 ago. 2009.

WORLD INTERNATIONAL REPORT 2004-05. *Global Trends Employment Productivity and Poverty.* Genebra, International Labor Organization, dez. 2004. Disponível em: <www.ilo.org/public/english/employment/strat/download/wr04c1en.pdf>. Acesso em: 2 ago. 2009.

ZINA, Naceur Ben; TRIGUI, Borhen. *Financial Deepening in Economic Development: Theory and Lessons from Tunisia.* In: 20th Symposium on Banking and Monetary Economics. Birminghan, jun. 2003. Disponível em: <http://www.univ-orleans.fr/deg/GDRecomofi/Activ/benzina_birmingham.pdf>. Acesso em: 2 ago. 2009.

Este livro foi impresso em setembro de 2011
pela Graphium sobre papel chamois fine book 80 g/m².